Chinese
Buddhism

A Thematic History

于君方————著

方怡蓉 譯

漢傳佛教
專題史

中文版序

　　《漢傳佛教專題史》是 2020 年由夏威夷大學出版社出版的英文原著 *Chinese Buddhism: A Thematic History* 的中譯本，能在短短的兩年之內和國內讀者見面，必須感謝法鼓文化的促成。這是由法鼓文化出版的第三部本人著作的中譯，再早是《觀音——菩薩中國化的演變》（2009）和《漢傳佛教復興——雲棲袾宏及明末融合》（2021），不過本書和前兩本書有很大的不同。

　　正如英文原序的說明，這是一本教科書，對象是美國的大學生和一般讀者。美國有四千多所大學，幾乎都設有宗教系，「佛教」和「中國宗教」都是經常開設的課程。我在美國授課四十多年，一直渴望有一本專門介紹漢傳佛教的教科書。使人遺憾的是，雖然有不少關於佛教或中國宗教的教科書，但漢傳佛教通常只占一章，甚至只有全書的一小部分。因此我很早就發願，必須補上這個缺陷。值得欣慰的是，本書在出版之後，立刻得到許多同業學者的讚許，並且已經採用為教科書，嘉惠許多學子。

　　根據我多年授課的經驗，我認為在有限的時間內，我們很難掌握漢傳佛教的全面，因此我決定採取九個專題來介紹漢傳佛教。國內雖有不少佛學學者專家，市面上也有很多

介紹漢傳佛教的通史類書籍，或如隋唐佛教史、宋代佛教史等相關的佛教斷代史。但是因為本書的介紹方法和切入主題不同，並輔以照片增加內容的可讀性，我希望中譯本的讀者，仍然會有所收穫。

最後，我要特別感謝方怡蓉老師的翻譯，和法鼓文化編輯團隊的協助。

于君方

2022 年 6 月於美國加州

英文版序

　　我在大學教授「佛教概論」與「中國宗教」等課程已超過四十年，但這麼多年來一直很難找到合適的教材來介紹漢傳佛教。關於佛教和中國宗教，當然有一些很好的教科書。然而，大多數的佛教概述中，漢傳佛教只占很小一部分。同樣地，有關中國宗教的教科書分配給漢傳佛教的討論篇幅也很有限。此外，這些教科書專門探討漢傳佛教的章節往往著重其哲學和教義方面，這種偏好自然導致闡述的內容僅限於一些漢傳佛教傳統，其中禪宗占了大部分。這有兩個原因，其一與大眾文化有關，自 1950 年代以來，許多美國人已經熟悉日本禪。第二個原因是二手文獻較為豐富，二十世紀禪學研究居學術界首要之位長達數十年，因此出版了許多禪學的相關書籍。

　　要想全面了解漢傳佛教，必須了解這個宗教的其他方面。例如，有哪些佛經教導中國人認識這個宗教？人們信奉哪些佛教神祇？有哪些節日和儀式？在漢傳佛教大約兩千年的悠久歷史中，中外僧人都曾經在佛教的創造與發展中發揮至關重要的作用，了解其中一些僧人的故事將會很有幫助。佛教原是外來宗教，和中國本土思想與宗教傳統之間如何相互影響？與皇權關係如何？對於家庭結構和性別角色

有何影響？這些是最近學術研究處理的一些問題，這也是我的興趣。這些問題促使我動筆撰寫這本書。

我說找不到漢傳佛教的教科書，並不是指沒有這方面的著作。事實上，在過去半個世紀以來，有兩本書一直是學者的標準參考資料：許理和（Eric Zürcher）的《佛教征服中國：佛教在中國中古早期的傳播和適應》（*The Buddhist Conquest of China: The Spread and Adaptation of Buddhism in Early Medieval China*）（1959），以及陳觀勝（Kenneth Chen）的《中國佛教通史》（*Buddhism in China: A Historical Survey*）（1964）。但是許理和的著作只關注佛教傳入中土最初五個世紀的發展，並未論及隋（581－618）、唐（618－907）時代這個新宗教的真正全盛期。陳觀勝雖然按年代先後順序介紹佛教歷史，上自佛教初傳，下至二十世紀，但是內容篇幅分配不均，對於宋代（960－1279）以後的佛教著墨較少。更嚴重的不足在於他和同時代的其他學者一樣，認為唐代之後佛教衰微，但這種觀點已經站不住腳了。由於這些原因，需要一本關於漢傳佛教的新教科書。此外，這兩本書皆已出版數十年，現在該是時候出一本適合大學生和一般讀者，而且包含更多新近研究資料的書了。

本書無意按照朝代順序編寫漢傳佛教的歷史，而是著重佛教在中國社會的鮮明特色與要點。教科書反映出編寫者

對內容的取捨,所以不可能無所不包。本書兼用共時與歷時的研究方法,有幾章的論述採取歷時法,例如佛教傳入中國、現代漢傳佛教等章節,但是諸如主要經典、諸佛菩薩信仰、節日和儀式等其他章節,不涉及任何特定的歷史時期,因此使用共時論述法。這是一部專題史,每章處理一個主題及其相關問題。

導論介紹佛教基本教義,以及漢代佛教初傳時,中國的本土宗教信仰,以利後續章節的論述。最初五世紀最引人注目的或許是中國人如何試圖了解佛教,以及在這過程中面臨的挑戰,但這些問題在隨後的朝代仍然繼續存在。由於中國人認識佛教是透過漢譯佛典與傳教僧的教導,因此有必要大致了解翻譯如何進行。本章也論述幾位知名的異國僧人、其翻譯方法與中國弟子,在佛教漢化的漫長過程中,這些中國弟子貢獻良多。

第一章討論幾部最著名的大乘經典的主要思想,這些佛經成為漢傳佛教的經典依據。本章另一個討論主題是一項影響深遠的教義:佛性與本覺,這個思想對於六世紀及其後佛教諸宗的創立極為重要。由於印度沒有這些宗派,因此這是漢傳佛教成熟的表現。

第二章探討諸佛菩薩信仰,闡述歷史上的佛陀釋迦牟尼、未來佛彌勒、藥師佛、西方淨土教主阿彌陀佛等信仰,以及觀音菩薩信仰——這是漢傳佛教最重要的菩薩。本章論

及佛像的鑄造和這些聖者的造像，也描述以壁畫和塑像裝飾
的巨大佛教石窟的開鑿，以及安奉佛菩薩聖像的寺廟之建
造。視覺文化與物質文化，兩者皆是漢傳佛教不可或缺的
部分。

佛教每年的節日和重要儀式是中國平民百姓認識佛教
的主要途徑。傳統中國是農業社會，一年一度的節慶順應農
耕週期而定，而佛教節日密切配合既有的四時節慶。佛教儀
式讓已故的家親眷屬得到救度，因此鞏固佛教傳入之前的祖
先崇拜信仰，同時也讓這種信仰產生轉變。這些是第三章論
述的主題。

第四章的主題是僧團，闡述寺院的建築布局與不同的
類型。出家成為僧尼的條件，以及寺院和僧尼的社會經濟功
能，也是這一章涵蓋的主題。

第五章探討漢傳佛教兩大教宗：天台與華嚴，這是中
國對佛教的獨特貢獻。以修行為主的禪宗與淨土宗向來有許
多漢傳佛教信徒，也受到較多西方學術界的關注。我分兩章
論述：第六章以禪宗為主題，第七章討論淨土宗。

第八章的主題是佛教與性別，追溯中、印兩地佛教各
種不同的女性觀。佛教是世界宗教，讓人人皆得解脫，不分
性別。然而，如同基督教與伊斯蘭教，佛教也反映它所在之
處的社會和歷史條件。正因為佛教並非大一統的宗教傳統，
所以佛教的女性觀也是多元的。

現代漢傳佛教的新發展是第九章的討論主題,重點在於佛教與科學和民族主義的交接。本章描述自 1980 年代佛教在中國復興以來的一些當前趨勢,並以臺灣尼眾的個案研究結束這章的論述。比丘尼僧團早在五世紀即已建立於中國,而當今在臺灣正經歷一場前所未有的復興。

我在每章結尾列出一些討論問題與延伸閱讀的建議書單。這些問題聚焦於每一章提出的若干要點,延伸閱讀的建議書單有助於更深入了解主題。

我將這本書命名為《漢傳佛教專題史》,因為本書關注的是漢人信奉的佛教。藏傳佛教、密教或中國許多少數民族的各種佛教傳統,不在本書討論範圍之內,這有兩個原因。雖然元、明、清等朝代有些統治者在位時,朝廷護持藏傳佛教,但是國人信仰的卻是漢傳佛教。同時雖然如第三章探討的一些最盛行的漢傳佛教儀式中,也有密教的要素,但是它們並不代表漢傳佛教所有的儀軌。不過,我會指出密教經典如何影響聖像的製作和超度儀式,也會提到藏傳佛教近來在中國和臺灣大受歡迎。

我要感謝往昔受教的所有師長,以及撰述參考文獻的所有學者,尤其想感謝我教過的所有學生,因為正是他們經常提出的問題,迫使我擴大閱讀範圍,並且更深入的思考。這本書是我為了報答上述所有人而努力的結果。本書的寫作得到聖嚴教育基金會的資助,我也要感謝原稿的兩位匿名審

閱者提出極有幫助的評論和建議。希望這本書將漢傳佛教的一些根本層面介紹給讀者，這是我多年前開始執教時非常渴望而找不到的資源。

于君方

梵文專門用語與人名的轉寫說明

　　由於這是適合學生和一般讀者的一本書，凡是收錄於《韋氏大學英語詞典》（*Merriam-Webster's Collegiate Dictionary*）的佛教專門用語，我一律不用變音符號，例如佛經（sutra）、輪迴（samsara）、涅槃（nirvana）、小乘（Hinayana）、大乘（Mahayana）。保留變音符號的是詞典中沒有收錄的梵文專門用語，例如善巧方便（*upāya*）、空性（*śūnyatā*），以及專有名詞，例如鳩摩羅什（Kumārajīva）、維摩詰（Vimalakīrti）。

目錄

導論

佛教傳入中國時，大約在一世紀，也就是東漢時期（漢代，公元前 206－公元 220 年），當時中國已有一千餘年的歷史，而自佛世迄於當時的四百年間，佛教已迭經數變。佛陀是印度人，生長於印度社會，因此，佛教和印度教有許多共通的信仰。中、印兩大古文明的交會是人類最引人入勝的故事之一，為了理解佛教這個外來宗教如何漢化，必須簡要說明佛教的背景，以及中國宗教信仰與哲學思想。

佛陀

佛，意指「覺悟者」，是開悟者的稱號。佛陀原名悉達多（Siddhārtha），他所屬部族的姓氏是喬達摩（Gautama），通常被稱為釋迦牟尼（Śākyamuni），意即「釋迦族的聖者」，因為他是釋迦族人。

印度教社會由四個主要種姓和許多次種姓組成，至今仍然存在。釋迦族屬於種姓制度中的剎帝利，亦即戰士貴族，位居婆羅門（神職人員）之下，吠舍（工匠）與首陀羅

（僕役）之上。我們不知道悉達多確切的出生日期，學者們
提出了不同的見解。傳統觀點認爲他生存年代在公元前 566
年至 486 年，或在公元前 563 年至 483 年，但是最近的學術
研究將他的年代推遲將近一個世紀，從公元前 490 年到 410
年，或公元前 480 年到 400 年。悉達多的出生地稱爲藍毘尼
（Lumbinī），位於喜馬拉雅山腳下的一個小共和國，即現
今尼泊爾。正如耶穌生來是猶太人，佛陀生爲印度人。他接
受印度王子的傳統訓練，享受奢華和感官欲樂的生活。他
十六歲成婚，育有一子。有一位先知曾經預言悉達多長大
後，要不是成爲轉輪王（統治天下的帝王），就是成爲偉大
的宗教領袖，因此他的父親嚴加防護，完全不讓他接觸到
日常生活的現實情況。然而，在他二十九歲時，發生了翻
天覆地的變化。那一年，他在出遊時遇見一個老人，一個病
人，還有一具死屍。他的車夫解釋說，人人註定會衰老、生
病和死亡，即使他貴爲王子也不例外。這個體認讓悉達多心
情沉重，但他最後遇見一位渾身散發安定寧靜氣息的遊方乞
者，促使他下定決心追求宗教實修生活。悉達多親身實驗各
種禪修與苦行，最後，在三十五歲那年，他坐在菩提樹下禪
修，經過漫漫長夜，降伏魔羅（Mara），天將破曉時證悟
成佛。

　　佛教資料描述佛陀覺悟，證得「三明」：於初夜時，
證得宿命明，回憶起一切宿世之事；中夜時，證得天眼明，

悉知一切眾生依各自所造之業生死輪迴;最後,在後夜將盡的拂曉時分,他證得漏盡明,洞悉人類受苦的原因與離苦之道。為什麼人會衰老、生病和死亡?為了尋求這個問題的解答,促使他踏上漫長旅程,而在此時終於到達終點,他找到了改變人類處境的方法。業與輪迴是所有印度主流宗教共通的核心教義,宿命明和天眼明提供這兩項教義運作的經驗實證,但是後來諸傳承視為緣起法的漏盡明,卻是佛教獨有的。這是佛教的因果律,認為有因必有果,因滅果亦滅。佛陀初轉法輪教授四聖諦時,即闡述此緣起法。其後四十五年間,佛陀教導佛法,也就是他所發現的真理。直到他八十歲去世時(或稱「入涅槃」),皆有僧尼遵循他的教法,也有在家男女信眾護持。僧尼是離開俗家,在僧團中終生獨身戒淫的人,他們是僧團的成員,而佛教僧團是獨特的團體,無論在印度或世界各地都是史無前例的。

　種姓階級較高的印度男性理應經歷四個人生階段:學生、家長、林棲者,以及遊方苦行者。佛陀身為剎帝利,經歷了前三階段:學習吠陀(Vedas,印度教聖典)和其他學科、技術,成婚,然後離家尋求覺悟。做為學生和林棲者時,應該獨身戒淫。不過,雖然在佛教僧團建立之前已經有苦行傳統,但這條道路僅限於種姓較高的男性,女性和低種姓的男性都沒有這項選擇權,也不許學習吠陀。然而,僧團接納來自各行各業的男女。因此,我們必須將佛教的創立視

為革命性的創舉。

初期佛教

　　根據佛教宇宙論，人類生存於欲界，位於色界與無色界之下。欲界有六道：天道、阿修羅道、人道、畜生道、餓鬼道、地獄道。人死後，依據個人所造之業而受生，善業是往生三善道之因，惡業則導致往生三惡道。業（karma），意指行為，但也包括思想和言語。雖然也有其他印度宗教相信業報，但佛教不同之處在於特別強調人的意圖。如果有意傷人，即使沒有採取行動，也已造下惡業，雖然相較於實際傷人，有犯意而無犯行造成的惡業比較不嚴重。只要不開悟，人就會造業，不斷受生。這種生、死、受生的無盡循環，即是輪迴（samsara），也就是在六道中不斷流浪生死。所有印度宗教都認為這是一個痛苦的過程。既然每一次出生都以死亡告終，一個人必須經歷的死亡不是一次，而是永無止境。難怪常言道，凡人皆陷入劊子手的絞索中。任何有理性的人自然都想解脫這種狀況。輪迴的盡頭是涅槃，這是佛陀在死亡時成就的境界，也是他希望所有佛教徒發願達到的目標。初期佛教的核心教義是佛陀初轉法輪時開示的四聖諦，也就是他在鹿野苑對曾經同修苦行的五位修行者宣說的道理。四聖諦內容如下：

　　1. 人生是苦（duḥkha）。

2. 貪愛是苦因。

3. 苦滅即涅槃。

4. 八正道是滅苦之道。

第一聖諦是診斷，第二聖諦提出病因，第三聖諦是預後，而第四聖諦是處方。人類是病人，佛是醫生。換個角度看，這場說法是緣起法的簡要應用：第二聖諦是因，第一聖諦是果；同樣，第四聖諦是因，第三聖諦是果。

梵文 *duḥkha* 一詞通常譯為「苦」，但這個詞具有廣泛的涵義，表示某事不如人意或讓人「不舒服」。衰老、生病、死亡是苦，但與所愛的人、事、物分離，或被迫和不喜歡的人、事、物共處也都是苦。人生由身、心、靈等苦構成。第一苦聖諦與另外兩個慧觀有關：無常和無我（*anātman*）。世間萬物變化不斷，因此想要抓住所愛之人或事物不放手，只會帶來痛苦。在更深刻的層面上，堅信每個人內在都有一個不變的自我（*ātman*），是讓人受苦的基本原因。佛教與印度教不同，不主張恆常的自我，而是教導我們：人由五蘊（*skandhas*）構成，這五種身、心構成要素處於持續不斷的變動中。五蘊是：

1. 色（*rūpa*）

2. 受（*vedanā*）

3. 想（*saṃjñā*）

4. 行（*saṃskāra*）

5. 識（*vijñāna*）

在不明眞實情況，執著自我假象的情況下，我們說
「我」〔做爲主詞或受詞〕、「我所」〔我所有之物〕。這
是自我主義的基礎，是自私自利的根源。自我不過是一個比
喻的名詞，沒有對應的實體。那先比丘（Nāgasena）向一位
國王舉例說明這個思想，這個例子相當有名：他將人比作馬
車，正如馬車由車體、輪子和其他零件組成，人也同樣是五
蘊構成的。在這些零件之外沒有「馬車」；「馬車」，只不
過是一個名稱，「自我」亦復如是。

第二聖諦說明苦的起因是貪愛。人由於無明而生
貪愛。無明、貪愛、苦的因果循環是緣起法（*pratītya-
samutpāda*）的濃縮。緣起法可以公式表示，由十二個環節
構成：

1. 無明（*avidyā*）

2. 行（*saṃskāra*）

3. 識（*vijñāna*）

4. 名色（*nāma-rūpa*）

5. 六處（*ṣaḍ-āyatana*）

6. 觸（*sparśa*）

7. 受（*vedanā*）

8. 愛（*tṛṣṇā*）

9. 取（*upādāna*）

10. 有（*bhava*）

11. 生（*jāti*）

12. 老死（*jarā-maraṇa*）

在十二支緣起法中，沒有創世者或時間上的第一因。這一連串緣起支聯繫的不只是苦、貪愛和無明，也包括我們的身體、感官知覺、感受和意識。生死輪迴的過程是由於這些緣起支。一切皆依賴因緣而生起，卻也是其他存在仰賴的因緣條件。這是中道，因為它同時否決宿命論和無因論，那是佛陀時代流行的兩種極端理論。世界的運轉和人生際遇並非由上帝決定，然而，事情無緣無故地隨機發生也是不正確的。在六道輪迴生命之輪的圖像表現中，十二因緣通常繪於外圈。第八緣起支「愛」，可追溯至第一緣起支「無明」。為了打破輪迴的循環，必須擺脫貪愛和無明。斷盡貪愛與無明，即是涅槃，也就是第三聖諦。這是有可能達到的，因為第四聖諦提供實現涅槃之道。通過道德和心性的鍛鍊，可以讓人獲得智慧，消除無明，從而斷盡貪愛。第四聖諦稱為八正道，由戒（*śīla*）、定（*samadhi*）、慧（*prajñā*）三學構成。佛教通常以具有八條輪輻的法輪為象徵，八輪輻代表八正道各部分：

1. 正見

2. 正志（正思惟）

3. 正語

4. 正業

5. 正命

6. 正精進

7. 正念

8. 正定

一個人修行始於戒學（道德的訓練），涵蓋八正道第三至第五支。戒學的根本要求是不傷害。依佛陀聖言，戒律的核心是「諸惡莫作，眾善奉行，自淨其意」。有了健全的道德基礎，接著展開定學（心性的訓練），即八正道第六至第八支。禪定成就即得解脫的智慧。修道成就者證入涅槃，不再受生。「涅槃」，字面意思是寂滅，好比燃料用盡，火勢熄滅——這是非常貼切的比喻。

佛陀曾經宣說《火燃經》，他說我們身心每一部位因貪欲之火，現在正在燃燒。輪迴猶如火從一處傳遞至另一處，業是燃料。涅槃分為兩種：有餘涅槃和無餘涅槃。佛陀成道時，理應證得有餘涅槃，因為前世業力尚未窮盡；他逝世時，進入無餘涅槃，因為他不僅消除一切宿業，證悟後也不再造作新業。佛陀逝世稱為「般涅槃」（*parinirvana*），亦即全然寂滅。在初期佛教中，佛陀之下有四階位的聖者，依入涅槃之前尚有幾番生死而定：入流，在此世往返投生七次之後，即證涅槃；一還，只要再往生一次，即證涅槃；不還，死後不再往生人間，而是上生天界，在該處證涅槃；最

高階位是阿羅漢（*arhat*，應供），於此生證涅槃，不再輪
迴受生。雖然也有比丘尼證得阿羅漢果，但大多數阿羅漢都
是比丘。在家居士透過護持出家眾以積功累德，期望最終能
在未來世出家爲僧，精進修持，以證阿羅漢果。

大乘與佛教的弘傳

　　佛陀的教導透過口語流傳下來，直到公元前二世紀左
右才以巴利文書寫記錄。在此之前已出現許多佛教部派，各
自提出自宗的教義。公元前 150 年至公元 100 年間興起一項
新運動，稱爲「大乘」（Mahayana，大車乘）。爲了脫穎
而出，大乘佛教徒稱較早期的佛教爲「小乘」（Hinayana，
小車乘）。相傳曾有十八個小乘部派，其中只有上座部佛教
（Theravada）留存至今，其信徒遍及斯里蘭卡與越南以外
的東南亞國家。西藏、中國、日本、韓國與越南則奉行大乘
傳統。

　　大乘的起源仍是未解之謎。這項新興運動起於何時
何地？目前仍然眾說紛紜，不過，大多數理論認爲時間大
約在一世紀左右，地點是印度西北和南方。大乘運動和許
多新經典的突然出現有關，這批新經自稱是「佛陀聖言」
（Buddhavacana）。傳統理論認爲，大乘是以在家信徒爲
主的改革運動。有些學者主張，這個運動始於以佛塔崇拜
爲中心的教團——佛塔，是安奉佛陀與其他聖僧舍利的墓

塚。另有一些學者則提出，與大乘運動有關的不是「佛塔信仰」（cult of the stupa），而是「經典信仰」（cult of the book），因為所有大乘經典皆要求讀者禮拜大乘經，敬若佛塔。大乘提倡菩薩的理想，所謂菩薩，是為了救助他人而自願延緩證入涅槃的眾生。雖然有些經典提倡僧眾隱居林間苦修的生活方式，但其他有些經典更強調信徒對諸佛菩薩的信仰和虔誠。

雖然沒有確鑿證據，但是有一個共識開始出現：大乘這項改革運動不是起於在家信徒，而是由僧眾發起。此外，大乘僧人並未建立個別獨立的教團，而是與非大乘的出家眾共住於同一僧院受持同樣的出家戒律，如同中國著名的西行求法者法顯於 399 至 412 年遠赴印度朝拜聖地與佛寺時所見。既然大乘比丘僧的認同展現於大乘經典宣揚的新教義，這些經典的作者自然會強調抄寫、讀誦與闡釋大乘經至關重要，因為這是弘揚新信息的主要機制。隨著大乘教義逐漸為人所知，大乘發展成為一獨立宗派，大乘傳教者也跨越原本根據地，向外傳播至中亞，最終到達中國。

大乘經典以佛陀的新啓示自居。這類經典在二、三世紀被翻譯成中文，我們在其中發現了三個新思想，那是巴利藏經文獻中沒有的。第一是沒有任何事物具有自性，因為一切都依賴因緣而存在。空性（*śūnyatā*）一詞，用以指稱一切事物的這個真實狀態。這是無我教義的進一步發展。如前

所見，初期佛教否認有「我」，但承認五蘊的存在。部派佛教的學究將五蘊進一步分解爲所謂的「法」，即構成存在的最簡元素或存在的基本要素，相當於原子。對他們來說，自我是空，但諸法實有。最早出現的一批大乘經統稱爲「般若經」，宣說自我與諸法皆空。

第二個獨特思想是佛陀常住不滅，而且人人皆可成佛。這是下一章即將討論的《法華經》的核心教義，這部經終將成爲中國乃至東亞其他地區最盛行的大乘經典。

另一組名爲「西方淨土」（*Sukhāvativyūha*）的早期大乘經宣揚第三個思想，亦即一個人可以憑藉信仰和虔誠，往生阿彌陀佛悲願創建的極樂淨土。大乘經典對中國人極具吸引力。如以下幾章所示，空性教義讓中國人想起老莊思想的「無」；人人皆可成佛的樂觀信息呼應孟子人性本善之說；最後，不僅是佛陀，還有許多新出現的諸佛菩薩救度眾生，這給平民百姓帶來希望，鼓勵他們修行佛法。若用哲學解釋新興的虔誠信仰，則其原因在於諸佛菩薩可以將自身無量無邊的功德迴向信眾，度他們越過生死輪迴的苦海。業，不再是個人獨有，而是集體共享。這是大乘經典的作者對初期佛教所做的另一個戲劇性轉變。

有兩位帝王成爲佛教的大護法，讓佛教轉變爲世界宗教。第一位是阿育王（Aśoka，大約在公元前 268－239 年），他弘揚佛教，一如羅馬帝國君士坦丁大帝宣揚基督

教。佛教僧侶不僅在印度半島遍傳教義，而且遠赴其他國家傳教。他在位期間，佛教傳教僧東至後來的下緬甸和泰國中部地區。另一個傳教團由阿育王之子率領，於公元前250年前往斯里蘭卡。迄今為止，這些國家一直保存上座部的傳統。貴霜王朝第三位統治者迦膩色迦王一世（Kanishka I）對佛教的弘傳也有類似貢獻。貴霜人最初是居住在今中國西北甘肅省的月支人，西漢時期被迫西遷，公元前135年左右抵達大夏。一世紀時在迦膩色迦王一世統治下，佛教傳教活動得到大力支持，結果造成絲路沿途的城邦紛紛皈依佛教。在此之前，中國和中亞——即中國人所謂的西域——已有聯繫，漢代將軍張騫出使大宛、撒馬爾罕和大夏，於公元前126年返回。十年後再次出使，與安息、身毒、于闐等國建立關係。早期將佛經譯成中文的人不是印度本土人士，而是安息人、月支人、康居人，以及西域其他各國居民。佛教正是沿著絲路傳入中國。

絲路被塔克拉瑪干沙漠分隔為南、北兩道，匯合於今天的新疆省敦煌。長期以來，學術界只關注北方絲路，但近幾十年來，另外兩條絲路日益受到重視。一是從四川通往印度的南方絲路，途經雲南、緬甸，另一條是從中國東南沿海經過東南亞，最後連接到印度的海上絲綢之路。北方絲路雖然是早期佛教進入中國的主要通道，但在後來的歷史發展中，另外兩條絲路也發揮重要作用。

中國宗教

　　中國人並不是有系統地接觸佛教。譯成中文的經典有的代表小乘教義，有的代表大乘，端賴傳教僧的背景和訓練而定。到了公元紀年之初佛教傳入時，中國人千餘年來已有許多根深柢固的宗教信仰。它們在許多方面都迥異於佛教的世界觀和人生觀，最大的差異是沒有輪迴的信仰和相關的業力概念。人類賴以生存的世界，中文稱爲「天地」。中國宗教沒有創世主，正如儒家根本經典之一，同時也是遠古占卜指南《易經》所言，天地是包括人類在內的宇宙萬物的本源，天地的創造與運行之力，亦稱爲「道」，被視爲良善的。人生在世只有一次，以依道而行爲目標。沒有超越且獨立於世間之外的上帝。《易經》由八卦兩兩配對的六十四重卦組合而成，爲首的兩卦稱爲乾、坤，代表陽、陰兩儀。陰、陽合爲道，也構成天地，換句話說，天地是兩儀的具體表現。

　　雖然這些思想可以追溯到周代（大約在公元前 1100 － 221 年），但在漢代經過去蕪存菁，特別是經過儒家學者董仲舒（大約在公元前 179 － 104 年）以及同時代之人的改進。根據他們的說法，所有生物和非生物皆由氣構成。氣指陰陽五行 —— 五行是陰陽相互作用而逐步形成的木、火、土、金、水。這是中國所有宗教共有的世界觀。由於人類與其他宇宙萬物具有相同本質，因此我們有可能與周遭環境相

互交流。這種信念隱含於天命的概念中，中國人以天命概念為基礎，相信微觀世界與宏觀世界的對應：個人是小宇宙，是外在大宇宙的縮影。

天命一詞最初被周代的創立者為他們推翻前朝殷商（大約公元前 1600－1100 年）的行為做為辯解。根據他們的說法，商代最後兩位統治者因為敗德而失天命，周代創始者則因為明德而得天命。上天不僅賜予和褫奪其使命，還會事先顯示吉兆或發出警告。統治者為天子，與天、地合三為一。中國人相信預兆徵候，認為它們代表上天對人類行為的回應。掌管天象的官員隨時記錄自然界中不尋常事件的動態。中國哲學家對宇宙論和自然界的運作極感興趣。

儒家思想在漢代成為國家意識型態，此後的帝制歷史中基本維持這種狀況，儘管有個別幾位皇帝可能偏愛道教或佛教。儒家思想以孔子（公元前 551－479 年）的教導為基礎，孔子的生存年代比佛陀更早，根據傳統說法，他首開先河，教導來自各行各業的學生，人數高達三千；在他之前，只有統治者和貴族之子才能接受教育。因此，現今他的誕辰（九月二十八日）被定為教師節慶祝。孔子認為人人都可以藉由修養仁心、克己復禮，以成為君子（有德之人）。仁愛，即是待人如己。這正是「黃金律」：將心比心，推己及人。仁的修持必須合乎禮。禮，不僅是禮貌或規範，也代表禮儀。孔子是人本主義者，一心一意教導人們如何在今生成

爲有德之人。他很少談論神、鬼或來生，卻很重視祭祖的宗教儀式，因爲早在商代，祖先崇拜就是中國宗教的一大特徵。禮的具體表現，就是以對祖先和鬼神的眞誠恭敬，同樣應用於日常生活中人與人之間的應對進退。孔子進一步認爲德行的培養應該透過五倫，也就是君臣、父子、夫妻、兄弟、朋友之間的五種基本人倫關係。除了最後一項之外，其餘四種人際關係皆與等級制度有關，君、父、夫、兄的地位高於臣、子、妻、弟。孔門弟子皆爲男性，而且儒家也是父權體制，這反映出孔子時代的歷史和社會狀況。他不相信離群索居的人可以成爲君子，也排斥印度偏好的苦行模式。儒家學者以此爲由，長年不斷地批評佛教僧團。但另一方面，儒家強調仁愛、以禮修身，以及基於血統的家族制度等，都是促使原爲印度宗教的佛教徹底成爲中國宗教的重要因素。

孟子（大約公元前 372－289 年）是儒家第二位最重要的思想家。他是第一個將天命與人性本善相提並論的人，在他看來，人性本善，因爲受之於道。人生在世的目標，應該是順應與生俱來的道德本性，藉由學習和效法聖賢，充分發揮此一本性。

與儒家相反的一股思潮稱爲道家，以老子（活躍於公元前六世紀）和莊子（大約公元前 368－286 年）的思想爲代表。學者無法確定老子的生存年代，甚至不確定歷史上是否眞有其人，因爲「老子」，意即「老師父」，並非姓氏；

不過，莊子和孟子是同時代的人。著名的《道德經》據說是老子所作，事實上，這個文本在中國也稱為《老子》。相傳此文有五千言，是老子即將離開中國西行時贈予守關官員之作。

儘管「道」是儒、道二家的中心思想，兩者的解讀卻有差異。人如何能成道？這兩家提出的方法也不相同。根據《道德經》，道超越語言和道德，並不特別偏重人類。經中第一句說：「道可道，非常道。」又運用種種比喻描述，把道喻為母、水、雌性，因為道孕育萬物、柔弱、退讓，卻恆常持久。人能得道，不是憑藉學習和道德修養，而是透過絕學無為。這是因為知識導致貪欲和分別，而行動導致對抗。對老子來說，當下即是圓滿，人對自然或社會所做的任何干預，只會讓情勢惡化。因此，文明是原本與道合一的失落。莊子談到「心齋」，這是一種冥想過程，人在其中放下種種世俗的二分法，也就是由分別想所生的「對立面」。這種對於善惡、美醜、真假、生死、自他的分別，都是出於人類的片面觀點。從道的角度來看，萬物皆平等，因為萬物皆源於道。道是自然，因為不受人為干擾自然展現它完美的運行。因此，如果儒家是人本主義，代表陽，道家則是自然主義，代表陰。

公元一世紀出現新信仰，因此產生新的宗教運動。中國人傳統上認為，人有魂、魄這兩種精神靈氣，魂對應陽

氣，魄對應陰氣。魂主精神，控制人的智力和思維；魄主身體，負責情緒和感覺。人活著的時候，身體聚合魂魄，一旦死亡，魂飛魄散。魂屬陽，上升於天；魄屬陰，下沉於地，至黃泉。雖然天和黃泉都沒有明確的定義，但當時人們相信死者繼續過著類似生前的人間生活，因此人們會在墳墓擺設食物、飲料和其他生活必需品。這也是爲什麼人們要在除夕和祖先的忌日烹煮食物，在家中祭拜祖先，每年春天清明節也會去掃墓。同時，早在莊子時代，就有人不死而成仙的觀念，其藝術造像是羽化飛天的人形。要達到這個目標有不同的方法，其中最有效的是攝取生長在渤海蓬萊仙島的一種神草，或是食用中國西部邊境崑崙山巔西王母園中生長的仙桃。這兩者很難取得，所以還有其他方法，包括採取辟穀的特殊飲食法，練功、房中術，以及燒煉丹藥服用。秦始皇（公元前 246－210 年在位）和漢武帝（公元前 141－88 年在位）都是神仙信仰的狂熱信徒。

老子連同傳說中的中華文明始祖黃帝皆被神化，奉爲道教神明。老子不但長生不死，而且爲了教化世人化身八十一次。道教始於天師道，創立於 142 年，當時已成爲神明的老子親降於四川，授命第一位天師張道陵。這個運動以其教區組織（男女皆可擔任首領之職）、戒律、集體懺悔和上章儀式（祈請天官治病）而聞名。道教與佛教爭奪皇室的護持，兩教經常發生公開衝突，最著名的例子是一篇題爲「老

子化胡」的經文引起的爭議。此經根據老子離開中國西行的傳說，宣稱老子其實去了印度，以粗俗化的道教教導當地人民，因為他們無法理解道教的深奧道理，因此，佛教是道教的翻版，但等級較低。佛教偽經的作者提出相反的說法，聲稱老子實際上是佛陀的弟子迦葉（Kāśyapa），孔子是菩薩。雖然歷代曾有幾位帝王下令禁止《老子化胡經》的流通，但直到十三世紀蒙古人統治的元代（1260－1368），皇帝才下令將此書的刻板悉數銷毀。這是由於在朝廷召開的佛道辯論中，佛教徒贏得勝利，蒙古統治者也護持藏傳佛教。

佛教傳入中國

關於佛教傳入中國有幾個傳說，最著名的一則與東漢明帝（58－75年在位）的夢有關。據說他在夢中看到一個身形極高的金人飛入王宮，當他問群臣此夢如何解釋時，有人上奏說印度有一位聖人稱為佛陀，能飛行空中，而且身現金色。明帝隨後於 60 年（或有 61、64、68 年的不同說法）派遣使團至印度，三年後迎回兩名僧人攝摩騰（Kāśyapa Mataga）和竺法蘭（Dharmaratna），連同二僧以白馬馱運的《四十二章經》。明帝將兩位傳教僧安置在首都洛陽一座以白馬為名的寺院，即白馬寺。這個故事的敘述引人入勝，因為它將佛教傳入中土的起源和王室拉上

關係。但這個傳說沒有歷史依據，最早提到做爲翻譯中心的白馬寺是在三世紀。學界一致認爲《四十二章經》是佛教教義的彙編，成書於印度、中亞或中國，而不是任何經典的譯本。隨時間推移，這個傳說中增添了更多細節，到了五世紀已成定說。

然而，可以確定的是，一世紀時佛教已經存在於中國，不過此後經過三百年才成爲我們所說的漢傳佛教，也就是漢傳佛教徒理解和修持的宗教。最早提及佛陀的史料是65年的一道詔令，內容是判處死刑之人只要支付一定數量的絲綢做爲贖金，可獲得明帝赦免。楚王英是明帝同父異母的弟弟，居彭城（今江蘇徐州），他奉上縑帛三十匹，以贖罪愆。但皇帝拒不收受，反而稱讚他信奉黃老與佛陀。楚王隨後用贖金備辦素齋，宴請城中佛僧和居士。佛陀也連同黃帝、老子，奉祀於宮中，因爲在166年一則大臣上書中，桓帝因道德敗壞，不遵黃老、佛陀之教，遭到嚴詞譴責。歷史資料提及三個佛教中心：位於長江下游地區的彭城、華中的洛陽，以及今越南北部的交州。彭城是商業中心，連接絲綢之路與山東、廣州。最早的佛教護教論著《牟子理惑論》，其作者來自交州。佛教主要是外來宗教，這些早期佛教中心由新移民和歸化的外國人組成。

起初，人們對佛教認識不足。佛陀被視爲可以傳授長生不老之術的神明。藝術提供另一實例，說明佛教最初如何

34

漢傳佛教專題史

移植到本土信仰。道教神仙信仰最重要的女神西王母，是第一位以藝術形式呈現的中國神祇。到了一世紀時，中國人將西王母像刻在石頭或磚上，做爲富人的墓飾。此圖像沿著墓頂下的牆壁上端安置，代表天界。中國人開始創造佛像時，以西王母爲模仿對象。浮雕佛像出現於四川樂山麻浩崖墓和柿子灣崖墓，年代可追溯至二世紀末，佛像在墓穴中的圖像和位置都與西王母相同。對中國人來說，佛教的輪迴教義是理解上的一大問題。他們唯一能夠了解輪迴的方式，是假設佛教認爲死後靈魂繼續存在，但這種想法與佛教的中心教義「無我」完全相反。

《四十二章經》

　　傳說中由兩位印度僧人用白馬駄運至中國的第一部佛經《四十二章經》，其中有哪些佛教教義？這個文本經常納入今天臺灣佛學院的指定讀物中。儘管其歷史眞實性存疑，卻顯然獲得漢傳佛教徒公認的權威地位。此經由簡潔的格言和生動的譬喻組成，其格式不像佛經，反而類似由孔子與弟子的對話構成的儒家經典《論語》。這可能是此經引人入勝，歷久不衰的原因之一。經中有類似《論語》勸導仁慈、修行的段落：

　　　　佛言：「人愚吾以爲不善，吾以四等慈護濟之。重以惡

來者，吾重以善往。福德之氣，常在此也；害氣重殃，反在于彼。」

佛言：「吾何念？念道。吾何行？行道。吾何言？言道。吾念諦道，不忽須臾也。」

不過有更多段落是關於佛教最重視的正見和正業：

佛言：「熟自念身中四大，名自有名都為無，吾我者寄生，生亦不久，其事如幻耳。」

佛言：「財色之於人，譬如小兒貪刀刃之蜜，甜不足一食之美，然有截舌之患也。」

佛言：「人繫於妻子、寶宅之患，甚於牢獄、桎梏、銀鐺。牢獄有原赦，妻子情欲雖有虎口之禍，己猶甘心投焉，其罪無赦。」

佛告諸沙門：「慎無視女人。若見無視，慎無與言。若與言者，勑心正行，曰：『吾為沙門，處于濁世，當如蓮花不為泥所污。』老者以為母，長者以為姊，少者為妹，幼者子，敬之以禮。意殊當諦惟觀，自頭至足自視內，彼身何有，唯盛惡露諸不淨種，以釋其意矣。」❶

雖然我們不知道這部經的早期使用情況，也不清楚在哪些群體之中流傳，但經中宣揚的是小乘經典中典型的苦行

理想。經文中流露出強烈的厭女心態衝擊我們現代人的感受，卻具有教學功能。由於性欲和感官享受，包括家庭生活，對於出家志業是最大的威脅，因此將這些投射到女性身上，使她們變成令人擔憂、懼怕的媚惑者，或許也就不足為奇了。這種觀點並未出現在同時傳入中國的大乘佛經中。

佛經翻譯

中國人了解佛教的一個重要途徑是讀經和聽聞講經開示，因此，早期傳教僧以及協力合作的中國人皆齊心戮力於佛經的翻譯。選定翻譯的經典可能屬於初期佛教，或是大乘佛教，全憑譯者個人背景和興趣而定。中國人透過這種方式接觸到的佛教文獻包羅萬象，從佛陀的本生故事到禪修指南，以及般若經系闡明的空性義理（一切事物皆無自性）。這說明了漢傳佛教的一大特色：諸宗融合主義（ecumenism）。因為中國人相信所有漢譯佛典都是「佛陀聖言」，所以不得不設法調和這些經典中出現的許多不同思想。這導致隋（581－618）、唐（618－907）判教的產生，也就是將諸經中的教義分級排序，這是一項重大成就。與此同時，誕生了印度不曾出現的漢傳佛教新宗派，各宗皆獨尊一部經典。

早期大部分譯者來自中亞，但也有一些來自印度，這一點可從他們的姓氏證明。外國僧人總是使用其祖國名稱的

第一個字做為姓氏，這其實是一個種族識別符，而不是表明個人所出的家族符號。例如，許多譯者的姓氏稱號方式如下：「康」代表康居，「安」代表安息，「支」代表月支，「于」代表于闐，「帛」代表龜茲，「竺」代表印度。高僧道安（312－385）首開先河，以釋迦牟尼這個音譯名的首字「釋」，做為漢傳佛僧的共同姓氏，使得佛陀成為其法脈始祖。

大、小乘大約同時傳入中國，前者以支婁迦讖（Lokakṣema）的譯作為代表，後者則以安世高的譯作為代表。安世高，安息人，148年到達洛陽，二十年間譯出許多小乘經典，其中大多有關禪修方法，而且集中於觀息法。由於靜坐是道教長生不老的方法之一，因此這些經典贏得好評。安世高的學生嚴佛調是漢地第一位出家人。支婁迦讖是月支人，與安世高同時代，活躍於168至188年。他最早譯出大乘佛經，其中最重要的是《八千頌般若經》和《般舟三昧經》。《八千頌般若經》介紹空性的概念，這是一項影響深遠的大乘教義，不僅主張人無我，而且宣稱一切現象也空無自性。《般舟三昧經》教導一種禪修方法，使人能夠見佛現在眼前。

竺法護（Dharmarakṣa，大約活躍於266－308年）與安世高、支婁迦讖不同，他是歸化的月支人，世居絲路終點敦煌，而且懂漢語。他八歲出家（大約239年），一生譯出

許多重要的大乘經典。其中,《法華經》宣說眾生皆可成佛的喜訊,而且佛陀常住在世,救度眾生。此經也讚歎菩薩,導致菩薩信仰的誕生。他的譯作還包括般若經系和《維摩詰經》。竺法護中、外諸國語言皆通,這必定是他譯作如此豐富的原因之一。由於這些大乘經典極為重要,日後有不同的譯者選擇重譯,但是 401 年鳩摩羅什(Kumārajīva)來華之後的譯本取代了先前各譯本,成為中國乃至整個東亞的標準本。下一章將更詳盡討論這些經典,並且探究它們在中國如此盛行的原因。

最初幾世紀的佛經翻譯不是由國家資助的專案計畫(如鳩摩羅什,以及後來玄奘的譯經事業),而是由梵僧在中國助手的協助下個別進行的計畫。雖然有些傳教僧帶來寫本,但通常是憑記憶口誦與解說,因為抄本稀有難得。此外,佛教僧侶受過一流的背誦訓練,例如,相傳竺法護日誦萬言。佛經翻譯是團隊的共同合作,由梵僧朗讀或背誦經文,另一個通曉這個語言的人書寫記錄,第三個人譯為中文,有時會有精通漢語的第四人潤飾譯文,最後再將完成的譯文朗讀,讓原先的梵僧核對。漢譯經典也有可能不是真正譯自原典的譯本,而是域外高僧的開示,經由弟子記錄,再由高僧校訂編輯而成。在漢傳佛教史上,佛經翻譯是一件大事,千百年來投入了龐大的人力、財力。

魏晉南北朝（220－581）的佛教

漢代延續四百年，是中國歷史上歷時最久的朝代之一，因此中國人自稱漢人，雖然除了漢族之外中國還有許多民族。漢代最後幾十年的統治者無能，其中有些君主十幾歲即登基。大規模叛亂爆發，例如黃巾之亂，國境之內多半飽受蹂躪。220年漢代滅亡之後，中國歷經三百多年的分裂，直到隋代一統天下為止。在這分裂動盪的年代裡，佛教開始立足於中國這片土地。

在這個時期，中國多半處於南北分裂的狀態。中國北方由胡人統治，佛教在此得到王室護持。佛教的虔誠表現於具體形式，例如大同附近的雲岡石窟，以及北魏國都洛陽附近龍門石窟等處的摩崖石刻。促使北方佛教蓬勃發展的梵僧中，佛圖澄尤其值得一提。他來自龜茲，在喀什米爾接受教育，師承小乘傳統的說一切有部，310年左右抵達洛陽，讓後趙君主石勒與其子石虎皈依佛教。佛圖澄展現神通，令石勒心生敬佩。他在一鉢清水中變出蓮花，還用牙籤從已經乾涸的水源處引出水流。他有能力降雨，預知未來，以及軍事遠征的結果。他得到石勒的信賴，擔任其國師二十多年，也同樣受到石虎的信任，並且強調第一條不殺生戒，試圖藉此使石虎成為慈悲的君主。石虎表示，身為統治者，難免殺生，問他應該如何遵行佛法。佛圖澄告訴石虎，一個人犯罪，必須受刑罰，甚至被處決，但如果統治者暴虐，濫殺無

辜，即使遵行佛法，也會造作極重惡業。早期傳教僧以展現神通和善辯勸誘來弘揚佛教，佛圖澄是一個很好的例子。

南方佛教的特點是義理玄談，參與者多為王公貴戚。佛教的傳播受益於當時對老莊思想和《道德經》重新燃起的興趣，這個新運動學者稱為玄學。雖然它與道家有關，卻以兩種獨特的趨勢展現：做為哲學，它稱為「玄學」；做為一種生活方式，則被稱為「清談」。玄學提供一套術語和體系，讓知識分子能夠詮釋新進引入中土的一些佛教義理，因此，南方佛教通常稱為士族佛教。此運動名之為「玄」，是因為探討道的奧祕。般若經中描述的「空性」，與《道德經》的「無」相提並論。佛教不殺生、妄語、偷盜、邪淫、飲酒等五戒，與仁、義、禮、智、信五常混為一談，那是儒家處理五倫而規範的正確行為。涅槃等同於無為，而佛教的究竟實相「真如」（tathatā）則譯為「本無」。將佛教觀念比附本土傳統觀念的作法稱為「格義」，它將經典範疇與世俗書籍相匹配，成為受過教育的信徒熟悉佛教思想的偏好方式。雖然這是一種有效的權宜之計，但是當翻譯大師鳩摩羅什促使人們更進一步認識佛教時，格義的作法即遭摒棄。

清談之士頌讚率性任意的生活。竹林七賢是經常聚會於竹林的朋友，他們縱情清談，不染塵俗，是這種獨特生活方式的典型代表，其特點是巧言善辯，行事不拘禮法。有幾則軼事可為實例。

劉伶（大約 221－300 年），竹林七賢之一，習慣在自己房裡赤身露體。此一藐視禮法之舉讓他遭受批評，他卻回應：「我以天地爲棟宇，屋室爲褌衣，諸君何爲入我褌中？」另外兩名成員阮籍和侄兒阮咸皆好飲酒，兩人相聚時，坐在大酒甕前直接舉甕豪飲，不用酒杯，若有豬群聞香而來，則與豬共飲。正因爲這種不拘禮俗的行爲違反社會準則，所以獲得「清高」的讚譽。其他故事稱頌隨興而爲之人，例如大書法家王羲之的兒子王徽之，有一天夜裡醒來，望見一場大雪後銀白皎潔的景象，一時興致大發，想拜訪好友雕塑家戴逵，於是立即讓僕人備船，動身前往，但舟行一夜之後抵達戴家，正要敲門的時候，突然改變心意，掉頭返家。後來有人問及原因，他說：「吾本乘興而來，興盡而返，何必見戴？」❷

鳩摩羅什

眾多佛經譯師中，鳩摩羅什（344－413）首屈一指，無庸置疑。他的背景極爲獨特，人生際遇非凡。他出生於龜茲，母親是公主，父親是婆羅門種姓。羅什出生後，他的母親想出家爲尼，但他父親在她又產下一子之後才肯同意。七歲那年，母子一同出家，兩人首先前往喀什米爾修學小乘佛教。據說羅什當時小小年紀，即已展現過人的辯論才華。除了佛經之外，他也學習吠陀，研讀天文學、數學和數術的文

獻。三年後，他們到喀什一年，羅什在接觸大乘經論之後，皈依大乘。379 年，他的名聲傳到前秦君主苻堅耳中，於是苻堅派大將呂光把羅什帶回國都長安。不幸的是，由於呂光敵視佛教，將羅什軟禁在西北邊陲的涼州十七年，直到 401 年呂光被制伏後，羅什才終於被迎入長安。

羅什被尊為國師，譯場也設立於逍遙園，有千名僧人從旁協助他展開譯經事業。他在涼州長期居留期間學會中文，這是他和其他譯師不同之處。從抵達長安那年一直到 413 年逝世為止，他在傑出的中國弟子協助下，翻譯了大量的佛經，其中有些取代了早期的譯本，成為東亞佛教的經典之作。

鳩摩羅什甚少執筆。據說他一手拿著梵文文本，同時口譯，而且翻譯與講經說法同時進行。他善用故事闡述佛法，這些故事運用隱喻、明喻和寓言。我們可以感受一下羅什如何陳述故事，他的《維摩詰經》注本中，有不少這樣的故事。例如，在註解「是身如丘井」這句經文時，他講述故事如下：

昔有人有罪於王，其人怖罪逃走。王令醉象逐之，其人怖急，自投枯井。半井得一腐草，以手執之。下有惡龍吐毒向之，傍有五毒蛇復欲加害，二鼠嚙草，草復將斷，大象臨其上，復欲取之。其人危苦，極大恐怖。上有一樹，

樹上時有蜜滴落其口中，以著味故，而忘怖畏。

　　枯井比喻輪迴或生死，醉象象徵無常。毒龍隱喻惡道，五毒蛇代表五蘊。腐草比喻命根，白、黑二鼠分別象徵日、月（即時間）。蜜滴代表五欲之樂，因爲蜜滴而忘記恐懼，比喻眾生嘗到五欲之樂的甘甜時，不畏懼苦。❸

　　《維摩詰經》只是隱約暗示：這口井因爲處於破敗荒蕪之地，不久即將乾涸。經中以此隱喻說明人生無常，但是這個寓意羅什卻用此一情節曲折的故事來表達，在讀者心中留下這幅難以磨滅的人生處境意象。難怪這個故事經常被轉述，後來成爲禪師最喜歡用於開示的主題。

漢傳高僧：道安與慧遠

　　雖然道安和慧遠（334－416）不在長安城內師從羅什的漢僧之列，但兩人皆與羅什有重要往來，並且極受讚揚。羅什稱道安爲「東方聖人」，稱慧遠爲「東方護法菩薩」。道安是佛圖澄最有名的弟子，他和當時大多數僧人和在家居士不同，年幼時父母雙亡，並非出身貴族。年少時曾向師父懇求經典研讀，可見當時個人擁有經典並非易事。他早年接受小乘的訓練，對安世高所譯的禪經很感興趣，也研讀阿含和阿毘達磨文獻。不過，他對般若諸經也十分熱衷。在這方面，道安是理想的佛教修行者，定、慧二學皆精通。他也是

典型的漢僧，兼學大、小乘。後來漢傳佛教諸宗的創立是這種不分宗派作法的典型範例。

道安吸引多達五百名的弟子。他了解出家戒律極爲重要，然而，由於當時還沒有任何漢譯律本，因此他爲自己的僧團創制戒規。即使現存律本皆已漢譯，自宋代（960－1279）以降，仍有名爲「清規」的各種僧團新戒規的創制，做爲寺院實際運作應該遵循的指南。道安的戒規理應流布當代其他寺院，奉行不悖，也可能被視爲後代清規的原型。他的這套戒規稱爲《僧尼軌範》，並未流傳於世，不過道宣律師（596－667）曾引用其中若干部分。這套規範制訂僧眾集體生活的三種儀軌：一、佛堂行香、上座、誦經；二、平日六時（晨朝、日中、日沒、初夜、中夜、後夜）行道，包括繞佛、飲食，以及用齋時的唱誦；三、半月布薩懺悔儀式。道安是第一位制訂僧團規範的高僧。在這套條例中，研習經典列爲優先考慮的項目，對道安來說，在僧才的養成中，慧學與戒學並重。

道安是第一個編纂佛經目錄的人，這是佛教史料編纂的重要文類。374年，他編纂《綜理眾經目錄》，收錄自東漢至他的時代爲止譯出的所有佛經，但這部經錄已佚失。編纂這些目錄是佛教釋經者的一大要務，到十八世紀爲止，這樣的經錄有七十六部，目的是判別佛經的眞僞，區分翻譯的佛經與所謂的「疑僞經」，也就是在中國創作的佛經。道安

用「非佛經」一詞指稱他記錄中列出的二十六部經,由此可知,偽造的佛經早在四世紀即已出現。道安對於佛經真偽混雜的情形感到憂心,並且認為偽經可鄙,其後的經錄編纂者也抱持同樣態度。然而,近幾十年來,學者們提醒我們注意偽經的正面價值,他們並未將這些文本當作「贗品」而棄之不顧,反而視之為珍貴文獻,透露當時對於佛教的理解。這些文本創意十足地嘗試融合佛教教義,並且加以改造以適應中國本土社會環境。

漢傳佛教高僧不僅定、慧並舉,也經常結合虔誠與學識。道安是未來佛彌勒的虔誠信徒,他與八位弟子在彌勒像前立誓,祈願往生彌勒現在所居的兜率天——彌勒在此天界等待未來降生人間,復興佛教。

354 年,慧遠成為道安的弟子,當時年僅二十歲,而道安已是名滿天下的佛教高僧。慧遠在許多方面與他的恩師志同道合,是南方佛教的主要代表人物,在皈依佛教之前,受過儒家經典和老莊道家思想的教育。他精通般若經的義理和禪修典籍,也強調恪遵出家戒律,他的人生即是最佳實例。大約在 386 年當他五十二歲時,定居於今天的江西省廬山,其寺院以溪流為界,他宣布永不跨出此溪半步。他與鳩摩羅什遙通書信,討論佛法玄妙義理,例如法身的本質、菩薩與羅漢的區別等。

四世紀,中國南方的知識分子激辯佛教的業力觀和輪

迴觀。慧遠針對這些主題的著述讓我們了解當代人士關切之事。對於業論有所懷疑的人，他寫道：

> 經說業有三報：一曰現報，二曰生報，三曰後報。現報者，善惡始於此身，即此身受。生報者，來生便受。後報者，或經二生三生百生千生，然後乃受。……世或有積善而殃集，或有凶邪而致慶，此皆現業未就，而前行始應。

與他同代有許多人難以接受輪迴轉世的想法。為了證明輪迴的正確性，佛教徒支持靈魂不滅論。慧遠寫道：「火之傳於薪，猶神之傳於形；火之傳異薪，猶神之傳異形。……前形非後形，則悟情數之感深。惑者見形朽於一生，便以為神情俱喪，猶覩火窮於一木，謂終期都盡耳。」❹

道安是未來佛彌勒的信徒，慧遠則信奉阿彌陀佛。他在 402 年召集僧俗徒眾一百二十三人，在阿彌陀佛像前共同立誓，發願往生西方淨土。這個團體後來被稱為白蓮社，後代佛教徒追尊慧遠為淨土宗初祖。他們誓願往生阿彌陀佛淨土，因為希望能在彼土親聞阿彌陀佛教導。他們還發願，若其中任何一人悟道，則回歸此土，或以某種形式示現，以幫助其他人。佛教的白蓮社相當於玄學界頌讚的竹林七賢，佛教徒希望往生阿彌陀佛的西方淨土，呼應道教的神仙信仰。

早在秦始皇時期，統治者就一心追求長生不老藥。到了公元
紀年之初，不僅是帝王和權貴顯要，連出身寒微的人都關注
飛升妙境成仙之事。佛教傳入中國後最初四百年間，佛教徒
和道教徒無論在新的義理探究或宗教創新方面，皆有類似的
發展。因此，這兩個傳統彼此促進是意料中事，由於這種互
動產生的相互借用也是屢見不鮮。

　　為什麼特別挑出這兩位早期的漢傳高僧？佛教徒理應
精通戒、定、慧三學，也被鼓勵要福慧雙修。修慧，意指學
習與修持戒律，精通禪修，並且長養真正的慧觀。修福，則
強調除了獲得智慧之外，還需要修持宗教功德。產生功德有
各種不同的方式，包括供養僧團、齋僧、建寺和鑄造佛像。
這一切活動背後的基本動力，來自於一顆虔誠信仰的心。道
安和慧遠透過他們的人生與作為，結合這兩種理想，因此歷
代以來備受讚譽。

■ 問題討論

1. 小乘佛教和大乘佛教有什麼區別？
2. 早期佛教譯師有哪些人？如何進行譯經？
3. 中國人最難理解的佛教思想是什麼？爲什麼？
4. 何謂「格義」？爲什麼這種解釋佛教的方法遭到摒棄？
5. 慧遠體現的僧團理想是什麼？

■ 延伸閱讀

Ch'en, Kenneth. 陳觀勝 *Buddhism in China: A Historical Survey*. Princeton, NJ: Princeton University Press, 1964.

Lau, D. C., 劉殿爵 trans. *Lao Tzu: Tao Te Ching*. London: Penguin, 1963.

——, trans. *Confucius: The Analects (Lun Yü)*. Penguin Classics. Harmondsworth: Penguin, 1979.

Mitchell, Donald W., and Sarah H. Jacoby. *Buddhism: Introducing the Budddhist Experience*, 3rd ed. New York: Oxford University Press, 2013.

Schwartz, Benjamin I. 史華慈 *The World of Thought in Ancient China*. Cambridge, MA: Harvard University Press, 1985.

Strong, John S. *The Buddha: A Short Biography*. Oxford: Oneworld, 2001.

Williams, Paul, and Anthony Tribe. *Buddhist Thought: A Complete Introduction to the Indian Tradition*. London: Routledge, 2000.

Wright, Arthur F.芮沃壽 *Buddhism in Chinese History*. Stanford, CA: Stanford University Press, 1959.

——. *Studies in Chinese Buddhism*. Edited by Robert M. Somers. New Haven, CT: Yale University Press, 1990.

■ 註釋

❶ Robert H. Sharf, "The Scripture in Forty-two Sections," in *Religions of China in Practice*, ed. Donald S. Lopez Jr. (Princeton, NJ: Princeton University Press, 1996), 365–369。譯案：參見《四十二章經》，CBETA, T17, no. 784, p. 722b14-16, 723a14-15, 20-21, 25-29, 723b19-24。本書後續引用經文皆附《大正藏》出處，根據版本爲中華電子佛典協會發行的 CBETA 2021.Q4，引文標點符號與若干用字，依照文意重新調整。

❷ Fung Yu-lan 馮友蘭, *A Short History of Chinese Philosophy*, ed. Derk Bodde (New York: Macmillan, 1960), 235–237。參見《世說新語·任誕第二十三》。

❸ Yuet Keung Lo 勞悅強, "Persuasion and Entertainment at Once: Kumārajīva's Buddhist Storytelling in His Commentary on the Vimalakīrti-sūtra," *Chinese Literature and Philosophy Quarterly* 21

(September 2002): 101–102。參見《注維摩詰經》，CBETA, T38, no. 1775, p. 342b2-13。

❹ Ch'en, *Buddhism in China*, 111–112。參見《弘明集・三報論》，CBETA, T52, no. 2102, p. 34b4-7, 23-24；〈沙門不敬王者論・形盡神不滅第五〉，p. 32a1-5。

第一章

漢傳佛教主要經論

漢傳佛教藏經大量匯集許多初期和大乘佛教經典的譯本。本章將討論其中最重要的一些經論。

般若經系

如前一章所言,最早提出空性教義的大乘經典是《八千頌般若經》,而最先譯出此經的是支婁迦讖。空性慧是般若波羅蜜,亦即智慧的圓滿,構成覺悟和成佛。大多數般若經依篇幅命名,除了《八千頌般若》之外,還有《二萬五千頌般若》和《十萬頌般若》,但也有《一字母般若》。

《心經》與《金剛經》皆屬於般若經。出家人每天早課誦《心經》,這部經非常簡短,英譯篇幅不過一頁。經文一開始說觀音菩薩在甚深禪定中俯瞰,照見「色不異空,空不異色;色即是空,空即是色」。❶ 色是五蘊之首,意指身體。如果我們認為色身有自性,即是妄想。但是,如果認為空性有別於色身而存在,並且是勝於色身的實相,則同樣是

妄想，因為上述兩種想法都是分別，從而對色或空產生執著，《心經》稱之為「罣礙」。此經以「色不異空」等四句經文說明色空相等，不無道理。如莊子所言，人習慣以二分法思考，自然傾向於對比、區分色與空。但是色空相等的四句經文阻斷這種分別想，讓人生起不二慧觀。當人了悟色的真實本性是空時，並未否定色的存在，而是以新眼光看見色的廣大圓滿。這種透過修行產生的慧觀，造成無懼無怖的心理效應。《心經》描述如此證悟者：「菩提薩埵依般若波羅蜜多故，心無罣礙；無罣礙故，無有恐怖，遠離顛倒夢想，究竟涅槃。」❷相傳著名的西行求法者玄奘（約596－664）前往印度途中，即一路誦持《心經》穿越險惡萬分的塔克拉瑪干沙漠。

《金剛經》也以護佑力聞名。數世紀以來有許多感應故事集，記載人們因為誦持《金剛經》而逃離各種危難。雖然此經也從空性的角度談論不二，但是使用的語言風格與《心經》截然不同。它不是基於定境所見而宣說此一真理，而是運用詭論充分表達不二之諦理。佛陀在此經中教導解悟第一的弟子須菩提，何謂般若波羅蜜。在一連串的問答中，佛陀徹底推翻最常見的佛教概念，例如眾生、菩薩、涅槃。

　　佛告須菩提：「菩薩發阿耨多羅三藐三菩提心者，當生如是心：『我應滅度一切眾生，令入無餘涅槃界。如

是滅度一切眾生已，而無一眾生實滅度者。』何以故？須
菩提！若菩薩有眾生相、人相、壽者相，則非菩薩。何以
故？須菩提！實無有法名為菩薩發阿耨多羅三藐三菩提心
者。」❸

為什麼佛陀先說菩薩引導眾生涅槃，然後否認這是菩
薩的作為呢？此經雖未提及空性，卻堅定地以實相為空的見
解為基礎。就一般世俗而言，「眾生」和「菩薩」被視為
真實存在，而且皆具有「自我」。但實際上並非如此，因
為兩者完全沒有固有的自我，都依賴因緣而存在。然而這
種慧觀很難以言語表達，只能透過此處和全經一再使用的
「甲實非甲，故名為甲」的定型句式來表述。以下這段經文
是更明確的例子：「佛言：『須菩提！彼非眾生，非不眾
生。何以故？須菩提！眾生眾生者，如來說非眾生，是名眾
生。』」❹

大乘不否定人或事物的存在，卻說人或事物不是我們
所想的那樣，它們依賴因緣條件而存在，卻沒有實體。因
此，我們應該用雙重眼光加以看待，並同時堅持二諦：見諸
法如實，是世俗諦；見諸法性空，是勝義諦。二世紀著名
哲學家龍樹（Nāgārjuna）以般若經系為基礎，創立中觀學
派。佛陀所講的中道原為八正道，是一種既非苦行亦非縱欲
的道德生活；龍樹所指的中道是既不肯定也不否定的認識

論中道。這種實相觀從以下為大乘作者熱愛的比喻中可見一斑：

　　一切有為法，如星翳燈幻，
　　露泡夢電雲，應作如是觀。❺

　　這兩部經中使用的辯證語言具有解脫論上的功能。畢生研究般若經系的學者愛德華・孔茲（Edward Conze）描述如下：「般若波羅蜜數千頌可以兩句話總結：一、人應該成為菩薩（或未來之佛），也就是為了一切眾生，若不以般若波羅蜜成就一切智則不以為足者；二、沒有菩薩，也沒有一切智、眾生、般若波羅蜜或成就。接受這兩個相互矛盾的事實即是波羅蜜，也就是圓滿。」❻當讀者被要求同時接受這兩個矛盾的立場時，必須超越兩者之間的對立。中道有了新的詮釋，不是要求人們避免縱欲與苦行之間的對立，而是勸人安住於不二，超越肯定與否定。

　　就名垂不朽和影響力而言，有兩部經典最為傑出：《法華經》和《維摩詰經》。這兩部經曾多次由不同的譯者翻譯，但鳩摩羅什的譯本公認是最好的。正如前一章的解說，譯事往往由梵僧主持的團隊完成。因此，雖然鳩摩羅什被列為譯者，但是有中國弟子從旁協助，其中有些人在佛教思想和文學素養上都有很高的造詣。為使譯文易於理解，羅

什決定傳達主體文本的涵義，而不是逐字逐句直譯，如此完成的譯本成爲獨特的文白夾雜之作。這兩部經的羅什譯本不僅在中國成爲標準本，在整個東亞地區也是如此，英譯本也是根據他的翻譯。

《法華經》

　　如同所有大乘佛經，《法華經》也自稱是歷史上的佛陀講經說法的紀錄。經文一開始說：「如是我聞：一時，佛住王舍城耆闍崛山中。」巴利藏經典也同樣使用這段話。此處的「我」意指佛陀的貼身弟子阿難，以多聞強記而聞名。背景是巴利經典中記載佛陀慣常說法的地點。因此，巴利藏經典被呈現爲阿難聽聞佛陀說法的紀錄。藉用同樣言語，《法華經》以佛陀說法的忠實紀錄自居，儘管這部經的作者是佛陀入滅後數百年之人。學者們認爲，這部經是在公元前100 年至公元 100 年之間由不同作者在不同時期，分三階段撰述而成。

　　儘管這些作者努力使《法華經》看似佛陀的傳統說法，但此經的敘事立即讓我們意識到身處一個全然不同的世界，我們平常的時間和空間感產生巨大的轉變。經中的與會大眾，以及聽聞或閱讀此經的人眼前，出現了神異場景：佛陀放大光明，首先照亮大眾原本一無所知的無數他方世界。然後在佛力加持下，與會大眾旋即目睹這些世界的每一尊

佛，耳聞諸佛講經說法，眼見諸佛、菩薩、出家眾、在家眾
種種行業，一覽無遺。這個奇特景象是一場序幕，接下來佛
陀即將開顯同樣奇妙非凡的教義。這樣的情節背景當然出自
大乘作者的構思，目的在於頌讚佛陀。但同樣重要的是，這
也粉碎了聽眾對現實的傳統觀念，藉此有效地打開他們的想
像力。

聽眾一旦思想和意識發生轉變，就隨時可以接受教
法。顯然這些教義與諸弟子在初期佛教中所學大相逕庭。
《法華經》也揭示佛的身分，他其實不是初期小乘經典
中呈現的佛陀。《法華經》有兩個具有革命性意義的要
旨：一、佛教是一佛乘，讓人人皆能成佛；二、釋迦牟
尼是本佛（primordial Buddha），而不是在菩提樹下成佛
的歷史人物。傳統上，佛經談到佛教的理想，以及將人
運載至這些理想的相應三乘，即聲聞（śravāka）、緣覺
（pratyekabuddha）和菩薩。聲聞是佛陀的弟子，因親聞佛
法而證悟，聲聞乘的目標是證得阿羅漢果位，在這一期生命
告終時入涅槃。緣覺是沒有聽聞佛法而自行證悟者，他們也
不教化他人。此二乘屬於小乘傳統。有別於二乘，且勝於二
乘的是菩薩，他們代表大乘的理想。菩薩乘的目標是效法釋
迦牟尼，自己成佛，也教化眾生，幫助眾生證悟成佛。

菩薩道任重道遠，始於菩提心，發願利益眾生，然後
修習布施、持戒、精進、忍辱、禪定、智慧六波羅蜜。雖然

初期佛教的八正道也提到戒、定、慧，但大乘菩薩道的身、心、道德訓練更爲激烈、艱鉅。其中有兩項特點需要注意：首先，菩薩道與八正道不同，修習的開端是布施。大乘談到三種布施：財布施、法布施、身布施。菩薩以本生故事記載的佛陀前世行誼爲榜樣，爲了救度眾生，心甘情願布施自己的眼睛、手、頭，甚至生命。唯有如此修行布施，才達到圓滿的境界。其次，有鑑於空性，理想的布施行是三輪體空，也就是在布施時，不以自我意識覺知布施者、接受者，以及布施之物三者的存在。其他五波羅蜜也同樣具有圓滿實踐的涵義。傳統上，菩薩道的完成需要修行十個階段（十地），歷時三大阿僧祇劫。

一佛乘與善巧方便

在《法華經》中，佛陀語出驚人，宣布傳統認知的三乘及其不同目標皆不存在，實際上只有一佛乘——不僅是菩薩，人人都能經由一乘的引導而成佛。佛說他降生在這個世間，只是爲了宣布這個喜訊。如此新奇的教法自然在與會大眾中引起疑惑，這些會眾包括聲聞、菩薩以及天神、人、非人。佛陀表示，他教導三乘是爲了順應聽聞者的根性。眾生因業報不同而各有差別，因此良師運用善巧方便（upāya），因材施教。善巧方便是大乘的核心思想，用於調和義理和修持法門中的眾多差異。根據善巧方便的概念，

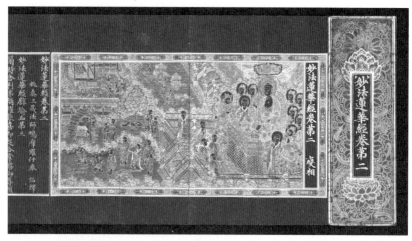

1340 年代朝鮮出版《法華經》手稿（出處：大都會藝術博物館 The
Metropolitan Museum of Art 網站）

佛、菩薩是已覺悟者，擁有特殊能力和優勢，可以巧妙運用
最適合學生根性的教學方法，只有覺者的卓越洞察力才能確
保當下運用的方法皆切合眼前情況所需。這種教學技巧是佛
陀獨有的特質，此時由於大眾根機已成熟，於是佛陀開示一
佛乘。

> 未曾說汝等，當得成佛道。
> 所以未曾說，說時未至故，
> 今正是其時，決定說大乘。❼

《法華經》以幾個譬喻來說明佛陀如何運用這有力的

權巧之計。佛陀和我們的關係猶如父子，佛陀身爲父親所說的話，表面上看似謊言，其實是用來拯救我們這些佛子的權巧方便。在此經中佛陀從頭到尾都強調這一點。

透過不斷地宣講和說法，這些譬喻輾轉傳誦，廣爲人知，成爲詩詞中的典故，繪畫描摹的內容。漢傳佛教徒透過這些譬喻來了解《法華經》中的佛法，正如許多基督徒利用《新約聖經》中的比喻以理解耶穌的教義。

譬喻

毫無疑問，第三品的火宅喻最爲著名。房子著火，孩子們在屋中渾然不覺地玩耍，父親想要解救火宅中的孩子，由於知道他們年紀太小，不知道火的危險，於是以善巧方便營救。父親告訴孩子，他準備了每個孩子一直想要的三種不同車輛，也就是鹿車、羊車、牛車，但當孩子們平安離開火宅時，父親送給他們每人一輛豪華的大白牛車，而不是他原先承諾的三種不同車乘。講完這個故事之後，佛陀說他是故事中的父親，孩子代表我們人類，火宅是生死輪迴的世間，三車分別代表聲聞乘、緣覺乘、菩薩乘，每個孩子獲得的大白牛車是引領一切眾生到達佛果的一佛乘。關於三乘與一佛乘的關係，學者提出不同的解釋。代表菩薩乘的牛車和代表佛乘的大白牛車完全相同嗎？抑或實際有四車，大白牛車有別於先前允諾的其他三車？有一種解答方式是將三車視爲

權宜，而大白牛車則視爲究竟，這反映了世俗諦與勝義諦的對比。實際上，三車不是三種不同的車乘，而是一乘，因爲既然在第九品中佛陀爲所有與會大眾授記，一切眾生必定成佛。

佛陀做爲父親的主題重複出現於其他兩個譬喻中。第四品敘述浪子回頭的故事。故事中兒子離家出走，在流浪途中變得一貧如洗。他的父親出門尋子，最終定居於另一座城市，變爲富豪。有一天，這個兒子來到父親的大宅院乞討，卻不知那是自己父親的住宅。然而，儘管他衣衫襤褸，滿身塵土，那父親依然立刻認出兒子。不像《聖經》裡類似故事中父親的作法，他沒有表明自己的身分，歡迎浪子，而是運用善巧方便，決定逐步迎接浪子回家。他先雇用兒子拾糞，以及從事其他低賤的體力勞動。在兒子證明自己是工作勤奮的人之後，即獲得陞遷，管理所有資產。經過多年，當父親臨終時，終於表明眞實身分，並且將所有財產遺留給兒子。佛陀是父親，我們是佛陀的兒子。分配給兒子的工作是三乘，所有財產是一乘。兒子最初受雇的拾糞工作，相當於佛弟子所受的訓練。令人吃驚的是，涅槃是初期佛教最究竟的目標，在此處卻被喻爲一日的工資。講述這則故事的大弟子說：「我等於中勤加精進，得至涅槃一日之價。既得此已，心大歡喜，自以爲足。」❽但是如果涅槃不再是值得追求的目標，那麼應該如何看待佛陀的涅槃呢？當一佛乘成爲新準

則時，《法華經》也顛覆了涅槃的意義。

　　佛陀為父的第三個譬喻出現在第十六品。這一品透露釋迦牟尼的身分是本佛，因此至關重要。根據這個新觀點，自然對涅槃有不同的解讀。這個譬喻也是關於父子，但是兒子們皆已成年，和火宅喻中的孩子不同。故事中的父親是醫生，有事外出，在此期間他的兒子們誤飲毒藥，病勢嚴重。父親回家後，親製特效藥，交給諸子，雖然其中有人服用，但那些因嚴重病苦而喪失理智的兒子們拒絕服藥。父親一心想治癒所有兒子，只得運用善巧方便。他告訴兒子們必須再次離開，希望他們能服用他留下的藥。離開後，他派人送信回家，報告他的死訊。兒子們聞訊悲痛欲絕，想起父親遺留給他們的藥，立即服用。兒子康復後，父親歸來，令他們欣喜不已。涅槃喻為父親的假死，因此，入滅是一場表演，佛陀的誕生和覺悟也是如此。佛陀解釋如下：

> 今非實滅度，而便唱言：「當取滅度。」如來以是方便，教化眾生。所以者何？若佛久住於世，薄德之人，不種善根，貧窮下賤，貪著五欲，入於憶想妄見網中。若見如來常在不滅，便起憍恣，而懷厭怠，不能生難遭之想、恭敬之心。❾

　　此處展現的佛陀對人性觀察入微。如果兒子們隨時都

能見到父親，自然視爲理所當然，不會在意他的教導。

涅槃被喻爲一天的工資，或者像此處經文比喻爲一場表演。第七品以化城比喻涅槃，在前往象徵佛果的珍寶處途中，充當臨時休憩所。在這個譬喻中，一群旅人遠行，前往眾多寶藏所在之處，佛陀是旅人的領導者。眾人在旅途中感到疲倦，想要回頭。爲了激勵他們繼續前進，領導者用戲法變出一座虛幻的城市，當作目的地。眾人充分休息之後，導師「即滅化城，語眾人言：『汝等去來，寶處在近。向者大城，我所化作，爲止息耳。』」❿這個譬喻表明阿羅漢所求的涅槃是化城，而菩薩證得的佛果是寶所；言外之意是，小乘提倡的傳統目標是自覺，不如大乘新目標：一切眾生普皆覺悟。

正如化城虛妄，初期佛教所承諾的涅槃也不眞實。但如果不是涅槃，究竟什麼才是眞正的目標？佛陀如是說：

> 既知到涅槃，皆得阿羅漢，
> 爾乃集大眾，爲説眞實法。
> 諸佛方便力，分別説三乘，
> 唯有一佛乘，息處故説二。
> 今爲汝説實，汝所得非滅，
> 爲佛一切智，當發大精進。
> 汝證一切智，十力等佛法，

　　具三十二相，乃是真實滅。
　　諸佛之導師，為息說涅槃，
　　既知是息已，引入於佛慧。❶

　　《法華經》大膽直言每個人的終極目標是普皆成佛，而不是涅槃。但是如此一來，初期教義做何解釋？難道佛說謊了嗎？第五品的藥草喻提出一個解答。佛陀所說之法好比大雲降雨，普潤一切草木，沒有差別。卉木叢林及諸藥草代表聽聞佛法的人，雖然生長在同一片土地，同樣受到雨水滋潤，卻各自依照種類、特性而有不同的生長發展情況。眾生也一樣，各自能力不同，對佛法的理解也有差異。佛教團體的等級制度並非由佛陀創制，而是由團體本身產生的。在以下偈頌中，佛陀將天人乃至菩薩等一切眾生，比喻為種種不同的藥草、樹木，各自依能力範圍所及得到法雨的滋潤。其中有些眾生明白佛的教導是以成佛為究竟歸宿，有些人則認為是涅槃。

　　一切眾生，聞我法者，隨力所受，住於諸地。
　　或處人天，轉輪聖王，釋梵諸王，是小藥草。
　　知無漏法，能得涅槃，起六神通，及得三明，
　　獨處山林，常行禪定，得緣覺證，是中藥草。
　　求世尊處，我當作佛，行精進定，是上藥草。

　　又諸佛子，專心佛道，常行慈悲，自知作佛，
　　決定無疑，是名小樹。安住神通，轉不退輪，
　　度無量億，百千眾生，如是菩薩，名為大樹。
　　佛平等說，如一味雨，隨眾生性，所受不同。⓬

　　第八品以一個人衣袍內的珍寶象徵佛果。此人醉酒昏睡，他的有錢朋友暗自在他衣袍內褶縫入珍寶。此人酒醒後，逕自離去。多年後，兩人偶然相遇，得知他這些年來為了糊口，一直辛苦工作，渾然不知衣袍內藏有珍寶，他的朋友因此感到難過，於是告訴他實情。珍寶就是我們本具的佛果，雖然我們和故事中的醉漢一樣，對此一無所知。

本佛
　　根據初期佛教的說法，在此世間同一時期只有一尊佛，釋迦牟尼成佛之前，多生多劫身為菩薩，修行六波羅蜜，在他之前有六佛，而彌勒是未來佛。《法華經》徹底改變這種對佛陀真實身分的傳統見解，對於這一新思想的提出，有三品發揮核心作用。
　　我們在第十一品看到幾個令人難以置信的神異景象。經文一開始敘述一座寶塔突然出現，塔中奉有多寶佛（據說多寶佛久遠以前已入涅槃）。佛陀告訴大眾，由於多寶佛過去曾經發願，所以現在前來聽聞佛宣說《法華經》：「若我

成佛，滅度之後，於十方國土有說法華經處，我之塔廟，為聽是經故，涌現其前，為作證明，讚言善哉。」❸佛陀現神異，於眉間白毫放光，照亮東方諸世界，見其中有眾多據說是釋迦牟尼的分身諸佛正在宣說《法華經》。接下來又出現一神異景象：釋迦牟尼佛打開寶塔，眾人皆見塔中多寶佛坐師子座，如入禪定，全身完整不壞，並且分半座給釋迦牟尼佛，於是二佛比肩而坐。這是漢傳佛教藝術中最常被描繪的場景之一。釋迦牟尼佛最後再次運用神通力，將與會大眾提昇空中，以便能平視寶塔中的兩尊佛。經中描述的這些場景令人驚歎，其象徵意義讀者不可不知。釋迦牟尼佛之所以非凡，不僅是因為他有無數分身諸佛，更是因為他和多寶佛一樣，都是本佛。事實上，二佛體性完全相同。

釋迦牟尼佛的新身分——本佛，在第十五品的神異事蹟中得到進一步證實。經文描述有六萬恆河沙數的菩薩從地湧出，禮敬寶塔中並坐的二佛。釋迦牟尼佛告訴大眾，這些菩薩都在他座下修行，但大眾無法理解這是怎麼回事，因為佛陀成道以來大約不過四十年而已。於是彌勒菩薩代表眾人提問：「譬如有人，色美髮黑，年二十五，指百歲人，言：『是我子。』其百歲人，亦指年少，言：『是我父，生育我等。』是事難信。佛亦如是……。」❹佛陀在第十六品〈如來壽量品〉提出解答，這是《法華經》最精彩的部分，因為這一品揭示釋迦牟尼佛的身分。品題中的「壽量」，是指他

開悟以來經歷了多少時間。佛言：「我……成佛已來，無量無邊百千萬億那由他阿僧祇劫。為眾生故，以方便力，言當滅度。」❻因此，佛常住在世，降生、出家、行道、成道、涅槃，都是為了教化我們的善巧方便。善巧方便不僅是佛陀用來教化的一種方法，他的一生也是善巧方便的示現。

沒有內容的媒介

學者們經常形容《法華經》是沒有內容的媒介，因為它具有自我參照的性質。如前文所示，《法華經》讚歎釋迦牟尼佛，卻也同樣自讚。整部經自始至終自稱是佛陀教授的無上最勝妙法。經中也鼓勵人們「讀誦是經，亦得大眾而來聽受，聽已能持，持已能誦，誦已能說，說已能書、若使人書，供養經卷，恭敬、尊重、讚歎」❻。若人能完成上述這些新的宗教儀式，則不須「起塔寺，及造僧坊、供養眾僧」❼。《法華經》崇拜取代傳統的佛教修行活動。這部經極度自讚，不僅勸人要讀誦、宣講此經，還要以花、香水、燒香、幢幡、繪蓋、華鬘、音樂供養禮拜，如對世尊。宣說《法華經》者特別受到讚譽，相信《法華經》者來生聰明利根，身相圓滿，而且「世世所生，見佛聞法，信受教誨」❽。

《法華經》雖然沒有條理分明地詳細闡述思想，卻以譬喻和聖者典範的形式顯露出重要主題。除了善巧方便和本

佛之外，還有其他一些主題。一是眾生皆能成佛之新說的傳教者預料會遭到迫害。除了過度自我讚揚之外，《法華經》也流露出強烈的急迫感。我們在第二十品看到一種佛教末世論，將佛法分為正法、像法、末法三個時期，過去威音王古佛的正法時期結束後，進入像法時期，此時「增上慢」比丘得大勢力，而釋迦牟尼佛當時是常不輕菩薩比丘：「是比丘，凡有所見，若比丘、比丘尼、優婆塞、優婆夷，皆悉禮拜讚歎而作是言：『我深敬汝等，不敢輕慢。所以者何？汝等皆行菩薩道，當得作佛。』」❶然而，受此禮敬時，人們非但不歡喜，反而認為受到取笑而毆打、辱罵這位菩薩比丘。人類不承認自己有佛性，看輕自己，而常不輕菩薩就成了受苦受難的救度者。

　　第二個主題也與眾生皆有佛性有關。佛陀為大眾授記，預言人人未來皆能成佛。在歷史上，佛陀的堂兄弟提婆達多（Devadatta）是大惡人。他因嫉妒而企圖殺害佛陀，並犯下分裂僧團的重罪。但是佛陀在第十二品講了一個故事，敘述提婆達多前世曾是先知，而他自己是國王。先知觀見國王，主動提議教授《法華經》，結果造就國王成佛：「由提婆達多善知識故，令我……成等正覺，廣度眾生。」❷如同其他人，佛陀也為提婆達多授記。

　　這一品還有龍女的故事。龍女，龍王之女，年僅八歲。根據大乘傳說，龍王擁有無價之寶，也一直守護著大

乘經典，直到人類信受大乘經的時機成熟。聽聞文殊師利菩薩宣說《法華經》之後，龍女頓時發菩提心，成為大菩薩。文殊菩薩向佛陀報告此事時，龍女突然出現。舍利弗（Śāriputra）是佛陀的大弟子，代表小乘聲聞僧的觀點。他很震驚，質疑女性怎麼可能成佛。根據傳統說法，女人有五障：不能成為梵天王、帝釋、魔王、轉輪聖王、佛。❷龍女聞言，即現神異，先變成男子，然後迅速具足菩薩萬行，成等正覺，具足佛身三十二相、八十隨形好，以男子身普為十方一切眾生演說《法華經》。由於五障，讓女性無法達到只有男性才能成就的世間和靈性的高峰，龍女成佛之前必須經過性別轉變，成為男性。這引發了關於佛教和性別的重要議題，這是第九章將進一步探討的主題。

《法華經》的第三個主題是將菩薩刻畫為救度者的形象，從而導致菩薩信仰的產生。第二十三、二十五品分別讚揚藥王菩薩和觀音菩薩。許多中國人皈依佛教，與其說是研習《法華經》闡述的教義，不如說是接觸到經中這幾品對信仰和虔誠的呼籲。〈藥王品〉造成中國的燃身信仰。大乘佛教認為，人發菩提心後，開始走上菩薩道，修持布施、持戒、精進、忍辱、禪定、智慧六波羅蜜。布施波羅蜜的修持中，身布施勝於一切財布施。菩薩以兩種方式修行布施：捐助眾生，或供養佛陀。有許多故事頌揚菩薩捨命救度眾生，免於餓死。布施波羅蜜也包括對佛陀的供養，不過，藥王菩

薩的情況不同，他在過去世中燃身供佛。

　　當時他香油塗身，在日月淨明德佛前，以天寶衣包覆身軀，自頭頂澆灌香油，再以神通力自燃其身，光明遍照八十億恆河沙世界，其中諸佛同時讚言：「善哉！善哉！善男子！是真精進，是名真法供養如來。若以華、香、瓔珞……如是等種種諸物供養，所不能及。假使國城、妻子布施，亦所不及。善男子！是名第一之施，於諸施中，最尊最上，以法供養諸如來故。」❷

　　有些佛教信徒受到《法華經》藥王傳說的啟發，於是起而效法。唐代編纂的感應故事集《弘贊法華傳》收錄了這些故事，主角是生活在七世紀的僧尼。以下是一則關於兩位比丘尼姊妹的故事。

　　　荆州有比丘尼姊妹二人，失其名諱，同誦法花，深厭形器，俱欲捨身。節約衣食，鉤崇苦行。服諸香油，漸斷粒食，後頓絕穀，唯噉香蜜。精力所被，神志鮮爽。周告道俗，尅日燒身。

　　　以貞觀三年〔629〕二月八日夜，於荆州大街置二高塵，乃以蠟布纏身至頂，唯出面目。眾聚如山，歌讚雲會。二女咸誦法花，至藥王品，其姊先以火炷妹頂，妹又以火炷姊頂。清夜兩炬，一時同耀。焰下至眼，聲相轉明。漸下鼻口，方乃歇滅。恰至明晨，合坐洞舉，一時火

化，骸骨摧朽，二舌俱存。合眾欣嗟，為起高塔。❷

　　這則記載詳細描述了燃身的儀式，許多其他故事也依
循類似模式。故事中描述比丘尼姊妹所做的準備工作：她們
採用什麼樣的飲食，以及如何進行儀式。燃身儀式當眾舉
行，有很多人見證。這個故事清楚地表明，她們和其他燃身
者一樣，以藥王菩薩為榜樣。她們燃身之後，舌頭卻完好無
缺，此一神異事蹟證實兩人對《法華經》的虔誠和信仰，也
是源於她們經常讀誦《法華經》──這是經文本身頌揚的虔
誠行為。事實上，有些感應故事都提到念誦《法華經》的
人，燃身之後唇、舌完好無損。

　　燃身不僅是表現極端虔誠的一種形式，也是一種捍衛
佛法的抗議形式。晚近一個著名的實例是越南比丘釋廣德，
1963 年六月他在西貢市街頭引火自焚。他會這麼做，是因
為當時總統吳廷琰偏袒天主教，欺壓佛教。最近則有西藏僧
尼自焚，抗議中共政府對藏傳佛教的待遇。

　　另一種偏好的虔誠修行方式是馬拉松式的諷誦《法華
經》。寶唱於 516 年編撰的《比丘尼傳》，收錄了幾位擅
長誦經的比丘尼的故事，她們可以在很短的時間內誦完整
部經。例如，智賢（大約在 300－370 年）專精誦持《法華
經》，即使年事已高，仍能僅用一日一夜的時間誦完整部
經。據蔡安妮所言，這需要每分鐘誦五十字左右，連續二

十四小時不間斷。如果有任何中斷休息，就得以更快的速度念誦。另一位比丘尼僧念（415－504）也喜歡誦《法華經》，日夜誦七遍。由於念誦七遍約五十萬字，所以每小時需要誦兩萬零八百字左右，也就是每分鐘三百四十七字，或每秒五點七字。有些比丘尼之所以知名，不僅由於誦經速度快，也因爲誦經次數多。例如道壽誦《法華經》三千遍，常見瑞相，439 年九月七日，有寶蓋垂覆在她上方。她誦此經三千遍，如果以一字一秒的速度，應該花了八年的時間，持誦不輟。❷

　　《法華經》是天台宗的根本經典。它是本書第五章探討的漢傳佛教兩大教宗之一。

《維摩詰經》

　　《維摩詰經》和《法華經》一樣，不僅是中國最有影響力，最流行的佛經之一，在東亞也是如此。與《法華經》不同的是，《維摩詰經》運用對話和詭論，傳達大乘佛教的一些中心思想。這種文學手法讓這部經成爲四、五世紀積極投入玄學、清談的僧侶和文人的最愛。此經先後六次漢譯，最早於 225 年譯出，但最著名的是鳩摩羅什 406 年的譯本。此經的注疏爲數甚多，展現經中一大主題的維摩詰（Vimalakīrti）與文殊菩薩之辯，在敦煌、雲岡和龍門佛教石窟的壁畫和雕塑也有許多藝術的描繪，由此可見此經受歡

迎的程度。在漢傳佛教史上,這部經一直深受喜愛,歷久不衰,對禪宗影響很大,例如第六章探討的《六祖壇經》,就多次引用此經。禪宗傳說菩提達摩將心法傳給默然不語的二祖,這令人聯想起維摩詰「一默,如師子吼」。此外,如第九章所示,臺灣當代佛教領袖提倡的人間佛教,主張建設人間淨土,其根據正是此經第一品所言:「隨其心淨,則佛土淨。」㉕

如《法華經》等大乘諸經,此經一開始是令人歎爲觀止的神異場景。眾多弟子和菩薩齊聚,聽佛說法。與會大眾中有一群離車族(Licchavi)青年,起身來到佛前,各以寶蓋供養佛,當最後一頂寶蓋置於佛足時,所有寶蓋皆因佛的神力合爲一蓋,廣大無邊,遍覆三千大千世界。這些世界種種相皆映現於寶蓋內面,包括十方諸佛在各自的佛土說法,全都一覽無遺。見此廣大無比的異象,大眾驚歎不已。佛陀運用神通,以爲善巧方便,讓凡夫明瞭他們認爲的現實其實本質上是空的。此處經文以驚人的清晰度表明神通(或神異)、異象、善巧方便和空性之間的關聯。

何謂空?梵文 sūnyatā 漢譯爲「空」。在導論中探討的般若經系以空性思想爲中心,因爲照見諸法皆空的洞察力即是般若。空被比作虛空,或是零點,也就是「零」這個數學概念,意指無分別,是尚未經過計數、編號等量化和區分作法的狀態。這意味著諸法都不是獨立存在,並非眞實,沒有

自性。然而，否認各別獨立實體性的同時，也積極肯定萬物相互依存的本性。二元對立的思維方式造成種種分別，讓我們無法看見一切事物皆空的眞實本性。因此，放下這種思維方式才是解脫之道。出人意料的是，洞察世間萬法皆空的智慧導致積極入世之行。這種慧觀讓人超脫，不再執著於固定行爲模式。這就是爲什麼此經中已覺悟的主角維摩詰教授佛法時，運用各種跳脫常規的方法，無論是言語還是行爲。

佛陀這場教導首先是看似矛盾卻眞實的陳述：國土之所以清淨，是因爲菩薩出於對眾生的慈悲心，以自心清淨在此時此地創造了淨土。但小乘傳承的代言人舍利弗卻感到困擾，因爲他只看見此土到處充滿穢惡。他見此土爲不淨的原因是：「心有高下，不依佛慧。」❷所謂「高下」，是指分別心，也就是道家思想宗師莊子所說的「對立面」。佛陀與凡夫不同，不運用這種思維方式，經中說他「心行平等如虛空」❷。他被稱爲「大醫王」，不僅因爲他「度老病死」，更因爲他以善巧方便度眾生脫離邪見。此經主角維摩詰也是一位良師，擅長運用善巧方便，是藉由超越對立而成功結合對立的鮮活典範。他是居士，也是菩薩。此經第二品名爲〈方便品〉，專門刻劃這位神祕人物：「雖爲白衣，奉持沙門清淨律行；雖處居家，不著三界；示有妻子，常修梵行；現有眷屬，常樂遠離；……雖復飲食，而以禪悅爲味；……一切治生諧偶，雖獲俗利，不以喜悅。」❷

　　為了幫助別人，他從事反律法（antinomian）的活動，出入賭場、妓院、酒肆，都是為了教眾人佛法：「若至博弈戲處，輒以度人；……入諸婬舍，示欲之過；入諸酒肆，能立其志。」❷❾

　　維摩詰雖是已婚殷商，修行工夫卻遠比佛陀那些仍然受制於二元對立思維的大弟子高深。他以自身患病做為說法的一種善巧方便。當佛陀要求諸大弟子拜訪維摩詰，探問病情時，都遭到拒絕，他們表示自己沒有能力向維摩詰探病，因為過去都曾遭到這位居士指出他們見解上的錯誤。諸大弟子堅持傳統的小乘修行法門，而維摩詰根據大乘空義提出新詮釋，推翻了這些方法。

　　他重新定義佛教禪坐。舍利弗在靜坐時，維摩詰告訴他那不是真正的靜坐，真正的靜坐不是形式，而是心態：「不起滅定而現諸威儀，是為宴坐；不捨道法而現凡夫事，是為宴坐；……不斷煩惱而入涅槃，是為宴坐。」❸❶

　　須菩提（Subhūti）是以解空著稱的大弟子，當他到維摩詰家中乞食時，維摩詰告訴他，只有滿足以下條件才值得受供：「若須菩提不斷婬、怒、癡，亦不與俱；……以五逆相而得解脫，亦不解不縛；……為與眾魔共一手，作諸勞侶；汝與眾魔及諸塵勞，等無有異；於一切眾生而有怨心，謗諸佛，毀於法，不入眾數，終不得滅度。汝若如是，乃可取食。」❸❶

這些截然不同、彼此對立的特質是對維摩詰本人的貼
切描述。他八面玲瓏,自在遊走於善人、惡人之中,投其所
好,接引他們。他身在紅塵俗世,卻不同流合汙。他要須菩
提像他一樣。優波離(Upāli)是專精出家戒律的弟子,有
一次兩位比丘違犯戒律,他向兩人解釋要如何懺悔除罪,而
維摩詰上前指責優波離:

> 唯,優波離!無重增此二比丘罪!當直除滅,勿擾其
> 心。所以者何?彼罪性不在內、不在外、不在中間,如佛
> 所說,心垢故眾生垢,心淨故眾生淨。心亦不在內、不在
> 外、不在中間,如其心然,罪垢亦然……妄想是垢,無妄
> 想是淨;顛倒是垢,無顛倒是淨。❷

「顛倒」一詞生動地描述以二元論和二分法思維的妄
心。優波離不知諸法皆空,受戒律條文字面意義的約束,分
別哪些行為可容許,哪些不准,也就是分別清淨與罪垢。然
而,對維摩詰而言,決定行為本質的不是行為本身,而是行
為背後的心。只有當人們看見實相為空時,心才能做出正確
的決定。

他對於出離和「出家」意義的重新詮釋更具革命性。
一個人想要出家,進入僧團,必須得到父母的許可。然而維
摩詰告訴聽眾中的諸長者子,如果他們立志成佛,「是即出

家，是即具足」❸。若發心出家爲僧，重點不是在落髮之前
得到父母許可；讓一個人超群脫俗，成爲眞正的出家人，不
在於外在形式，而在於內心發願成佛。

以病爲喻

在所有大弟子都拒絕去探問生病的維摩詰之後，大智
文殊菩薩同意前往。第五品〈問疾品〉是此經最精彩的部
分之一。文殊菩薩一進門，只見維摩詰獨自一人躺在病榻
上，室內空無一物。從他們一開始的問答，可知兩人都精通
般若經傳統的辯證法。維摩詰說：「善來文殊師利！不來相
而來，不見相而見。」文殊師利回應：「如是！居士！若來
已，更不來；若去已，更不去。所以者何？來者無所從來，
去者無所至，所可見者，更不可見。」❹在日常生活中，我
們談到「來」、「去」、「看見」、「被看見」，然而，鑒
於空性，沒有來也沒有去，沒有看見也沒有被看見。兩人在
勝義諦的層次上，機鋒妙語，對答如流。

文殊菩薩接著回到世俗諦，詢問維摩詰的病因，以及
患病多久。維摩詰答道：

> 以一切眾生病，是故我病；若一切眾生病滅，則我病
> 滅。所以者何？菩薩為眾生故入生死，有生死則有病；若
> 眾生得離病者，則菩薩無復病。譬如長者唯有一子，其

子得病，父母亦病；若子病愈，父母亦愈。菩薩如是，於諸眾生愛之若子。眾生病，則菩薩病；眾生病愈，菩薩亦愈。又言「是疾何所因起？」菩薩病者，以大悲起。❸

　　這段經文揭露幾項要旨：第一，疾病象徵生死輪迴；第二，身陷輪迴的眾生患有疾病；第三，因為眾生患病，維摩詰也得病，就像孩子生病父母也會生病一樣；第四，維摩詰以病為善巧方便；最後，第五點，維摩詰不僅是菩薩，也是眾生之父。如前文所述，《法華經》說佛陀是眾生之父。維摩詰身為居士，亦是眾生之父──這樣的說法確實很大膽。

　　有趣的是，維摩詰也像佛陀一樣，是醫王。他雖生病，但有療病藥方。身為良醫，他先診斷，然後探討疾病成因，最後開處方。這和佛陀初轉法輪時闡述四聖諦的方式非常相似，佛陀在第一聖諦指出苦的存在，這就是診斷；在第二聖諦中說貪欲是苦因，這是病因學；第三聖諦涅槃，亦即苦滅，這是醫生對病情發展的預斷；第四聖諦八正道則是處方。那麼，依維摩詰所見，疾病的起源是什麼呢？讓我們罹患苦病的原因不是貪欲，而是二元對立觀。如果要破除二元對立觀，就應該放下「我」與其他眾生有所區別的想法。空性慧能消融對一切現象的二元對立觀，使人能平等看待一切事物。以不二看待事物，結果造就菩薩行。

在初期佛教中，輪迴與涅槃截然相對，並且呼籲出離輪迴，以求涅槃。大乘的新教義空性，捨棄這種二分法。人以二元對立的方式思維時，難免深陷有所好惡的泥淖，思維分別最終產生感情上的纏縛。關於二元對立思維的超越，維摩詰說：「在於生死，不為污行；住於涅槃，不永滅度，是菩薩行。」❸他預料對於空性可能產生的誤解，於是表明：空性慧非但不會讓人無所作為，反而會引發慈悲行：「雖行於空，而植眾德本，是菩薩行。」❸

菩薩

這部經巧用幽默和神通，展現維摩詰菩薩與代表初期佛教的諸弟子在行事上的對比。在第六品〈不思議品〉中，諸弟子與菩薩大眾來到維摩詰住處，舍利弗見室內空無一物，連一張床座也沒有，為此掛慮。維摩詰憑直覺洞悉舍利弗的心意，揶揄問道：「云何仁者？為法來耶？求床座耶？」舍利弗答說他為法而來，於是維摩詰說：「唯，舍利弗！夫求法者，不貪軀命，何況床座？」❸隨後又以神通力，從另一佛國運來三萬二千師子座，置於居室之中，此時室內變得既寬且廣，足以容納所有床座。見此神異之事，舍利弗大惑不解，請求解釋。維摩詰回答，諸佛菩薩有解脫名為「不可思議」，這就是一個實例，因為空間、時間皆徹底轉變，所以不可思議。

　　若菩薩住是解脫者，以須彌之高廣內芥子中，無所增減，須彌山王本相如故……。又以四大海水入一毛孔，……而彼大海本相如故……或有眾生樂久住世而可度者，菩薩即延七日以為一劫，令彼眾生謂之一劫；或有眾生不樂久住而可度者，菩薩即促一劫以為七日，令彼眾生謂之七日。❸❾

　　這種解脫稱為「不可思議」，因為它有違一般的邏輯思維。如同之前在維摩詰居室內擺滿高廣師子座的場景，這段經文也是演示神異，以便震撼觀眾，迫使他們走出自己習以為常的二元對立意識。這正是善巧方便的一種展現。精通善巧方便的菩薩在教化眾生時，如果有必要，甚至可能現身為魔：「十方無量阿僧祇世界中作魔王者，多是住不可思議解脫菩薩。以方便力教化眾生，現作魔王。」❹在這方面，《維摩詰經》比《法華經》更進一步擴展善巧方便的範圍。此經將傳統價值觀倒置，以求打破一切二分法，無論在智識、情感或道德方面。根據初期佛教，貪欲是苦的起因，斷除貪欲最有效的方法是出家為僧，過獨身戒淫的生活。空性新教義打破了受制於貪欲的居士生活，與解脫貪欲誘惑的僧侶生活之間的對立。這種區別代表無明，事實上，必須處理貪欲的居士具備成佛的能力。在此經一個譬喻中，居士被比喻為生於汙泥的蓮花，僧人則是處於高地而無法生長的

蓮花。

> 譬如高原陸地不生蓮華，卑濕淤泥乃生此華；……煩惱
> 泥中，乃有眾生起佛法耳！……當知一切煩惱為如來種。
> 譬如不下巨海，不能得無價寶珠；如是不入煩惱大海，則
> 不能得一切智寶。❹

維摩詰是居士菩薩的最佳典範。

如此新穎地詮釋善巧方便，是基於對大乘般若要
義——「空性」的透徹理解。以下偈頌闡明兩者之間的
關係：

> 智度菩薩母，方便以為父，
> 一切眾導師，無不由是生。
> 法喜以為妻，慈悲心為女，
> 善心誠實男，畢竟空寂舍。❷

智慧與善巧方便必須攜手並進，是共同產生菩薩的父
母。以下這段經文說的很清楚：「無方便慧縛，有方便慧
解；無慧方便縛，有慧方便解。」❸菩薩達到智慧與方便圓
滿合一時，便具足慈悲心，能夠化身為天神、水、火、藥
草、食物，解救眾生。

或作日月天，梵王世界主，
或時作地水，或復作風火。
劫中有疾疫，現作諸藥草，
若有服之者，除病消眾毒。
劫中有飢饉，現身作飲食，
先救彼飢渴，却以法語人。❹

同樣地，菩薩可以像維摩詰一樣，爲了能促進弘法事業，現身爲村長、商人、官員、僮僕、男人或女人。

或現作婬女，引諸好色者，
先以欲鉤牽，後令入佛道。❺

這段經文非常重要，原因有二。第一，不宜斷除貪欲，而應欣然接受。爲什麼？因爲貪欲是修行的沃土，猶如淤泥能讓蓮花生長。在此，貪欲是善巧方便，用以引導他人覺悟。其次，更重要的是，此處菩薩化身爲女人，而不像《法華經》的龍女變爲男子。與這種對性別的新看法相比，到目前爲止探討的《維摩詰經》倒置價值觀，頓時顯得黯然失色。對傳統的越界挑戰，使得這部經典在大乘佛教中獨樹一幟。

天女

《維摩詰經》第七品講述著名的天女散花故事。天女
是一位女菩薩,既然虛妄分別和顛倒想是苦的起因,當智慧
使我們解脫,不再起分別時,自他、僧俗、貧富、淨穢、涅
槃輪迴、男女等一切對立都應該消失。但根據佛教,菩薩或
佛必是男性,因為釋迦牟尼佛是男性,具足三十二相和八十
隨形好。這些相好都是男性的外貌與身體特徵,而其中之一
是男性獨有的,因為據說佛有陰藏相,亦即陰莖藏於腹中。
為了符合這種特殊的生理特徵,女性必須先轉為男身,如同
《法華經》龍女示現的例子。

天女和大眾齊聚在維摩詰居士家中,因為聽聞文殊菩
薩與維摩詰之間機智深奧的問答心生歡喜,便以天花撒在諸
菩薩和大弟子身上。花碰到菩薩身上,隨即墜落,卻黏附在
諸大弟子身上,即使他們用神通也拂之不去。這使得舍利弗
感到很不自在,因為以鮮花為裝飾違反佛教出家戒律。天女
告訴他:「勿謂此華為不如法。所以者何?是華無所分別,
仁者自生分別想耳!……觀諸菩薩華不著者,已斷一切分別
想故。」❹舍利弗對天女心生敬佩,問道:「汝何以不轉女
身?」❹舍利弗說這話的用意是要稱讚天女,同時也反映出
傳統觀點,認為沒有女性能夠達到像天女一樣高超的境界,
卻還維持女身。天女對舍利弗說,一切事物都沒有固定的形
相,身體也不例外,因此,他為什麼要她換掉女身呢?

爲了教訓舍利弗，天女運用神通和幻術，將他變成天女的模樣，自己則化身爲舍利弗的形相，然後請舍利弗撤換女身。舍利弗在慌亂之中回答：「我今不知何轉而變爲女身？」隨後的問答聚焦於「幻相」的主題，以精妙言詞論述一個人的外貌無非幻相。天女說道：「如舍利弗非女而現女身，一切女人亦復如是，雖現女身，而非女也。是故佛說一切諸法非男、非女。」她再次運用神通，將舍利弗恢復原貌，然後問道：「女身色相今何所在？」舍利弗對答：「女身色相，無在無不在。」天女表示贊同，她說：「一切諸法，亦復如是，無在無不在。夫無在無不在者，佛所說也。」❹

非得用語言來描述不二的慧觀時，人們往往喜歡採用「既非此，亦非彼」的表述方式，如同此處經文所示。但是有沒有其他方法可以表達不二的狀態呢？第九品〈入不二法門品〉提供了一些答案。

入不二門

第九品一開始，維摩詰問眾菩薩：菩薩如何進入不二法門？他不是在尋求指導，而是考校菩薩們的知見，就像老師考問學生的知識一樣。在大多數經典中，通常由佛陀擔任提問者的角色，但此處提問的是維摩詰居士，言下之意是這位居士的境界比在場所有菩薩更高深。這一點，在這一品最

元代王振鵬（約 1280-1329 年）繪《維摩不二圖》卷（出處：大都會藝術博物館 The Metropolitan Museum of Art 網站）

後，當每個菩薩都說出自己的答案後，得到證實。

此品提到眾所周知的二元論，其中包括生死輪迴與涅槃、我與無我、無明與覺悟、色與空。在世俗諦的層次上，它們是不同的，因為我們對每一組概念生起二元對立的分別心。然而，若以空性慧觀覺照，我們了知不應如此分別，因此，在勝義諦的層次上，它們並無不同。捨離二元對立觀，即進入不二之門，從常識的角度來看，這是「不可思議」的。

善意菩薩說：「生死、涅槃為二。若見生死性，則無生死，無縛無解，不生不滅。如是解者，是為入不二法門。」普守菩薩說：「我、無我為二。我尚不可得，非我何可得？見我實性者，不復起二，是為入不二法門。」電天菩薩說：「明、無明為二。無明實性即是明，明亦不可取，離一切數。於其中平等無二者，是為入不二法門。」喜見

菩薩說：「色、色空爲二。色即是空，非色滅空，色性自空；……於其中而通達者，是爲入不二法門。」❹此說法與《心經》中的說法相同，簡要總結般若經典的內容。

面對同樣這個問題，智慧第一的文殊菩薩回答說：「如我意者，於一切法無言無說，無示無識，離諸問答，是爲入不二法門。」對於文殊菩薩來說，最高的精神境界超越語言，因爲所有的語言都無法充分展現那樣的境界。這就是爲什麼創作印度教聖典《奧義書》的智者以「非此，非彼」（"neti, neti"）描述究竟實相，中世紀基督教神祕主義者提及上帝時，偏好運用「通過否定」（via negativa），《道德經》一開始也說「道可道，非常道」。不過，雖然文殊菩薩和他的同參道友一樣，知道語言有所不足，但他仍然使用語言來否認語言的充分性。有沒有其他方法可以超越這種兩難困境呢？文殊師利問維摩詰：「我等各自說已，仁者當說何等是菩薩入不二法門？」接下來發生的事出人意料之外：「時維摩詰默然無言。」維摩詰的沉默，猶如師子吼，讓文殊菩薩不禁發出讚歎：「善哉，善哉！乃至無有文字、語言，是眞入不二法門。」❺也許這是中國人如此鍾愛此經的原因之一，因爲中國人熟知《道德經》第五十六章論道聖時所言：「知者不言，言者不知。」

《維摩詰經》的自讚

我們探討了數世紀以來對漢傳佛教徒影響至鉅的兩部大乘經典,雖然這兩部經在某些方面有所不同,但也有許多共同特徵。《法華經》的宣講者是本佛,《維摩詰經》的宣講者則是居士菩薩;《法華經》運用譬喻,強調慈悲,《維摩詰經》則用詭論,著重智慧;就讀者反應而言,前者比較受到一般大眾歡迎,後者則對愛好義理的文人和僧侶更具吸引力。

然而,這兩部經共同之處的重要性不亞於兩者的差異。二經都肯定一切眾生皆有佛性,善巧方便極為重要,最後,雖然程度上不如《法華經》,但《維摩詰經》也同樣自讚,鼓勵人們「信解受持,讀誦修行」❺。如果有人能這麼做,福報無量。不僅如此,還有更高的獎賞降臨:「若能信解此經,乃至一四句偈,為他說者,當知此人即是受阿耨多羅三藐三菩提記〔阿耨多羅三藐三菩提,意即圓滿無缺的覺悟〕。」❺信仰和傳教的熱誠,是未來必定成佛的保證。諸如《八千頌般若經》等最早出現的大乘經典中,已經有這種自我推銷和自抬身價的傾向。正如有些學者指出,這可能是一種策略,讓大乘佛教運動得以存續與傳播。為了讓大乘要旨能夠弘傳,無遠弗屆,流傳後世,必須說服人們相信其真實性。經典要背誦、抄寫,還得要有講經說法的宣教者。而且,如前文所述,即使佛教在中國生根茁壯之後,讀誦、抄

寫佛經仍然是最受歡迎的虔誠修行活動，法師受到的尊重和敬佩，無異於禪師和譯經師。

如同《八千頌般若經》，空性教義是《法華經》、《維摩詰經》等早期大乘經典的特徵，雖然這個教義在《法華經》中次於「佛常住在世」和「眾生皆有佛性」等說，卻是《維摩詰經》的核心要義。空性論正式確立於印度中觀學派。

印度大乘佛教有三大學派：中觀（Madhyamaka）、瑜伽行（Yogācāra）和如來藏（Tathāgatagarbha），前兩者在印度廣受歡迎，成為主流傳統，但如來藏思想卻沒有獲得同等重視，是在中國以及隨後到了東亞才成為主要傳統。如來藏思想又稱佛性論，以下將探討這個傳統的根本經典。中觀、瑜伽思想及其在中國的發展，留待第五章討論。

如來藏

如來藏思想是第三個佛教哲學傳統，首見於三世紀中葉的一部小本經典《如來藏經》。*Tathāgata*，是大乘佛教徒偏愛的佛陀名號，漢譯「如來」，意指佛陀是「如是而來者」，言下之意是佛陀出世的方式不可思議。*garbha* 最常見的詞義是「子宮」和「胚胎」，漢譯為「藏」。此經的要旨是一切有情眾生都有成佛的潛能，因為眾生含藏佛的一切勝妙功德，只是由於無明、貪、瞋、愛欲等煩惱（*kleśas*）

覆蓋，所以隱而不顯。一旦袪除煩惱，佛果自現。這個樂觀的福音奠定了佛性思想的基礎。

《如來藏經》一開始，佛陀以偈頌自述：

> 譬如萎變花，其花未開敷，天眼者觀見，如來身無染。
> 除去萎花已，見無礙導師，為斷煩惱故，最勝出世間。
> 佛觀眾生類，悉有如來藏，無量煩惱覆，猶如穢花纏。
> 我為諸眾生，除滅煩惱故，普為說正法，令速成佛道。
> 我以佛眼見，一切眾生身，佛藏安隱住，說法令開現。❺

此經運用八個譬喻，解釋如來藏如何被煩惱覆蓋：一、譬如巖洞中或樹上的純蜂蜜，有無數群蜂圍繞守護；二、譬如尚未去殼的小麥粒；三、譬如真金落入不淨處，隱沒其中，多年不現；四、譬如藏在貧窮人家住戶底下的寶藏；五、譬如芒果的果核，不會腐壞；六、譬如以破布包覆的純金雕像；七、譬如貧賤醜陋的女人，腹中懷有尊貴之子；八、譬如在焦黑鑄模中金光閃耀的純金雕像。

雖然這些譬喻多半表明佛果已經存在，但其中芒果種子和貧賤女腹中貴子則暗示佛果未來才會成就。《涅槃經》也有這種含糊其辭的情況，經中「如來藏」和「佛性」這兩個詞並用，而且是同義詞。

《涅槃經》

　　《涅槃經》有兩個漢譯本，一是 418 年著名的西行求法者法顯和佛陀跋陀羅（Buddhabhadra，359 - 429）在南方完成的譯本，另一譯本由曇無讖（Dharmakṣema，385 - 431）於 421 年在北方譯出。前者只包含前六卷，曇無讖的譯本有完整的四十卷，成為標準本。這部經盛行於五、六世紀，廣為流傳。

　　在漢傳佛教和東亞佛教思想史中，《涅槃經》地位獨特。此經有三個核心主題：一、佛常住不滅；二、涅槃有「常樂我淨」四相；三、一切眾生皆有佛性，皆能成佛。

　　《法華經》也宣說佛常住不滅，一切眾生皆可成佛，不過，涅槃被比喻為一日所得的工資，成佛則是全部家產的繼承，兩相比較之下淡化了涅槃的重要性。然而，《涅槃經》卻把涅槃視為佛果，是宗教精進修持的最高目標。更令人驚訝的是此經如何別出心裁地重新詮釋涅槃。在初期佛教中，涅槃被喻為火（業力）的熄滅，沒有使用任何語詞正面描述。但此經以非常正面的語詞描述涅槃，與輪迴形成對比。世間萬物皆是無常、苦、無我、不淨，而涅槃恰恰相反。如果在般若經系中實相是空性，那麼在《涅槃經》中實相就是非空，這種對實相的正面解讀是代表如來藏思想諸經的顯著特徵。由於以佛性為主要教義，《涅槃經》自居為佛法的核心。

　　眾生皆有佛性的教義在學術界備受關注，主要有兩個問題：這項教義是否表示儘管有不道德的行為，人人都有佛性，皆可成佛？是表示人人皆已具備佛性，抑或表示那是每個人都有可能達到的境地？這類似於前文所述《如來藏經》譬喻中所見的歧義。

　　第一個問題涉及一闡提（icchantika）是否具有佛性？能否成佛？所謂一闡提，是指犯下殺、盜、邪淫、妄語等罪的惡人，或甚至是殺害父母，殺阿羅漢，或出佛身血，破壞僧團和合之人。《涅槃經》提及一闡提，但對於這種人觀點卻自相矛盾。其中一種觀點認為，一闡提沒有佛性，無法生起覺悟之心，這種人被喻為焦芽敗種，泥濘不堪、無法洗淨的珍珠，或是無藥可救、病入膏肓之人。另一觀點與此相反，肯定即使是一闡提也有佛性，因為佛性有別於善根。人有善根或惡根，一闡提雖無善根，但佛性未斷。聽聞佛法至為關鍵，透過聞法可以喚醒目前無善根者的佛性。

　　道生（卒於 434 年）非常推崇此經，當他讀到法顯的節譯本中有關「闡提無佛性」之說時，大膽直言此說有誤，因而導致眾僧群情激憤，讓他差點被逐出僧團。但是，他在曇無讖的全譯本中發現肯定闡提有佛性的陳述，證明了他的見解正確。漢傳佛教傳統與道生的見解一致，創立於六至十世紀隋唐時期的佛教諸宗，都以眾生皆有佛性的看法為基礎。

　　第二個問題佛性究竟是當下已完備，或是處於蟄伏狀態，也引起激烈的爭論。這是一個關鍵問題，因為它有關存在的重要性。它是在問：雖然我們現在處於生死輪迴的世界中，但是否已經證悟成佛？或是我們只能等到未來才能證悟成佛？此經解釋何謂「具有佛性」，藉此回答這個問題。

　　有者，凡有三種：一未來有，二現在有，三過去有。一切眾生未來之世當有阿耨多羅三藐三菩提，是名佛性。一切眾生現在悉有煩惱諸結，是故現在無有三十二相、八十種好。一切眾生過去之世有斷煩惱，是故現在得見佛性。以是義故，我常宣說一切眾生悉有佛性……善男子！譬如有人家有乳酪，有人問言：「汝有酥耶？」答言：「我有。」酪實非酥，以巧方便，定當得故，故言有酥。眾生亦爾，悉皆有心。凡有心者，定當得成阿耨多羅三藐三菩提。以是義故，我常宣說一切眾生悉有佛性。❸

　　乳酪與酥，比喻眾生與佛，這讓人聯想到《如來藏經》的兩個譬喻：芒果種子和貧女腹中的貴子。因此，人有佛性之說顯然並非意指人人皆已成佛，而是將來會實現的保證。成佛的潛能要靠宗教修持和戒律才能顯現，經中運用譬喻強調戒律的必要性，以及對佛性的肯定。除了必須遵循佛道修行之外，該經還指出做為精神嚮導的「善知識」扮演關

鍵角色，那是因為人們忘了自己被無明、煩惱覆蓋的佛性，
而善知識讓他們能夠發掘隱藏的寶藏，終至了解自己的本來
面目。如同《如來藏經》，《涅槃經》也將佛性比喻為埋藏
的真金。例如，有一則故事描述貧女屋後的地下埋有黃金，
但她家中無人知道此事，直到有陌生人告知，她才發現。另
一個故事講述一位大力士，眉間生來就有一顆珍珠，某日與
人打鬥，珍珠陷入皮下，變成癤子。他向醫生求助，醫生告
知癤子是皮下的珍珠造成的。起初他不信，醫生拿出鏡子，
他才在鏡中看到自己臉上隱藏的珍珠。這兩個故事都說明佛
性被煩惱覆蓋，就像黃金被泥土覆蓋，珍珠埋藏在癤中。在
大力士的故事中，另有一點頗不尋常。因為這顆珍珠原本是
他自身的一部分，這暗示佛性是我們固有的；雖然我們現在
陷於無明，無法感知佛性的存在，但可以確定將來必定成
佛，因為我們生來具有佛性。《涅槃經》這個樂觀信息奠定
了《起信論》的基礎。這部論書對於漢傳佛教思想的影響不
亞於以上探討的這部經，甚至有過之而無不及。

《大乘起信論》

傳統上認為這本論著的作者是二世紀的馬鳴
（Ashvaghosha），於 550 年由真諦（Paramartha）譯出，但
現在學者們認為這是一部中國著作。數世紀以來，關於此書
的注疏超過一百七十部，可見其重要程度。從某種意義上

說，這是融合了中觀、瑜伽行和如來藏思想的中土論著，因而奠定了華嚴宗和禪宗的理論基礎。這兩個漢傳佛教的主要宗派，將在第五章和第六章探討。

正如《起信論》英譯者羽毛田義人的解說，書名中的「起信」，要喚起的信，不是與小乘佛教相對的大乘佛教信仰，而是對大乘的信仰。所謂大乘，意謂絕對，或眞如。只有一實相，即一心，總攝一切諸法。一心有兩面：眞如與無明。諸佛與眾生皆具一心。在此一心中，眞如與生滅（現象）、覺與不覺、涅槃與輪迴並存，相互含攝，不二無二，即《維摩詰經》所說「不可思議」的境界。根據羽毛田的看法：「因此，絕對秩序（眞如門）不離於相對秩序（生滅門）而存在；更確切地說，在認識論上，兩者有所不同，但是在本體論上並無二致。人置身於這些對立秩序的交會處；在本質上，人屬於絕對秩序，但現實中仍處於有限的世俗現象秩序中。人的處境以如來藏的角度來表達。」❺《涅槃經》也將實相稱爲眞如。《起信論》提出一項解釋，很有助益：

　　所謂心性，不生不滅。一切諸法唯依妄念而有差別，若離妄念，則無一切境界之相。是故一切法從本已來，離言說相，離名字相，離心緣相，畢竟平等，無有變異，不可破壞。唯是一心，故名真如。以一切言說假名無實，但

隨妄念，不可得故。言真如者，亦無有相，謂言說之極，因言遣言。此真如體，無有可遣，以一切法悉皆真故；亦無可立，以一切法皆同如故。當知一切法不可說、不可念故，名為真如。❸

　　正如《涅槃經》宣說人皆有佛性，《起信論》也說人人原本已覺悟。此論提出三個關於人類存在的問題：一、如果人本已覺悟，為何不自知？二、是什麼原因導致人失落原本的覺悟狀態？三、如何從不覺的狀態中恢復過來？前兩個問題的答案都是無明，由於無明的影響，所以我們在輪迴中流浪生死。無明列於十二支緣起之首，一向是佛教對人類處境的診斷結果。此論之所以具有革命性意義，在於提出「無明不離覺悟而存在」的洞見。忠於佛教反形上學的傳統，《起信論》不問無明的根源，而是提出帶有神話色彩的解釋：無明是一念妄想驟然生起時的狀態。既然無明與真如並存，就不能消滅。海水、風、浪用來說明真如和無明的關係。水的本質是濕性（真如），原本平靜，一旦被無明之風擾動，即出現波浪（事象）。然而，即使原本平靜的海洋因波濤洶湧而翻騰，其濕性永不消失；無明之風一停止，平靜的狀態，也就是真如，隨即再現：「水相風相不相捨離，而水非動性，若風止滅，動相則滅，濕性不壞故。如是眾生自性清淨心，因無明風動。心與無明俱無形相，不相捨離，而

心非動性，若無明滅，〔心之妄動〕相續則滅，智性〔即「心體」，猶如水之濕性〕不壞故。」❺

　　無明無始有斷，但是一心、眞如或覺悟無始亦無有斷。此論以「熏習」描述無明和眞如的運作方式。人被無明熏習，滯留於生死輪迴；若爲眞如所熏，則證成佛道。人人內具覺悟的動力，這是本覺。如同《涅槃經》中的佛性，本覺也必須在善知識指導之下，經過修行而得以顯現。這個過程稱爲「始覺」（覺性顯現），羽毛田的圖解簡明扼要地說明此過程：

　　　涅槃 > 輪迴 > 涅槃；

　　　覺性 > 不知有覺性 ＋ 部分覺知 > 覺性顯現；

　　　真如門 > 生滅門 > 真如門。

　　　這是從真如到真如，從涅槃到涅槃，從佛到佛的歷程。❺

　　《起信論》提到五種修行：布施、持戒、忍辱、精進、止觀。前四種修持相當於六波羅蜜中的前四項，最後一種則相當於禪定和智慧。

　　自六世紀以來，《起信論》大爲盛行，而且對漢傳佛教影響深遠──這不難理解。對人人本具佛性的信念，也就是論中所謂「本覺」的教義，與孟子倡導的人性本善信仰如出一轍。強調修行以顯現本覺亦與儒家和道家傳統相呼應，

如同《大學》和《道德經》，此論也提供一幅藍圖，使我們能夠回歸眞實本性，恢復本來面目。

本章探討漢傳佛教最重要的四部大乘經典和一部論書。結束討論之前，我必須提及密宗或密教。唐代有三位密教大師將大量新經典傳入中國：善無畏（Śubhakarasimha）、金剛智（Vajrabodhi）、不空（Amoghavajra）。密教據說是佛陀的第三個也是最後一個教義，在小乘和大乘之後，於七世紀出現，稱爲金剛乘或密乘。由於這是西藏信奉的佛教，如今已成爲藏傳佛教的同義詞。之所以稱爲密乘，是因爲以密續爲依據，而不是經典。密續與經典不同，包含祕密教義，只有透過灌頂才能傳授。因此，經典是顯教，但密續是密教。密宗通常稱爲密教。

如同大乘佛教，密教相信人人皆可證悟。不過，密教也相信在上師的指導下如法修密，就有可能在今生即身成佛。凡夫藉由身、語、意三業與佛菩薩身語意相應的成就，變成與佛菩薩等同無異。咒或陀羅尼（dharani）使修行者語業與佛菩薩的語密相契，手印（mudra）使修行者身業與佛菩薩身密相契，而觀想曼荼羅（mandala，宇宙圖）使修行者意業與佛菩薩意密相契。修行者因三密相應而轉凡成聖。由於接引入道的上師不可或缺，所以密教行者皈依的對象不是傳統的三寶，而是佛、法、僧、上師四寶。

密教在唐代享有皇室的護持，在元代備受尊崇，因爲

蒙古統治者信奉藏傳佛教，明清時期也得到幾位帝王護持。密教不像天台或禪宗，不是個別存在的宗派，也沒有成爲漢傳佛教主流的一部分。然而，如第三章中所示，密教要素是某些儀軌的重要成分。觀音廣爲流傳的造像之中，有些源於密教經典，例如千手觀音和十一面觀音。此外，過去二十年中，中國和臺灣有許多人醉心藏傳佛教。

■ 問題討論

1. 《法華經》和《維摩詰經》最重要的差異是什麼？
2. 你認爲《法華經》中的哪個譬喻最發人深省？爲什麼？
3. 你對「善巧方便」這個概念作何理解？
4. 對於般若經的核心思想「空性」，你作何理解？
5. 《起信論》的重要性是什麼？爲什麼這部論著對漢傳佛教徒如此重要？

■ 延伸閱讀

Benn, James A. *Burning for the Buddha: Self-Immolation in Chinese Buddhism*. Honolulu: University of Hawai‘i Press, 2007.

Hakeda, Yoshito S. 羽毛田義人 , trans. *The Awakening of Faith*. New York: Columbia University Press, 2006.

Teiser, Stephen F., and Jacqueline I. Stone, eds. *Readings of the Lotus Sutra*. New York: Columbia University Press, 2009.

Watson, Burton, trans. *The Lotus Sutra*. New York: Columbia University Press, 1993.

Watson, Burton, trans. *The Vimalakirti Sutra*. New York:

Columbia University Press, 1997.

■ 註釋

❶　Edward Conze, I. B. Horner, David Snellgrove, and Arthur Waley, eds.,
　　Buddhist Texts through the Ages (New York: Harper and Row, 1964),
　　152。譯案：原書引文譯自現存梵文本，直譯如下：「色即是空，
　　空即是色；空不異色，色不異空；凡是色，即是空，凡是空，即是
　　色。」此處中譯採用玄奘譯本中相應的四句經文，參見《般若波羅
　　蜜多心經》（以下簡稱《心經》），CBETA, T08, no. 251, p. 848c7-
　　8。

❷　Conze et al., *Buddhist Texts through the Ages*, 152。參見《心經》，
　　CBETA, T08, no. 251, p. 848c14-16。

❸　Donald S. Lopez Jr., ed., *Buddhist Scriptures* (New York: Penguin,
　　2004), 455。參見《金剛般若波羅蜜經》（菩提流支譯，以下簡稱
　　《金剛經》），CBETA, T08, no. 236a, p. 755b2-8。

❹　Lopez, *Buddhist Scriptures*, 458。參見《金剛經》，CBETA, T08, no.
　　236a, p. 756a17-19。

❺　Conze et al., *Buddhist Texts through the Ages*, 161。參見《金剛經》，
　　CBETA, T08, no. 236a, p. 757a7-8。

❻　Edward Conze, *The Prajñāpāramitā Literature* (The Hague: Mouton,
　　1960), 15。

❼　Watson, *The Lotus Sutra*, 24。參見《妙法蓮華經》（以下簡稱《法
　　華經》），CBETA, T09, no. 262, p. 8a3-5。

❽　Watson, *The Lotus Sutra*, 86。參見《法華經》，CBETA, T09, no.
　　262, p. 17b22-23。

❾　Watson, *The Lotus Sutra*, 227。參見《法華經》，CBETA, T09, no.

262, p. 42c23-28。

⑩ Watson, *The Lotus Sutra*, 136。參見《法華經》，CBETA, T09, no. 262, p. 26a10-13。

⑪ Watson, *The Lotus Sutra*, 142。參見《法華經》，CBETA, T09, no. 262, p. 27a28-b8。

⑫ Watson, *The Lotus Sutra*, 103–104。參見《法華經》，CBETA, T09, no. 262, p. 20a21-b3。

⑬ Watson, *The Lotus Sutra*, 171。參見《法華經》，CBETA, T09, no. 262, p. 32c11-13。

⑭ Watson, *The Lotus Sutra*, 221。參見《法華經》，CBETA, T09, no. 262, p. 41c13-15。

⑮ Watson, *The Lotus Sutra*, 229。參見《法華經》，CBETA, T09, no. 262, p. 43b7-9。

⑯ Watson, *The Lotus Sutra*, 204。參見《法華經》，CBETA, T09, no. 262, p. 38b17-20。

⑰ Watson, *The Lotus Sutra*, 241。參見《法華經》，CBETA, T09, no. 262, p. 45c11-14。

⑱ Watson, *The Lotus Sutra*, 248。參見《法華經》，CBETA, T09, no. 262, p. 47a19-20。

⑲ Watson, *The Lotus Sutra*, 266–267。參見《法華經》，CBETA, T09, no. 262, p. 50c17-20。

⑳ Watson, *The Lotus Sutra*, 184。參見《法華經》，CBETA, T09, no. 262, pp. 34c26-29。

㉑ Watson, *The Lotus Sutra*, 188。參見《法華經》，CBETA, T09, no. 262, p. 35c9-12。

㉒ Watson, *The Lotus Sutra*, 283。參見《法華經》，CBETA, T09, no. 262, p. 53b11-16。

㉓ Daniel B. Stevenson, "Tales of the Lotus Sūtra," in *Buddhism in Practice*, ed. Donald S. Lopez Jr. (Princeton, NJ: Princeton University

Press, 1995), 434。參見《弘贊法華傳》，CBETA, T51, no. 2067, p. 26a19-b1。

㉔ Kathryn Ann Tsai 蔡安妮, *Lives of the Nuns: Biographies of Chinese Buddhist Nuns from the Fourth to the Sixth Centuries* (Honolulu: University of Hawai'i Press, 1994), 132, 144, 130.

㉕ Watson, *The Vimalakirti Sutra*, 29。參見《維摩詰所說經》（以下簡稱《維摩詰經》），CBETA, T14, no. 475, p. 538c5。

㉖ Watson, *The Vimalakirti Sutra*, 30。參見《維摩詰經》，CBETA, T14, no. 475, p. 538c17。

㉗ Watson, *The Vimalakirti Sutra*, 23。參見《維摩詰經》，CBETA, T14, no. 475, p. 537c24。

㉘ Watson, *The Vimalakirti Sutra*, 33。參見《維摩詰經》，CBETA, T14, no. 475, p. 539a19-26。

㉙ Watson, *The Vimalakirti Sutra*, 33。參見《維摩詰經》，CBETA, T14, no. 475, p. 539a23, 28-29。

㉚ Watson, *The Vimalakirti Sutra*, 37。參見《維摩詰經》，CBETA, T14, no. 475, p. 539c21-23, 25。

㉛ Watson, *The Vimalakirti Sutra*, 41–43。參見《維摩詰經》，CBETA, T14, no. 475, p. 540b23-26, c8-12。

㉜ Watson, *The Vimalakirti Sutra*, 47。參見《維摩詰經》，CBETA, T14, no. 475, p. 541b16-20, 23-24。

㉝ Watson, *The Vimalakirti Sutra*, 49。參見《維摩詰經》，CBETA, T14, no. 475, p. 541c26-27。

㉞ Watson, *The Vimalakirti Sutra*, 65。參見《維摩詰經》，CBETA, T14, no. 475, p. 544b13-17。

㉟ Watson, *The Vimalakirti Sutra*, 65–66。參見《維摩詰經》，CBETA, T14, no. 475, p. 544b21-28。

㊱ Watson, *The Vimalakirti Sutra*, 72。參見《維摩詰經》，CBETA, T14, no. 475, p. 545b27-28。

㊲ Watson, *The Vimalakirti Sutra*, 73。參見《維摩詰經》，CBETA, T14, no. 475, p. 545c7-8。

㊳ Watson, *The Vimalakirti Sutra*, 75。參見《維摩詰經》，CBETA, T14, no. 475, p. 546a4-9。

㊴ Watson, *The Vimalakirti Sutra*, 78–79。參見《維摩詰經》，CBETA, T14, no. 475, p. 546b25-27, b29-c2, c8-12。

㊵ Watson, *The Vimalakirti Sutra*, 81。參見《維摩詰經》，CBETA, T14, no. 475, p. 547a15-17。

㊶ Watson, *The Vimalakirti Sutra*, 95–96。參見《維摩詰經》，CBETA, T14, no. 475, p. 549b6-9, 12-15。

㊷ Watson, *The Vimalakirti Sutra*, 96–97。參見《維摩詰經》，CBETA, T14, no. 475, p. 549c2-5。

㊸ Watson, *The Vimalakirti Sutra*, 70。參見《維摩詰經》，CBETA, T14, no. 475, p. 545b6-8。

㊹ Watson, *The Vimalakirti Sutra*, 100–101。參見《維摩詰經》，CBETA, T14, no. 475, p. 550a17-22。

㊺ Watson, *The Vimalakirti Sutra*, 102。參見《維摩詰經》，CBETA, T14, no. 475, p. 550b6-7。

㊻ Watson, *The Vimalakirti Sutra*, 87。參見《維摩詰經》，CBETA, T14, no. 475, pp. 547c28-548a3。

㊼ Watson, *The Vimalakirti Sutra*, 90。參見《維摩詰經》，CBETA, T14, no. 475, p. 548b22。

㊽ Watson, *The Vimalakirti Sutra*, 91。參見《維摩詰經》，CBETA, T14, no. 475, p. 548b29-c9。

㊾ Watson, *The Vimalakirti Sutra*, 106–107。參見《維摩詰經》，CBETA, T14, no. 475, p. 551a7-9, 13-22。

㊿ Watson, *The Vimalakirti Sutra*, 110–111。參見《維摩詰經》，CBETA, T14, no. 475, p. 551c16-24。

㉛ Watson, *The Vimalakirti Sutra*, 137。參見《維摩詰經》，CBETA,

T14, no. 475, p. 556a28。

❺❷ Watson, *The Vimalakirti Sutra*, 135。參見《維摩詰經》，CBETA, T14, no. 475, p. 555c27-29。

❺❸ William H. Grosnick, "The Tathāgatagarbha Sūtra," in *Buddhism in Practice*, edited by Donald S. Lopez Jr. (Princeton, NJ: Princeton University Press, 1995), 96。參見《大方等如來藏經》，CBETA, T16, no. 666, p. 457c13-22。

❺❹ 《大般涅槃經》，CBETA, T12, no. 374, p. 524b25-c10。

❺❺ Hakeda, *The Awakening of Faith*, 8。

❺❻ Hakeda, *The Awakening of Faith*, 39-40。參見《大乘起信論》，CBETA, T32, no. 1666, p. 576a8-18。

❺❼ Hakeda, *The Awakening of Faith*, 47。參見《大乘起信論》，CBETA, T32, no. 1666, p. 576c11-16。

❺❽ Hakeda, *The Awakening of Faith*, 71-72。

第二章
諸佛菩薩信仰

　　縱觀佛教在中國的兩千年歷史，上一章探討的經典是僧人、學士、詩人和其他上層社會人士認識佛教的重要媒介。但是在近代以前大多數人接觸佛教是透過耳聞佛菩薩的故事，眼見佛菩薩塑像、畫像，以及參加敬拜紀念佛菩薩的法會和節日。佛教在中國感動與深植人心的途徑，正是諸佛菩薩的信仰。本章將討論其中最盛行、最歷久不衰的一些信仰：釋迦牟尼、彌勒、無量壽（Amitāyus）或阿彌陀（Amitābha，意即無量光）、觀音，以及藥師佛，下一章則探討主要儀式和節日。

　　本章標題中使用的「信仰」（cult）一詞，不幸在當代用法中一向帶有貶義。對許多人來說，現在這個詞代表的意義，根據《足本新編韋氏大詞典》（*Webster's New Universal Unabridged Dictionary*）所載：「一種被視為虛妄不實、離經叛道或偏激的宗教或教派，其成員通常離開傳統社會，在一位有魅力的領袖指導之下生活。」我在這裡使

用這個詞，絕對不是這個意思，而是採用它的原始涵義，如《牛津英語詞典》（*Oxford English Dictionary*）所定義：「信奉、虔誠崇敬」，以及「尤其是公開表明追隨或仰慕的一群人表示的……虔誠或崇敬」。此外，我同意康若柏（Robert Campany）引用的定義，以及隨後的陳述：「我在此建議恢復這個用語的原意，指稱用以展現神明、神靈或聖者的任何或所有方式，不僅是宗教儀式，也包括言語、手勢、圖形、塑像、個人、集體、敘事、詩詞、音樂、神話、聯想、象徵、神學等等方式。」❶

　　中國人在宗教儀式中禮拜諸佛菩薩，以他們為主題寫詩、寫小說、歌詠讚歎，講述佛菩薩的故事，甚至把他們的故事搬上舞台。最重要的是，中國人禮拜這些聖者的形象，這種崇拜是佛教的核心，因此被稱為「像教」（the religion of images）。諸佛菩薩呈現的方式有立體塑像、壁畫和圖繪。

　　佛教藝術如同所有宗教藝術，與虔誠信徒的宗教生活息息相關。參觀博物館時，聖母像或觀音像之美讓我們感動，但是我們不要忘記：這些圖像最初供奉在教堂或寺廟中，當然可以當作藝術品欣賞，但它們主要是聖像。起初，佛菩薩像由工匠模仿印度和中亞的樣式雕塑而成。隨著時間推移，這些聖像看起來愈來愈中國化。委託造像的供養人有時會要求在背面或下緣刻上他們的名字，並附上簡短題辭。

造像完成後，會有聖化和安座於寺廟的儀式。虔誠的佛教徒與佛菩薩像之間有密切的個人關係，認為這些聖像是有生命的。有些故事描述佛菩薩像可以行走、說話、放光或流淚，或出現在信奉者的異象和夢境，以預測未來事件並且表明他們想要什麼，也可以回應人們的祈求，實際出手相救，以助脫離險境。稍後討論的一則感應故事描述觀音像甚至代替信徒被劊子手砍了三刀。

　　有些信徒有個人私有的聖像。有一則感人故事描述虔誠的佛教徒王琰，童年時住在今天的越南，當時獲得皈依師父致贈一尊祈願觀音像。他雖然年幼，卻和弟弟精進地禮拜此聖像。後來因為家宅必須翻修，沒有合適的地方存放這尊觀音像，於是暫時寄放於一所寺廟。不過那時許多鍍金銅像被盜，以鎔鑄錢幣。觀音像送進寺廟數月之後，有一天王琰白天睡覺，夢見這尊聖像就在身旁。他對夢境大惑不解，因此儘管當時天色漸晚，他還是決定趕往寺院取回聖像。當天夜裡，那座寺院有十餘尊佛像被劫匪搶走。此後，這尊觀音像夜間放光，照亮周圍的地面。此事發生於463年秋天。

　　故事並未就此結束。471年，王琰移居今安徽，由於結識京城多寶寺的一位僧人，於是請這位僧人暫時將這尊觀音像留在寺中保管，過了幾年，他都不曾想起這尊聖像。但是478年兩人重逢，僧人提醒他聖像仍在多寶寺。他到達京城，就去拜訪該寺方丈，請求取回先前暫存的觀音像，但方

丈卻表示寺中並無此像。王琰很失望，也很難過遺失了這尊觀音像。當天晚上他夢見有人告訴他，觀音像還在多寶寺，只是方丈忘記了。夢中此人還帶他回到寺中，打開大殿的門，讓他清楚看見自己那尊觀音像被安置在大殿東側眾多小型聖像之中。第二天一早，他又前往多寶寺，告訴方丈前夜夢中所見。方丈領著他到大殿，殿門一打開，果然在大殿東側找到這尊聖像。

這個故事有助我們理解虔誠信徒與其個人私有聖像之間的密切關係。他先後兩次將他的觀音像安置於寺廟，以免因房屋翻修或旅行在外行止不定，而頻頻擾動聖像。從他平鋪直述的敘事看來，五世紀時寺廟中的佛像顯然是信徒捐贈，或是臨時寄放，就像今天有些寺廟的情形一樣。這尊觀音像透過夢境向他示警或指示，他將此像視為觀音的化現。

寺院安奉木製或金屬製成的聖像。關於佛像如何製作，聖化儀式如何進行，現存一份資料詳細描述天台大師遵式在今天寧波的寶雲寺擔任方丈期間的情形。999 年，他從杭州聘請一名工匠為寺院雕製觀音像。選定一塊無隙白栴檀木之後，雕刻聖像的材料、工匠和區域皆以持咒和聖水灑淨，因此，這尊觀音像的雕刻是在經過聖化儀式的環境中進行的。造像完成後，以顏料點睛，並且在此像內部裝入以金墨書寫的陀羅尼經卷，透過這些儀式使得這尊觀音像具有宗教的神聖力量。觀音像安座於法堂時，遵式邀請一百多位僧

人參加開光儀式。最後，他宣讀爲紀念此事所作的一篇造像記，此像的開光至此圓滿。這篇文章包含三個誓願，祈求「此像廣化世間，值遇此像之人普受護佑，免遭災難」❷。

釋迦牟尼

到了公元前三世紀，印度的七佛信仰已經存在，釋迦牟尼是七佛中的最後一尊。初期佛教和大乘佛教都相信未來佛彌勒，然而，與初期佛教不同的是，大乘宣說除了釋迦牟尼之外，還有爲數眾多的其他諸佛，在此娑婆世界之外的十方佛土教化眾生。在中國最盛行的是無量壽佛，亦稱阿彌陀佛，以及他的西方淨土，俗稱西方極樂世界。

佛像的呈現有鍍金青銅製成以及鑿刻於岩壁上的立體塑像，描摹佛陀的立姿或坐姿。現存最早的鍍金青銅坐佛像高十五點五英寸，鑄造年代爲 338 年。但有些佛像是高大的立佛，例如雲岡石窟中鑿刻的五尊立佛，高度超過七十英尺，是北魏統治者於 454 年開鑿，代表立國以來的五位先帝，視之爲諸佛。北方佛教徒受印度和中亞模式的影響，依山開鑿石窟，最著名的有敦煌、雲岡、龍門石窟，全都飾以諸佛菩薩像，以及描繪佛陀生平與佛經場景的壁畫。三地皆被聯合國教科文組織列入世界遺產名錄，吸引來自全球數以萬計的遊客。

敦煌石窟是開鑿於崖壁上的石洞。敦煌位於絲路南、

六世紀末至七世紀初，印度笈多王朝時期立佛。（出處：大都會藝術
博物館 The Metropolitan Museum of Art 網站）

敦煌莫高窟（出處：Shutterstock ／達志影像）

北兩道交匯處，對佛教的傳入影響深遠。敦煌石窟號稱千佛洞，凸顯其數量之多，不過實際上現有四百九十二洞。敦煌石窟最早開鑿於 366 年，做為僧人的單人小石室，也是禪修、禮拜的場所。敦煌佛教藝術的豐富和多樣性無與倫比，泥塑像、壁畫、絹畫和寫本在在證明數百年以來信徒的鉅額奉獻。雲岡石窟位於山西大同，是北魏都城所在之處，約有二百五十二個石窟，內藏五萬一千尊塑像。494 年遷都洛陽，雲岡石窟的開鑿終止，但 493 年位於洛陽附近的龍門石窟即已開始建造，並且在後世持續開鑿，獲得唐武后（624－705）的特別護持。根據學者調查，龍門石窟有十

萬尊造像，高度從一英寸到五十七英尺不等。北魏（386－534）是相傳為突厥人拓跋氏創立的王朝，積極推動釋迦牟尼信仰。他們是外來民族，將佛教這個源於外國的宗教視為統治漢族百姓的一股整合的力量。

　　這三處石窟也供奉其他諸佛菩薩。雲岡、龍門的建造需要龐大的財政資源和人力，這些皆由朝廷提供，但裝飾洞窟的造像由個人捐贈，包括皇親國戚、僧尼、平民百姓。宗教團體有時會集資雕刻佛像。例如，雲岡第十一窟483年所刻的造像記，解釋五十四人組成這種團體的動機：他們希望藉由造像，為自己和他人造功德。此社團有三個具體目標：

龍門石窟奉先寺洞盧舍那佛坐像（陳慧蓉攝）

一願天下太平昌隆，皇室安富尊榮，長命百歲。願皇室威勢如轉輪王，弘揚三寶，十方歸伏，永無欠缺。二願社團中各人祖先、先師、內外親族，皆能往生淨土，安住其中，無穢無垢，托育寶蓮。若諸先人先師輪迴轉世，願得生人天，一切需求，皆得滿足；若有宿殃，墮落三途，願得解脫苦難。三願自此以後同村眾人皆能虔誠懇切，一心向佛，更能勤於弘揚此教，常行菩薩志業，化度一切眾生。❸

雖然相較於其他銘文，這篇造像記篇幅更長、更詳細，但內容並無異乎尋常之處。供養人希望能以造佛像產生的功德，利益皇室、已故與在世的家親眷屬，以及其他一切有情眾生。這篇銘文讓我們更能深入了解五世紀一般民眾對佛教的認識情況。他們知道佛教與國家之間的相互依存關係，佛教為統治者興福，而統治者則護持佛教。供養人希望他們的祖先（和他們自己）死後能往生淨土，要不然，也希望能轉生天道或人道，永不墮入其他三惡道。他們也熟知菩薩理想，需要將功德分享給鄰里和一般有情眾生。這些認識很可能是參加法會時聽聞僧人的開示所致。

早在二世紀，也就是佛教傳入中國後不久，就有農曆四月初八的佛誕慶祝活動。中國的佛誕法會和印度一樣，有兩種形式：「浴佛」和「佛像遊行」。「浴佛」意指信徒以

香湯灌洗佛像，「佛像遊行」是指信徒以花車載運佛像，在街上遊行。六世紀以來，浴佛一直是重要節日，而佛像花車遊行的儀式卻不再舉行。現今浴佛法會所用的佛像，通常是代表佛陀初生時的小銅像，信徒排隊，輪流從佛首上方注水浴佛。

一般人學佛的另一個時機是參加齋戒。這個傳統源於初期佛教，鼓勵在家信眾參加每月初八、十四、十五、二十三、二十九、三十日等六齋日舉行的齋戒法會。此外，還有三個長齋月，分別是元月、五月和九月的初一至十五。參加者必須懺悔自己的過錯，以「一日一夜」為期，持齋和遵守其他七戒，並且聽聞僧尼誦經、說法，期使身體、道德與心靈得以淨化。這種作法根據的信仰是每逢齋日四天王、天王之子或使者降臨人間，巡查人類的行為，再稟報欲界忉利天之主帝釋（Śakra）。行善之人可得轉生天界的善報，為惡之人被判死後下墮地獄。隋唐時期，不僅虔誠的信眾在這些特定日期持守戒齋，朝廷也明令規定，禁止這些齋日殺生和處決罪犯。

慶祝佛陀誕生的方式是信徒參加浴佛法會，而佛陀的逝世，也就是涅槃，則以宗教建築來紀念，這種建築在印度稱為 stūpa，在中國稱為「塔」。根據佛教傳統說法，佛陀火化後，骨灰中有一些牙齒和骨頭的殘餘物，那是聖者的遺物，稱為「舍利」（śarīra），有如下的描述：「像茉莉花

蕾、洗過的珍珠和金塊，大小不一（大小如芥子、碎米粒或
去皮裂開的乾豌豆）。」❹佛陀的骨灰和舍利平分給八個王
國，埋在佛塔中。爲了造功德，佛教徒朝聖繞行佛塔，以示
虔誠。篤信佛教的阿育王促進舍利信仰，他重新分配佛舍
利，並且在他的帝國版圖內建造八萬四千座佛塔，以供奉這
些舍利。據說他不僅在印度也在其他國家造塔，這個傳說使
人們相信有多達十九座的阿育王佛塔位於中國。

　　印度的佛塔是形如覆鉢的墓塚，在中國卻變成多層樓
閣的高塔，雖然其中有些號稱供有舍利，但大多數沒有。儘
管如此，由於與佛陀的密切關聯，早期寺院皆環繞寶塔而建
造，有些佛教石窟，例如雲岡，也有代表佛塔的中央支柱，
以便常住僧眾或朝聖者可以繞行。雖然經過許多世紀，但佛
塔依然是中國寺院建築不可或缺的一部分，甚至在今天中國
境內還散布著獨立式的佛塔。人們一看到佛塔或佛像，就會
想起釋迦牟尼。

彌勒

　　彌勒（Maitreya）是未來佛，他的名字源於 *mitra*，意
思是朋友或友好。就像釋迦牟尼誕生之前一樣，彌勒現居於
欲界第四天兜率天，等待降生人間；也如同在他之前成佛的
釋迦牟尼，他將生爲王子，而後出家證道。

　　佛教教示無常。如同宇宙中其他一切事物，佛法本身

也不會永遠持續不滅。佛教徒普遍相信,佛陀圓寂之後五百年是正法時期,此時佛教興盛,人人深信佛法,依教奉行,擁護僧團,證悟容易。接下來是持續一千年的像法時期,在此期間,佛教外在形式雖然維持不變,但內在已經歷衰敗,僧尼修行不踏實,一般人對僧團的護持也不如以往堅定,證悟極為不易。最後是佛教終將消逝的末法時期,在這段歷時一萬年的時代中,佛教不僅內在精神凋敝,外在形式也衰頹。最終,僧尼與寺院完全絕跡,人間一切佛菩薩像、佛經、舍利,皆消失無蹤,同時天災頻仍,政治動盪,社會混亂。在末法時期結束後,彌勒將會出現,復興佛教。屆時世界也將煥然一新,太平盛世再現人間。

道安虔誠信仰彌勒,發願往生兜率天,面見彌勒,親聞教誨,但是也有很多人希望彌勒下生人間時能投生為人。根據《彌勒成佛經》和《彌勒下生經》,彌勒在兜率天五十六億年後,將在龍華樹下成佛,於人天眾會中宣講四聖諦和緣起法。如此說法盛會前後三次,所有與會者皆得證悟。

彌勒的造像非常獨特,呈現盤足坐姿,身形狀若沉思,一手輕觸下巴,手臂倚著右腿,右腿上盤,置於左膝上。彌勒造像的供養人在銘文發願:「彌勒下生,龍華三會,聽受法言。」雖然彌勒像的供養人來自社會各階層,但官員、僧尼的人數比平民百姓多。

唐代以後數世紀間,相較於阿彌陀佛、藥師佛、觀音

等其他佛菩薩信仰，彌勒信仰顯得黯然失色。因為未來佛的降臨與世界新秩序的肇始有關，激發了千禧年信仰的期盼。自十二世紀以來，儘管遭受朝廷迫害，仍然不時出現自稱彌勒使者或甚至彌勒本人的叛亂分子領導的造反運動。縱觀明清時期，打著不同名號但信仰一致的各種宗教派系持續挑戰中央政權。

　　同時，彌勒也對大眾文化產生很大的影響。十三世紀時，人們將一位具有神通的僧人視為彌勒的化身，因為肩荷布袋，人稱布袋和尚。他不定居於寺院，而是雲遊四方，混跡市井，分送禮物給孩童，並且幫助有需要的人。這個傳說導致彌勒笑佛的造像，有著袒露的大肚和滿臉笑容，象徵繁榮和好運。此像呈現大肚造型，而不是早期按照印度樣式刻畫的正常腰圍，這是因為在近代以前，中國人認為吃得飽以致發胖是富貴的象徵。事實上，直至二十世紀初，有客人來訪時，主人問候的第一句話就是：「吃飯沒？」然後是：「你看起來不錯，發福啦！」

　　人們進入佛寺後，登入大殿之前，在殿堂中見到的第一尊佛像即是彌勒笑佛，這也是中國餐館和禮品店中常見的佛像。這不是沉思冥想者的造型，而是吉祥的象徵，代表歡迎遊客入寺，或歡迎顧客光臨。

蘇州報恩寺塔前彌勒笑佛（出處：Shutterstock ／達志影像提供）

阿彌陀佛

　　阿彌陀佛信仰的依據是淨土經典，有兩個不同的名號出現在這類經典中。康僧鎧（Sanghavarman）在 252 年左右譯出《無量壽經》稱之爲「無量壽」，而鳩摩羅什於 402 年左右所譯篇幅較短的《阿彌陀經》則稱爲「阿彌陀」。正如此佛有二名號，其國土也有三個名稱：一名極樂國土，因爲彼土無有眾苦。由於位在我們這個世界的西方，又名西方極樂世界，那裡與娑婆世界不同，沒有畜生、餓鬼、地獄等惡道，國土極爲莊嚴美妙。三名淨土，此一清淨妙土蘊藏超凡脫俗的奇觀，有雜色七寶樹（七寶：金、銀、琉璃、玻璃、硨磲、赤珠、瑪瑙），香潔之水形成的豐沛水流，以及光輝燦爛的大寶蓮。

　　淨土處處平整，沒有高山丘陵，地面非常平坦，舖滿黃金。由於貪欲止息，淨土沒有娑婆世界之人經歷的各種苦難。往生淨土者永不飢餓，也不爲色欲或其他生理欲望所困擾，因爲淨土中沒有女人。佛陀的慈悲和女性被排除於淨土之外之間的矛盾，很難調和。這個問題與佛教和性別這個更大的議題有關，將於第八章討論。

　　當然，免於苦難極具吸引力，但更令人嚮往的是不在人間而在淨土證悟的展望，這是因爲淨土眾生可以親聞阿彌陀佛和觀音、勢至兩位脅侍菩薩的教導，甚至連水流、花開造成的天樂，也時時提醒佛教無常、苦、無我等教義。雖然

淨土沒有畜生，卻有神力變化而成的眾鳥，其悅耳悠揚之聲融入淨土的法音大合奏中。一旦往生淨土，即解脫生死輪迴。不過，彌陀信仰鼓勵人們效法菩薩的慈悲，發願回歸娑婆，救助他人。

根據造像銘文，供養造像的信眾心中所想的淨土很像天堂。或許由於這個原因，在彌陀信仰發展初期，這尊佛總是被稱為無量壽，而不是阿彌陀。「無量壽」契合道教神仙信仰的目標——長生不老。後來到了唐代，當彌陀信仰的盛行程度超越彌勒信仰時，人們才普遍稱呼此佛為阿彌陀。

淨土信仰通常被描述為易行道，因為唯一的要求是深信彌陀，持名念佛。這是因為多劫以前阿彌陀佛身為法藏比丘時，誓願救度達到上述要求之人。一個人得到救度，解脫生死輪迴，是透過信仰，而不是努力。因此，淨土信仰稱為「他力教」，與初期佛教的「自力」相對。大乘新創的教義中，這一項可能最引人注目，因為它似乎牴觸了理論上不容神佛恩典介入的嚴格業力法則。不過由於大乘的功德迴向論，這個矛盾是可以調和的。諸佛菩薩經過多生多劫修行，積累無量無邊的功德之後，才得以證悟。他們本身不需要這功德，而出於慈悲心將自身功德迴向有需要的眾生。若虔誠的信徒至誠懇切繫念彌陀，執持名號，念誦「南無阿彌陀佛」，死後即可往生淨土，臨命終時，親眼目睹阿彌陀佛和第一脅侍觀音菩薩前來，蒙佛菩薩接

引至極樂國土。隨著彌陀信仰在中國的發展,除了阿彌陀佛和觀音像之外,對淨土的描繪也成為壁畫和繪畫中最受歡迎的主題。

觀音

觀音,或觀世音,是慈悲菩薩 Avalokiteśvara 的漢譯名號。觀音信仰的信眾人數在中國高居首位。菩薩是有情眾生,致力於普度所有眾生。在進行這項崇高的任務時,菩薩並未效法阿羅漢,尋求個人涅槃,而是發心成佛,因此成為大乘佛教徒的新信仰對象。反觀初期佛教徒只信奉歷史上的佛陀,「菩薩」一詞僅用於指稱佛陀最後成道前的前生。事實上,小乘佛教徒確信的菩薩數量非常有限,即成道之前宿世修行的釋迦牟尼,以及未來佛彌勒。大乘相信有為數眾多的菩薩,也因此呼籲人人皆發菩提心——這是佛教大、小乘傳統之間兩個最重大的差異。

有一句中國諺語貼切地描述這位普度眾生的菩薩大受歡迎的程度:「人人念彌陀,戶戶拜觀音。」觀音與阿彌陀佛關係密切,不僅身為阿彌陀佛的首要脅侍,也將於阿彌陀佛入滅後繼承其佛位。在所有菩薩塑像和畫像中,只有觀音頭上的寶冠中有一尊小佛像。這種獨樹一幟的造像特徵顯示彌陀與觀音的特殊關係,如同國王與王儲,又如父與子。雖然觀音和諸佛菩薩一樣,最初在經典中呈現為男性神祇(如

釋迦牟尼或彌勒），藝術上的表現形式也是如此，但在中國
唯獨觀音經歷性別轉變，成為女性神祇。

觀音的相關經典很多，有這尊菩薩出現的佛經超過八
十部。他在這些經典中扮演的角色千差萬別，從釋迦牟尼佛
周邊隨從中一個跑龍套的小角色，乃至在自己普度眾生大戲
中的明星。因此，觀音在藏經中的面貌，就像在藝術和其他
媒介中一樣，具有高度的多義性、多值性與多元性。至少可
以確定有三種明顯不同的觀音信仰：如《法華經》所示，無
處不在的慈悲救度者；如淨土諸經中所見，身為阿彌陀佛的
主要脅侍；《華嚴經》中，與聖島普陀洛迦有關的聖者。

在三世紀《法華經》譯出之前，中國沒有任何神祇可
媲美觀音——觀音不僅慈悲普度眾生，而且平易近人。鳩
摩羅什於 406 年譯出的《法華經》，第二十五品名為「普
門」，專門介紹觀音，宣揚一種民主平等的新救度方式。若
欲獲得救度，無須成為通曉經教的學者、持戒的典範，或精
通禪修的大師，也不用過著特殊的生活方式、茹素或進行任
何儀式；唯一的要求是滿心誠懇、深信不疑地稱念觀音名
號。這是一尊新神明，任何人有困難皆可得到救助，無論男
女，不分貧富貴賤。信奉觀音有益於宗教修持，也可以帶來
世俗的好處。他救人脫離危及生命的險境，解脫貪、瞋、癡
三毒，也為不孕婦女送子。〈普門品〉宣布這個喜訊：「若
有無量百千萬億眾生受諸苦惱，聞是觀世音菩薩，一心稱

名，觀世音菩薩即時觀其音聲，皆得解脫。」❺這一品很早就從《法華經》抽出，以單行本流通，一直是漢傳佛教徒中最受歡迎的經典之一。

　　本土經典也有助於觀音信仰在中國的弘揚和傳播，漢譯佛典、感應故事、新造像、朝聖和專修觀音的儀式，也各以不同的方式促進、傳播這個信仰。

　　本土經典與感應故事息息相關。664 年首次提及的《高王觀世音經》，被認爲肇因於一則感應事蹟。關於這部經的起源神話，流傳最廣的版本以孫敬德爲主人翁。他是被誤判死刑的普通士兵，平日禮拜供奉在房中的觀音像，遭受拘禁時夢見一僧人傳授一部經，在即將被斬首之前他勉力完成持誦此經千遍，結果劊子手在行刑時，刀斷成三截，縱使換了三把刀，還是發生同樣的情況。此事上報執政者，使其深受感動，孫敬德因此獲赦。當他回到自己房中時，見到觀音像頸部有三道刀痕。這顯然暗示這尊觀音像代他挨了三刀，讓他倖免於難。此事應該發生在 534 年到 537 年之間。其他故事版本描述的情節與此大同小異。觀音信仰的早期信徒並未前往寺廟禮拜，而是以聖像爲護身符，隨身佩帶。由於聖像戴在髮中或頭頂，所以必定小巧輕省。事實上，有若干極小型的鍍金青銅觀音像 —— 有些只有一英寸左右 —— 留存至今，在博物館可以看得到。鑒於上述感應故事，在看待這些小佛像時，或許可以推測它們本來的用途是做爲個人護

身符,所以體積小。有時人們在奇蹟獲救之後,也會塑造聖像,做爲這類宗教祈禱之用。

感應故事的編纂始於四世紀,就在竺法護於 286 年首次譯出《法華經》後不久。在漢傳佛教中,有關觀音的感應故事是重要而且經久不衰的體裁。歷代以來一直有感應故事結集成冊,今天仍然有這類故事的創作與匯集。觀音的轉變和本土化過程中,感應故事是很有影響力的媒介。因爲故事描述眞實人物在危急存亡之際,在特定的時間、地點遇見觀音,於是這位菩薩不再是佛經中提到的神話人物,而是變成一種「眞實的存在」。感應事蹟恰好證明了觀音的靈驗,會發生這些奇蹟是因爲虔誠的信徒和菩薩之間存有感應關係。這兩個概念在中國都有深厚的文化根源。

許多感應故事提到觀音像。早期有些故事顯現出虔誠信徒與觀音像之間的密切關係,後來有些感應故事描述觀音以新形象出現在信徒經歷的異象中,這些新形式成爲觀音性別轉變的有力媒介。早期感應故事描述觀音出現在信徒夢中或異象時,多半稱他爲僧人,但這位菩薩逐漸現身爲「白衣人」──或許是表明他的居士身分──或是「白衣女子」,表明她是女性。觀音形象的轉變導致這尊菩薩的新藝術表現形式。但反過來說,描繪觀音的新圖像,也可能使虔誠信徒易於在異象和夢境中看見觀音以新型態出現。

異象、媒介和圖像三者密不可分,而且具有相互辯證

的關係，這突顯出藝術在觀音信仰中扮演的角色。藝術一直是中國人認識這尊菩薩最有力、最有效的媒介之一，也正是透過藝術，人們最能清楚看出菩薩漸進而無可否認的性別轉變。佛經中呈現的觀音一向是男性或無性，雲岡、龍門、敦煌的觀音像，以及敦煌壁畫、幢幡上所繪的觀音像，如同其他佛菩薩像，皆現男相，有時還蓄有薄鬚，清楚表明他的性別。

　　但是自十世紀某個時期開始，觀音經歷了重大而驚人的轉變。到了十六世紀，觀音不僅成為不折不扣的中國人，而且還是最受愛戴的「慈悲女神」。這個綽號是耶穌會傳教士新創的，因為他們深刻感到觀音像與聖母像的相似處。在所有傳入中土的佛教神祇中，唯有觀音成為道道地地的中國女神，甚至連許多中國人——如果不熟悉佛教的話——都不知道觀音源於佛教。

　　中國人撰述本土佛經，也同樣創造觀音的本土造型。經過一段時間之後，自十世紀開始，陸續出現幾種獨特的中國觀音像，分別是水月觀音、白衣觀音、送子觀音、南海觀音、魚籃觀音和老母觀音。新圖像的創作可能與漢傳佛教和佛教藝術的地域性有關，新聖像也和佛教神學、儀式、信仰息息相關。水月觀音這種中國本土聖像出現在白衣觀音之前，是白衣觀音的原型。白衣觀音促使明清時期興起一種生育崇拜，她有自己的本土經典、儀式和感應故事，於是逐漸

被人俗稱「送子觀音」。因此，中國出現女性觀音像，與觀音的本土化和地域化密不可分。南海觀音出現時，適逢普陀島建造為中國的普陀洛迦——這座聖島是《華嚴經》和其他密教經典所說的觀音道場。

　　很多中國人熟悉妙善公主的故事，認為她是觀音的化身。故事敘述如下：妙善是妙莊王的第三個女兒，自幼好佛茹素，白天讀經，夜間習禪。妙莊王無子，所以希望從駙馬中挑選王位繼承人。然而，妙善到了適婚年齡，卻不肯成婚，不像兩位姊姊一樣順從地嫁給父王挑選的夫婿。妙善拒婚讓她的父王震怒，對她施予各種嚴厲懲罰。先是將她囚禁於御花園作苦工，當她在眾天神協助下完成所有工作後，獲准前往白雀庵，接受更大的考驗，妙莊王希望因此澆熄她求道之心，但妙善道心堅定，國王一怒之下火燒白雀庵，將庵中五百尼眾悉數誅殺，並且以不孝的罪名處決妙善。她的肉身由山神守護，她的魂魄則遊歷地府，說法救度地獄眾生。其後妙善回到陽間，上香山修行九年，開悟成道。此時，妙莊王怪疾纏身，藥石罔效，妙善喬裝成托缽僧來到王宮，告訴垂危的父王，世間只有一種藥能救他：以一生從未發怒之人的雙手、雙眼調製成藥。她還告訴驚異萬分的妙莊王到何處尋得此人。當妙莊王派來的差役到達時，妙善心甘情願獻上自己的雙手、雙眼。妙莊王服藥後大癒，隨後帶著其他皇族前往香山朝聖，答謝救命恩人。他一見這位失去雙手、雙

修復後的重慶大足石刻千手觀音（出處：Shutterstock ╱達志影像）

眼的苦行僧，立刻認出那正是自己的女兒。滿心自責之餘，
他與所有皇族皆皈依佛教。此時妙善顯現眞身，即密教千手
千眼觀音。經此神化之後，妙善圓寂，她的舍利供奉在特別
爲她建造的佛塔中。

　　這個傳說調和儒家對孝道的要求和佛教的發願。妙
善違抗父命，不肯婚嫁，是大不孝，但她爲了解救父親情
願犧牲自己，成爲最孝順的女兒。不難理解這個傳說何以
如此流行。妙善傳說始於何時不得而知，但最早的文字紀
錄是在 1100 年，一名官員應河南某寺方丈之請，撰寫妙

善公主的「傳記」，而後刻在石碑上，而河南正是觀音信仰的朝聖中心。如此一來，觀音菩薩不僅有名字、生日、家庭，還有傳記，但這些資料沒有任何經典依據。她的生日，即二月十九日，已成為信徒心目中最重要的神聖節日，他們在寺廟慶祝觀音聖誕，就像慶祝所有中國神明的誕辰一樣。這種轉變顯然符合中國神明的模式，中國宗教的天上與凡間並非壁壘分明，所以人可以成為神，神也可以下凡為人。例如，老子在二世紀就已經神化，人們也相信他已多次為了傳道化身人間。道教仙人是橫跨人間與神界的神話人物，他們的故事也成為這種想像的豐富資源。妙善的傳說使觀音符合中國的神明的模式，藉此讓觀音立穩於中國；也為拒婚提供特許狀，讓一些信奉佛教的女性得以效法妙善，拒絕婚嫁，追求自己的宗教生活，無論在家或進入僧團。

並奉觀音、地藏的信仰

　　沒有佛經依據而新創的觀音像，這並非特例。十一世紀之後所造的寺廟和石窟塑像中，觀音經常與中國另一尊重要的菩薩地藏成對出現。

　　這種配對也沒有任何經典佐證。地藏信仰的經典依據是《大方廣十輪經》，經中描述地藏如同觀音，念念不忘救度眾生，解脫人生中的種種困難。

　　當《地藏菩薩本願經》這部本土經典取代《十輪經》而廣為流傳時，地藏成為專門救度地獄眾生的菩薩。因此，這兩尊菩薩成雙出現是由於地藏後來扮演的新角色。《地藏菩薩本願經》呼籲讀者為臨終者誦此經典，以減輕他們的苦難，幫助他們往生善處。但是早在幾個世紀前傳入中國的一些密教經典，就已指出觀音的特性：若人持誦觀音宣說的陀羅尼，菩薩即現神力為人療病、令人善終、救度眾生脫離地獄。在這個事例中，本土經典的重要性超越密教經典，使地藏代替觀音成為地獄眾生的救度者。

　　最早以觀音普世救度者角色為中心的一部經典是《請觀音經》，漢譯年代在 317 至 420 年之間。持誦經中所說的陀羅尼，可以救人脫離各種災難。若有人虔誠一心持誦此咒，此生即可親見觀音示現，同時因為解脫所有罪業，不會墮入地獄、餓鬼、畜生、阿修羅四惡道。因為觀音遊戲於六道輪迴中，所以即使有人不幸墮入地獄或餓鬼道，觀音會現身於眾生受苦之處，予以救度。經文說觀音菩薩代替罪人在地獄受苦，也從指尖流出甘甜乳汁，解除餓鬼飢渴逼切之苦。

　　二菩薩並列出現於敦煌出土的一部本土經典《十王經》的圖本中，為祖先祈求冥福的佛教超度法事中，也會一起召請這兩尊菩薩。這些法事的儀文創制於宋代至明代之間（十一至十七世紀），例如成於十二世紀的《慈悲梁皇寶

重慶大足北山石窟第 253 龕觀音與地藏並立圖（姚崇新攝）

懺》懺本中，主法和尚三次祈請觀音及地藏降臨聖壇。更重
要的超度法會是下一章即將討論的施食法會，創始於十世紀
（而且歷代以來盛行不輟），觀音和地藏在此儀式中通力
合作。

　　二菩薩就這樣在人們生前與死後聯手救度。觀音和地
藏最後演變成專精單一領域，發生於何時？又是如何發生的
呢？在藝術和寺廟建築中可以找到線索。根據現存的遼、金
（十一、十二世紀）寺廟平面圖，有四個獨立殿堂用以供奉
文殊、普賢、觀音和地藏四位菩薩。山西大同善化寺的平面
圖顯示，文殊閣（原建築現已不存）面向普賢閣，地藏殿面

向觀音殿。但建於十六世紀的廣勝寺只保留地藏殿和觀音殿，兩殿依然相對。這種格局規畫延續至今，許多寺廟的觀音殿位於地藏殿對面，地藏殿中往往繪有十王和地獄種種刑罰的場景，而觀音殿中則有稱為「娘娘」的女神像。在這樣的設置下，顯然禮拜、祈求地藏的信徒視之為身在地獄之人的救度者，而觀音則是健康、子嗣和長壽的賜予者。由於地藏成為地獄眾生的唯一守護者，觀音就變成現世人間的主要保護者。這對菩薩之間的關係隨著時間推移而產生變化，雖然兼奉觀音與地藏的作法沒有經典依據，但背後仍有基於信眾生存需求的邏輯思維。

慈悲女神觀音

　　在觀音出現之前，中國原本就有女神，但其中似乎沒有任何一尊成為歷久不衰的信仰對象，因此出現一個宗教真空地帶，讓觀音可以輕而易舉地補位。佛教就這樣為東道國提供必要的象徵和理想。由於人們改變佛教以順應中國不同的宗教和文化傳統，因此發展出種種不同的佛教新型態。天台、華嚴、禪與淨土諸宗（將於第五、六、七章討論）的創立就是顯著的例子。雖然中國人的主要教義和宗教實踐，是基於譯自印度語言的一些漢譯佛典，但是其特有的重點和表述反映出本土思維方式和文化價值觀。此一本土化過程造成泛亞佛教傳統的多樣性，觀音在中國轉變為慈悲女神就是一

個例子。由於觀音只有在中國才變爲女性神衹，而且發生在唐代之後，所以有必要以宋代以降包括佛教在內的中國各宗教的新發展爲背景，提供一些假設性的解釋。研究女性觀音的崛起，也必須以其他新興女神信仰爲背景。自宋代以後，這些新信仰的出現並非巧合，中國本土佛經、藝術、感應故事和妙善傳說中的女性觀音，也出現於十至十二世紀的北宋時期。

當時，理學（新儒學）已確立爲官方意識型態，其作用非常類似國教。這不是巧合，在此之前一千年間它一向是中國的霸權論述（hegemonic discourse）和主要意識型態。理學是一種哲學與政治思想體系，但也是一種維持世系和家庭制度的意識型態。這套思想極度重男輕女，父權至上，等級分明，不承認女神的存在，也不甚支持現實世界中的女性努力提昇她們的智識與心靈。它不鼓勵或提倡宗教信仰，也不欣賞宗教熱忱或情感狂熱。佛教和道教組織也是半斤八兩，無論是禪宗的「不二」之說，或是道教對陰性法則的提昇，都沒有轉化成體制上的實際行動以支援女性，也沒有提供兩性相同的修行機會。歷史上有多少女性成爲重要的禪師或道士？我們能舉出姓名的並不多。因此，從某種意義而言，新興女神信仰可以被視爲對這種極權主義信仰和實踐體系的類似回應，但另一方面，或許可以將女性觀音視爲其他女神的榜樣和靈感來源。

人們通常認爲，當一個宗教有女神可信奉時，即可賦予女性自主權。當印度的觀世音菩薩變成慈悲女神觀音時，在中國無論男女皆可接觸新的虔誠宗教形式和表達方式。然而，只要認爲女性汙染或等級低下的傳統刻板觀念沒有受到質疑，觀音的女性形象勢必與現實世界的女性有所差異，女性觀音沒有也不能具備眞正的女性特徵。正因如此，白衣觀音雖然是生育女神，卻缺乏性徵。與此同時，現實世界中的女性，連同她們的男性同胞，共同信奉送子觀音——這尊觀音確保家中的香火永遠不會因爲後嗣無人而斷絕。觀音信仰最後確實有助於實現儒家的家庭價值觀。正如許多中國人熟悉的一句俗諺所言「戶戶拜觀音」，觀音菩薩的確在中國找到一個安身的家。

藥師佛

藥師佛信仰很重要，雖然不如以上討論的佛菩薩那麼著名。釋迦牟尼佛有「無上醫王」之稱，他的教義則稱爲「藥王」。❻當我們分析四聖諦時，可以將它們理解爲診斷、預後和處方。第一和第二聖諦指出我們罹患「苦」病，這種病的起因是貪欲，這就是診斷。第三聖諦涅槃是預後，第四聖諦八正道是處方。若人在道德和精神上自我修養，終將解脫生死輪迴之苦。涅槃，是圓滿安樂的境界。

藥師佛的全名是藥師琉璃光如來，主要經典《藥師琉

璃光如來本願功德經》由玄奘於 650 年譯出。不像《法華
經》和其他大乘經典描述的佛身放光或金光輝耀，經中描述
藥師佛身散發青金石的光芒。印度沒有藥師佛的早期圖像，
中國西行朝聖者中，無人提及印度的藥師佛信仰。基於這些
因素，學者認為藥師信仰源於中亞，而不是印度。

　　醫藥是出家人獲准擁有的必需品之一，他們為了完成
自己的宗教使命，必須維持身體健康。醫療是僧侶為了治療
其他僧侶和在家人而學習的技能之一。如第一章所述，《法
華經》第十六品有一則著名譬喻，描述一位醫生施藥以救治
自己的兒子。故事中身為醫生的父親是佛陀，兒子是我們這
些有情眾生，良藥則是佛法。

　　一如阿彌陀佛發四十八願，藥師佛也發十二願，這些
都是他成道的條件。又如阿彌陀佛歡迎眾生往生位於娑婆世
界以西的彌陀淨土，藥師佛也歡迎有情眾生到他的東方琉璃
淨土。這十二大願涵蓋藥師佛給予深信切願的眾生種種身心
利益，擇要引述如下：

　　第六大願：願我來世得菩提時，若諸有情，其身下劣，
諸根不具，醜陋頑愚，盲聾瘖瘂，攣躄背僂，白癩癲狂，
種種病苦，聞我名已，一切皆得端正黠慧，諸根完具，無
諸疾苦。
　　第七大願：願我來世得菩提時，若諸有情，眾病逼切，

無救無歸，無醫無藥，無親無家，貧窮多苦，我之名號，一經其耳，病悉得除，身心安樂，家屬資具，悉皆豐足，乃至證得無上菩提。❼

藥師佛願文中有一段話特別針對女性。第八大願即是為她們而說：

第八大願：願我來世得菩提時，若有女人，為女百惡之所逼惱，極生厭離，願捨女身，聞我名已，一切皆得轉女成男，具丈夫相，乃至證得無上菩提。❽

佛教和所有宗教一樣，反映當代歷史與社會現實。在古印度，女性不能與男性平起平坐，當時人們認為生為女人是惡業的果報。的確，女性的一生因為懷孕生子而有獨特的艱辛之處。這就是藥師佛為什麼讓虔誠信女來世轉生為男的原因，阿彌陀佛淨土沒有女人也是出於同樣原因。此外，根據一些大乘佛經，如《法華經》和本經，女子唯有轉變為男性才能證悟。這個觀點的推論是，釋迦牟尼佛是男人，具備若干明確的男性特徵，因此只有擁有男性身體的人才能證悟。不過，儘管這部經對女性有偏見，但藥師佛關懷、護佑女性與其子女。

　　或有女人，臨當產時，受於極苦，若能至心稱名禮讚，恭敬供養彼如來者，眾苦皆除。所生之子，身分具足，形色端正，見者歡喜，利根聰明，安隱少病，無有非人，奪其精氣。❾

　　我們發現這部經與淨土諸經、《法華經》有很多相似之處。例如，藥師佛的琉璃淨土和彌陀淨土一樣，十分殊勝：「琉璃為地，金繩界道，城闕宮閣，軒窓羅網，皆七寶成。亦如西方極樂世界，功德莊嚴，等無差別。」❿一如阿彌陀佛有觀音、勢至兩大菩薩脅侍，藥師佛也有日光遍照、月光遍照二脅侍菩薩。藥師佛也像《法華經》中的觀音一樣，能救人脫離火燒、溺水、囚禁、處決等致命的險境。彌陀、觀音、藥師信仰三者之間最顯著的共同點是強調深信切願，稱念聖號，當人聽聞佛菩薩聖號時，必須牢記在心，以真誠的信心時時持誦。

　　有許多佛菩薩傳入中國，但其中只有一些形成信仰，擁有信徒。漢傳佛教徒選擇他們偏愛的佛菩薩，如同他們面對許多大乘佛經時的作法。這些選擇也創造出沒有經典依據的新興眾神，前已經討論觀音、地藏並奉並無任何經典依據。有唐一代，大約於八世紀出現新的佛教三聖塑像，阿彌陀佛和藥師佛的脅侍都變成觀音和地藏，而不是阿彌陀佛、觀音、勢至三尊，或藥師佛、日光遍照、月光遍照三尊。這

是一個很好的例子，說明本來是外來宗教的佛教如何變成漢傳佛教。這是一個雙向的辯證過程，中國人接受新的宗教，也透過創造性選擇加以改造。在印度佛教變爲漢傳佛教的歷史過程中，諸佛菩薩信仰發揮至關重要的作用。

■ 問題討論

1. 信眾如何看待佛菩薩像？這些聖像在他們生活中扮演什麼角色？
2. 請描述一些禮拜佛陀的方式。
3. 爲什麼觀音是最受愛戴的菩薩？
4. 未來佛彌勒是誰？他扮演的角色是否類似你所知的任何其他宗教中的人物？
5. 藥師佛淨土與阿彌陀佛淨土最大的區別是什麼？

■ 延伸閱讀

Birnbaum, Raoul. *The Healing Buddha*. Boulder, CO: Shambhala, 1979.

Campany, Robert F. 康若柏 "The Real Presence." *History of Religion* 32 (1993): 233–272.

Kuan-yin Pilgrimage. DVD. Written and directed by Chün-fang Yü, 1987. Distributed by Columbia University Press.

Sponberg, Alan, and Helen Hardacre. *Maitreya, the Future Buddha*. Cambridge: Cambridge University Press, 1988.

Yü, Chün-fang. 于君方 *Kuan-yin: The Chinese Transformation*

of Avalokiteśvara. New York: Columbia University Press, 2001.（陳懷宇、姚崇新、林佩瑩譯，《觀音——菩薩中國化的演變》，臺北：法鼓文化，2009年；北京：商務印書館，2014年）

Zhiru. 智如 *The Making of a Savior Bodhisattva: Dizang in Medieval China*. Honolulu: University of Hawai'i Press, 2007.

■ 註釋

❶ Campany, "The Real Presence", 262–263.

❷ Daniel B. Stevenson, "Protocols of Power: Tz'u-yun Tsun-shih (964–1032) and T'ian-t'ai Lay Buddhist Rituals in the Sung," in *Buddhism in the Sung*, ed. Peter N. Gregory and Daniel A. Getz Jr. (Honolulu: University of Hawai'i Press, 1999), 345–346。遵式造像記全文，參見《天竺別集・大悲觀音栴檀像記（并）十四願文》，CBETA, X57, no. 951, pp. 30a10-33c7。

❸ Kenneth K. S. Ch'en, 陳觀勝 *Buddhism in China: A Historical Survey* (Princeton, NJ: Princeton University Press, 1964), 168.

❹ John S. Strong, *The Buddha: A Short Biography* (Oxford: Oneworld Publications, 2001), 145.

❺ Burton Watson, trans., *The Lotus Sutra* (New York: Columbia University Press, 1993), 298–299。參見《妙法蓮華經》，CBETA, T09, no. 262, p. 56c6-8。

❻ Birnbaum, *The Healing Buddha*, 3.

❼ Birnbaum, *The Healing Buddha*, 153–154。參見《藥師琉璃光如來本願功德經》（以下簡稱《藥師經》），CBETA, T14, no. 450, p. 405a25-b4。

❽ Birnbaum, *The Healing Buddha*, 154。參見《藥師經》，CBETA, T14, no. 450, p. 405b5-8。

❾ Birnbaum, *The Healing Buddha*, 163。參見《藥師經》，CBETA, T14, no. 450, p. 407a12-16。

❿ Birnbaum, *The Healing Buddha*, 155。參見《藥師經》，CBETA, T14, no. 450, p. 405c3-6。

第三章

佛教節日與儀式

　　有很多方式能讓一個人初次接觸佛教就深感興趣而成爲信徒,可能是偶遇舉止莊嚴的僧尼,心生景仰,也可能碰巧讀到一部佛經,被經中的思想打動。但在中國,大多數人是透過參加節日活動和宗教儀式而接觸佛教和出家人,在中國歷史上是如此,到今天依然沒變。節日和儀式也是佛教終於傳揚於中國社會各階層的最有效媒介。

佛教節日

　　在佛教年度法會行事曆中,農曆四月初八佛誕日是最重要的節日。早在五世紀,浴佛就是佛誕慶祝法會的焦點。農曆十二月初八佛成道日,以及農曆二月十五日的佛涅槃日,也會慶祝,只是如今沒有那麼引人矚目。有趣的是,雖然未來佛彌勒佛、阿彌陀佛、藥師佛等其他諸佛,以及觀音、文殊、普賢、地藏等大菩薩,都不是歷史人物,但到了明代(1368－1662)都有各自的生日和慶祝活動。這是仿

效中國本土神明的模式，每年最重要的公眾參拜活動都在這些神明的生日舉行。

在中國宗教中，神與人之間沒有明顯的界線。過去中國人認為神明是歷史上真正存在過的人。關公、媽祖（又名「天后」）等民間普遍信奉的神明，原本真有其人，這跟古希臘將人間英雄變成奧林帕斯諸神（Olympian gods）相似。但是神話人物的黃帝等卻變成歷史文化英雄，被奉為中華文明的始祖，這又跟古希臘的例子相反。

帶有神話色彩的佛菩薩的轉化，可以用觀音的例子來說明。觀音必須成為妙善公主，也就是一個活生生的女性，然後才能被奉為中國女神。妙善公主的傳說中有她的傳記，農曆二月十九日是她的生日，這一天成為觀音聖誕。觀音誕辰的慶祝活動最早列於《幻住庵清規》的月份行事曆中，這部清規是中峰明本禪師於 1317 年為自己的寺院幻住庵創制的僧眾規範。他規定當日應當供奉鮮花、香燭、茶果、珍羞，且須宣疏，類似佛涅槃日的紀念活動。如同其他中國神明的生日，觀音聖誕已成為信徒最重要的節日。隨後，比照釋迦牟尼佛信仰的三聖日，農曆六月十九觀音成道日，以及農曆九月十九觀音神化之日，也舉行慶祝活動。

中國人也前往一般人認為菩薩曾經示現的聖地朝聖，虔誠的朝聖者將這些聖地視為菩薩的道場。他們長途跋涉到這些地點，希望藉此獲得福佑，幸運的話，還能親眼見到菩

薩示現。「四大名山」一詞是指山西五台山文殊菩薩的道
場、四川峨眉山普賢菩薩的道場、浙江普陀山觀音菩薩的道
場，以及安徽九華山地藏菩薩的道場。雖然《華嚴經》使得
這些菩薩和諸山的關聯具有合法性，但經中提及的山並不是
真實的地方，正如菩薩不是歷史人物一樣。這又是一例，說
明如何將真實存在於中國特定地點的山指認為佛經提到的
虛構聖山，藉此讓佛教漢化。

　　朝聖地最後被視為菩薩常住之處，到這些地方參拜是
仿照始於漢傳佛教歷史之初，前往朝聖釋迦牟尼佛留下的足
跡之旅。對於無法完成如此艱辛旅程的人而言，佛舍利成為
佛陀信仰的焦點。唐代時期，首都長安有幾座寺廟聲稱擁有
佛牙，每年展示七天，供大眾瞻禮。人們會做各種供養，包
括食物、藥品、金銀、香、花、果等等。供奉於京城外的法
門寺的指骨舍利之所以聞名，是因為大力批評佛教的儒家學
者韓愈在 819 年上表，反對皇帝迎請指骨舍利進宮供養。指
骨舍利曾數度以大隊人馬護送，迎請入宮，信眾沿途夾道禮
敬。一位目擊者記述此一盛事如下：

　　咸通十四年（873）……四月八日，佛骨入長安，自開遠
　　門安福樓，夾道佛聲振地，士女瞻禮，僧徒道從。上御安
　　福寺親自頂禮，泣下霑臆。……長安豪家競飾車服，駕肩
　　彌路，四方挈老扶幼來觀者，莫不蔬素以待恩福。時有軍

卒斷左臂於佛前，以手執之，一步一禮，血流滿地。至於
肘行膝步，䇸指截髮，不可算數。又有僧以艾覆頂上，謂
之鍊頂。火發痛作，即掉其首呼叫。坊市少年擒之不令動
搖，而痛不可忍，乃號哭臥於道上。❶

2002年，以臺灣佛教大師星雲（1927－）為首，經各
方努力，奉迎法門寺指骨舍利來臺，在中國政教要員護送之
下，巡迴全臺主要寺院一個多月，瞻禮民眾達三、四百萬
人。然而，並沒有上述出於宗教狂熱的極端行為的報導。

重要的歲時節慶也是佛教法會年曆的特點。傳統中國
是農業社會，一年一度的節日順應農耕週期而定。一年分為
兩半，對應陰陽，而佛教節日密切配合既有的四時節慶。農
曆正月初一、十五的春節和元宵節，慶祝冬去春來，陽氣上
升，而農曆七月十五中元節表明從夏至冬的變化，陰氣漸
增；前者是播種時節，後者是收穫時期。在農曆新年、元宵
節和中元節三大節慶時，寺院舉辦法會，包括誦經、祈願和
種種做功德的儀式。

元宵節和中元節皆與佛教傳統密不可分。在正月十五
新的一年第一個月圓之夜，各寺院莫不爭相展示各式各樣五
顏六色的燈籠。人們手持明亮的火炬，整夜在街上閒逛，那
是一段盡情歡樂的時光。在傳統中國，上流社會婦女被局限
於閨閣內，足不出戶，但這天晚上，她們獲准出遊賞燈，混

入平民與異性之中。佛教對於元宵節起源的說法一方面反映佛、道二教的長期競爭，另一方面也顯示渴望獲得王室認可的合法地位。根據佛教的說法，元宵節最早可上溯至漢明帝佛教初傳中土之時。由於道士質疑佛經宣揚的真理，明帝下令火燒佛、道二教經典以驗其真實性。當火觸及佛經時，書頁沒有被燒毀，而是大放光明。於是明帝下令每年正月十五點燈，以紀念這件神異事蹟。

　　中元節又稱盂蘭盆節，每年只有這時候餓鬼才會回到陽間接受供養。餓鬼是不幸的眾生，恆受飢渴之苦，但在中元節，孝子慈孫依照儀軌祭祀供養的食物可減輕其痛苦。這個節日依據兩部佛經，內容是關於目連比丘解救在惡道受苦的亡母。根據研究中元節與翻譯《盂蘭盆經》、《報恩奉盆經》的太史文（Stephen Teiser）所言，這些經書的來歷不明，可能是在 400 年左右撰述於印度或中亞，而後翻譯成中文，也有可能於六世紀初在中國編纂而成。❷

　　目連比丘具有大神通力。為了要報答父母乳哺之恩，他以天眼觀照，見亡母因極重惡業投生餓鬼道，沒有食物可吃，也沒有水漿可飲，渾身只剩皮包骨。目連深感哀憐，以缽盛飯，送給亡母享用，但當她準備要吃的時候，米飯還沒到嘴邊就變成熊熊燃燒的火炭。目連悲痛欲絕，痛哭流涕，即刻奔向佛陀求助。佛陀向目連解釋，他的母親罪業深重，單憑他一己之力無法救度，必須仰賴僧眾共修的力量。

僧眾依照戒律規定完成為期三個月的結夏安居時，共修之力
最大。每年雨季，為了避免傷害眾生，僧人禁止外出遊化，
必須靜住一處，專心禪修讀經。安居期結束時，在家信眾以
新僧衣供養僧眾。僧眾在安居圓滿日舉行的儀式是隨意舉發
其他共住安居僧的不當言行，以及懺悔自己的過失，這稱為
「自恣」。藉由自恣儀式，僧眾也讓餓鬼道眾生解脫痛苦。
佛陀告訴目連：

> 十方眾僧於七月十五日僧自恣時，當為七世父母及現在
> 父母厄難中者，具飯、百味五果、汲灌盆器、香油錠燭、
> 床敷臥具，盡世甘美以著盆中，供養十方大德眾僧。……
> 其有供養此等自恣僧者，現世父母、七世父母、六種親屬
> 得出三途之苦，應時解脫，衣食自然。若復有人父母現在
> 者，福樂百年；若已亡，七世父母生天。❸

目連救母的起源故事透過許多媒介廣為流傳。遊方僧
講經說法以傳播其要旨，進而造成「變文」文體的誕生，有
關目連救母的變文最早出現於 800 年左右。❹經過一段時間
之後，目連的故事也成為戲劇和寶卷的熱門題材──寶卷是
十六世紀出現的一種新的通俗宗教文學體裁。不難理解為什
麼歷代以來中元節如此普及，正如孝女妙善，孝子目連也證
明獨身戒淫的出家人其實是孝道的典範。同時，這個故事也

2016 年法鼓山僧團結夏活動（Jean Li 攝）

2016 年法鼓山僧團結夏活動（李東陽攝）

顯示，對中國家庭的福祉來說，僧人和寺院變成具有不可或缺的作用，傳統的祖先崇拜必須藉由供養僧侶和寺院來進行，因為只有如此，現在父母和七世祖先才能往生善趣。

新年和元宵節逐漸喪失與佛教的關聯，變得世俗化。相比之下，中元節、佛誕和觀音聖誕則保留其宗教意義，而且至今依然奉行。不過，雖然這些節慶很有名，也很普及，但是每年只舉行一次；其他類型的佛教儀式一整年中任何時間皆可舉辦，對人們的生活影響更大。接下來將討論三種儀式：放生、施食和水陸法會，以及大悲懺。

佛教儀式

放生

放生，意指從商販手中購買被捕獲的生物，讓牠們恢復自由，以此方式拯救生命。放生的對象通常是魚蝦、烏龜、鳥類等小動物，放生者買下之後，放回水裡或空中。寺院庭園中設有大型「放生池」，鼓勵人們將水族眾生放生其中。但有時牛、羊、豬等大型動物也會獲救，養在寺院後穀倉附近的場地，不過這種情形很少見。雖然不殺生是各地佛教徒共同遵守的基本戒律，但唯獨漢傳佛教強調茹素與放生。不殺生戒未必導致素食、放生這兩種修行方式，因為三者之間沒有明顯的關聯，因此其他國家的佛教徒往往不吃素，放生也不是各地普遍的作法。然而，如果我們不忍心殺

死一條生命，對此生物的慈悲心可能也會讓我們極端不願以此為食。這種慈悲心推而廣之，即是出手拯救，以免讓牠成為其他人的盤中飱。因此，放生應該是不殺生的極致。

　　中國歷史上，自始至終都有朝廷和佛教高僧提倡不殺生與放生。隋代在 583 年頒布法令，規定每年正月、五月和九月，以及每月的「六齋日」（初八、十四、十五、二十三、二十九、三十日），不得殺生。這些特定日期的選定是根據《梵網經》記載的規定，這部經列有五十八條菩薩戒，是主要對在家信眾而說的大乘佛教基本戒律，在中國一直廣為流傳，奉為圭臬。經中說在三長齋月和每月六齋日，在家信眾應該持守八戒，其中包括不殺生、不偷盜，以及過午不食。四天王每逢六齋日巡視人間，觀察、記錄人們善惡之行，因此在這幾天人人特別應該謹言慎行。

　　唐代在 619 年詔令天下：每年正月、五月和九月禁屠，也禁止漁獵。在 845 年會昌法難發生之前，這道詔令顯然獲得程度不等的成效。放生儀式很早就隨著放生池的設置而制度化，至於放生池，最早的記載可溯及梁元帝在位時期（552-555），當時建有一座放生亭，但確切建造日期和使用細節不得而知。759 年，唐肅宗下令，設置八十一座放生池。

　　放生的作法逐漸流行，主要是因為高僧勸化有成。融合佛教諸宗的大師永明延壽（904－975），極力倡導禪淨

雙修。他（出家前）爲吳越王掌稅時，曾經用官銀購買魚
蝦放生。同樣倡導淨土法門的天台大師慈雲遵式（964－
1032），勸導許多漁民改行轉業。相傳他在開元寺講經說法
時，人們皆不飲酒，屠夫失業。他也大力促成新放生池的修
建。1017 年，宋眞宗下詔，令淮、浙江河與湘、鄂等地設
置放生池，禁漁採。

遵式也推廣「放生會」的組織。他於 1019 年上書朝
廷，請願將杭州名勝西湖設爲放生池，爲皇帝祝壽。從此，
每年四月初八佛誕日皆籌辦「放生會」，參與此會一時蔚爲
風尚。「放生會」是宋代盛行的一種新型佛教居士會社。佛
教居士組織可遠溯至慧遠的蓮社，以及敦煌遺跡顯示的許多
組織。然而，宋代的新會社和之前的居士組織大不相同。早
期結社的目的是塑造佛像、開鑿石窟以儲藏佛教寶物、鈔
經、誦經，或啓建佛教齋會和宗教慶典，而宋代會社只專注
於一項活動：放生。遵式撰寫放生儀軌，正如丹尼爾‧史蒂
文生（Daniel Stevenson）所說，「放生法會採取的形式是
一種皈依儀式。眾生首先透過供養和持咒，解脫粗重的身
心障礙，然後經過說法與誓受三皈依的儀式而被接引入佛
道。」❺

勸人戒殺茹素的短文也是在宋代開始大量出現，明代
佛教大師袾宏（1535－1615）延續此一風氣，撰寫〈戒殺
文〉和〈放生文〉，一再重印，廣爲流傳，對當時與後世的

影響歷久不衰。這兩篇文章獲得大眾熱烈迴響，聲名遠播，以致皇太后特遣使者請袾宏深入開示法要。這些文章也掀起在家居士籌組「放生會」的風尚，這些團體集資建造放生池，並且定期聚會，釋放被捕的鳥類、魚類和其他家畜（這些動物通常購自漁民或市集）。

在〈放生文〉中，袾宏從史料、傳說、當代傳聞和親身經歷中，引用很多例子，說明放生的功效。這些故事比理性和教義勸說更有力，不僅有助於說服時人，也讓後代讀者相信善有善報的業力法則真實不虛。他強調超自然的力量如何產生神異感應，藉此引起共鳴。

袾宏在這篇文章中講述兩則軼事，充分顯示他引用的故事類型。這兩件事都發生在當代，一是他自己的遭遇，另一件則發生在他家鄉杭州某位人士身上。第一個故事發生在 1570 年，當時袾宏已出家為僧，雲遊途中在一座小廟掛單，某日看見有人捕捉蜈蚣數條，將頭尾綁在竹弓上，於是他買下這些蜈蚣放生，但只有一條存活離去，其餘都死了。後來有一天晚上，他和友人坐在一起，突然瞥見牆上有一隻蜈蚣，他試著驅離，卻沒有成功。他對蜈蚣說：「昔所放得非爾耶？爾其來謝予耶？果爾，吾當為爾說法。爾諦聽毋動。」他接著說：「一切有情，惟心所造。心狠者化為虎狼，心毒者化為蛇蠍。爾除毒心，此形可脫也。」說完，蜈蚣不用驅趕，就自行緩緩爬出窗外。在座友人大為驚歎。

　　第二件軼事發生在 1581 年，有一戶干姓人家住在杭州附近，因爲鄰人被搶劫，干氏的女兒送十尾鱔魚過去，向鄰人之母問安。鱔魚存放在一大甕中，後來卻被遺忘。有一天晚上鄰人之母夢見十人身穿黃衣，頭戴尖帽，長跪面前，求她饒命。醒來之後，她找相士問卜，因此得知有眾生乞求她放生。她翻遍房舍，終於發現存放鱔魚的大甕，經過這段時間都變成巨鱔，數一數正好十尾。她大吃一驚，立刻放生。❻

　　借用袾宏所言，這兩則軼事和文中引用的其他故事，都是爲了證明：「諸放生者，或增福祿，或延壽算，或免急難，或起沈痾，或生天堂，或證道果。隨施獲報，皆有徵據。」❼這篇文章也提供有關放生的具體指導方針。首先，他囑咐人人一有機會就買下被捕的動物，不要吝惜錢財，因爲財富無常，而解救眾生所造的功德卻可永久持續。沒錢的人只要發慈悲心，勸人贖放眾生，或見人放生，隨喜讚歎，亦可積福。

　　其次，最重要的是放生的行爲，而不是獲釋眾生的體型大小或數量多寡。富人拯救許多眾生，窮人只救一隻螻蟻，兩者同樣值得讚歎，最重要的是盡量經常持續去做。有人不明白這個道理，大量購買體型微小的動物，希望因此獲得更多功德。這不過是工於心計的貪婪，絕非慈悲眾生。

　　第三，袾宏叮嚀人們在放生時，要盡可能舉行誦經和

持念阿彌陀佛聖號的宗教儀式，因爲放生不應只是解救眾生的色身，更要增長其慧命。不過，如果有所不便，則需隨機應變；沒有時間誦經，只要念佛即可。如果爲了佛事而留置眾生一夜，致使部分眾生喪命，那麼放生只是徒具虛文罷了。

　　素食和放生一直是中國居士佛教信仰的特點。中國各大寺院都有放生池。著名作家、畫家、漫畫家豐子愷（1898－1975）的《護生畫集》引起社會精英對素食主義和放生的濃厚興趣，這套書初集有五十幅畫，推廣素食和釋放被捉來當作食物的動物。在中國大陸、臺灣、香港和海外華人社區中，仍持續舉辦放生儀式，佛教信徒成群結隊，將大量的魚、蟹、蝦或海龜裝在塑料袋或容器中，再帶著這些眾生到大海、湖泊或河流放生，卻不關心這樣做造成的生態後果。在人間佛教的影響下，臺灣佛教的宗教師呼籲以新方式展現慈悲心，他們建議大眾運用自身資源和力量來保護環境，並且解救寵物免於遭受虐待和棄養。

超度儀式

　　當今佛教有三大超度儀式：中元節、施食餓鬼、水陸法會，舉辦這些法會的目的是爲了利益祖先、家親眷屬，以及一切眾生。前已探討中元節，這一節將專門討論其餘兩種儀式。首先爲這些儀式制定儀軌的又是天台大師遵式，從宋

代到明代（十一至十七世紀），陸續有人編寫這些儀式的手冊。在這三種儀式之中，施食餓鬼最常舉行，也因此最爲人所知。這是因爲這種法會隨時可辦，不像中元節只限於農曆七月；也不像水陸法會需歷時七日，施食幾小時內即可完成。

如導論所述，緬懷、崇敬歷代先人的祖先崇拜，是中國自古以來的傳統，作法是以酒食祭祀。在宋代，人們延續傳統習俗，以生肉和酒供奉亡者，並且燒化混凝紙製成的紙錢和紙衣，供亡者在死後生存的世界中享用。這樣的作法至今不變。如果後人沒有持續祭祀，或死者沒有後代子孫，則成爲所謂的厲鬼。然而，按照佛教的說法，人死後經過四十九天即往生六道其中之一，或者如果是虔誠的彌陀信仰者，也可以往生淨土。雖然這三種不同的死後命運顯然相互牴觸，但人們並未因此感到困擾。

但是，由於人死後總會往生到另一處，依據佛教教義，已故者實際上無法從生者的供品中獲益。因此，嚴格說來，佛教儀式不能稱爲薦亡儀式，而是出於慈悲心，爲了利益眾生而舉辦的。宋代佛教高僧開始關注薦亡儀軌的創制，是因爲十世紀出現了不曾見於中國宗教或佛教的新信仰。❽人死後，在太史文所謂的「中式煉獄」（Chinese "purgatory"）接受十殿閻王的審判，❾根據生前所犯罪業的種類遭受不同的懲罰。例如，造口惡業者，受拔舌之刑。經

歷這一連串的審判和懲罰之後,再根據閻羅王的命令投生六道。惡業太重者變成餓鬼,長受飢渴之苦,唯有出家人在如法舉行的儀式中所施的飲食才能減緩其苦。這種信仰輕易地結合中國傳統的無祀孤魂信仰,致使普度眾生的慈悲儀式轉變為佛教的薦亡法會。雖然沒有人願意相信已故的親人變成餓鬼,但總是不能排除這種可能性。即便不是,布施護持這種法會也永遠都會產生大量功德,可以迴向先亡親眷,幫助他們往生善趣,也能為自己帶來現世福報,享有健康、財富與長壽。因此,這些儀式在中國一向很盛行。

　　天台大師遵式積極展開反對以血祀和酒來祭祖的運動。他根據不空(705－774)所譯的密教經典《救拔焰口餓鬼陀羅尼經》,創制施食餓鬼的儀軌。施食的緣起是阿難遇見一餓鬼,名叫「面燃」(又稱「燄口」),餓鬼說阿難三天後壽命將盡,死後投生為餓鬼。阿難大為驚怖,隔天早晨立即向佛陀求救,佛陀教以施食餓鬼之法。依循儀軌供養的食物變成神妙甘露,享用者將可轉化成佛。遵式提倡每天舉行精簡版的施食儀,念誦經中所載神咒,以度脫可能已往生餓鬼道的祖先,以及其他孤魂野鬼。雖然這個儀式聲稱承襲佛經,而且最初於十一世紀由遵式制定,但今天舉辦的施食法會是根據袾宏在 1606 年撰寫的儀軌。人們相信施食是救度先亡親眷出地獄最有效的方法,這種儀式一直很流行。

　　袾宏的儀軌提供指示,說明金剛上師應如何進行三重

禮儀。此儀式以結手印、誦咒、觀想，展現身、口、意三業
相應，也就是「三密」。

觀音、地藏二菩薩出現在儀式程序中的關鍵時刻。主
法的金剛上師透過觀想與觀音合一時，是整個儀式的高潮。
今天僧人所用的儀軌手冊，是袾宏所作儀軌的精簡版，在
他身後約一百年修訂而成。整個儀式過程複雜，需要高度
專注。

儀式一開始，餓鬼面燃大士像安置在聖壇上，面對法
會僧眾，大眾在壇前持誦〈大悲咒〉及觀音讚。金剛上師在
「五方結界」及奉請五方佛之後，旋即祈請觀音菩薩，此時
主法和尚結「觀音禪定印」，藉此進入觀音三昧。整場法事
的主要行儀皆由金剛上師代表觀音執行。法會最精彩的部分
是金剛上師結「破地獄印」，他觀想三道紅光分別從自己的
口、手、心散發出去，照破地獄之門。這三道光象徵三股力
量，可以消滅地獄眾生所造的身、口、意三業之罪。此時，
金剛上師奉請地藏菩薩協助亡者前來接受供養。金剛上師以
一連串手印，完成這段儀式。應邀赴會的餓鬼藉由「懺悔滅
罪印」的助力完成懺悔之後，主法和尚結「施甘露印」，
將淨水化為甘露，接著結「開咽喉印」，讓餓鬼眾生得飲
甘露，同時觀想左手持一朵青蓮花，從中流出甘露讓餓鬼
飲用。

水陸法會也是現今普遍舉辦的另一種主要超度儀式，

內容包括誦經和禮懺，整個法會在施食亡靈之後圓滿。舉辦這兩種儀式爲寺院帶來收入，是二十世紀僧眾維持生計的主要來源。佛教所有超度儀式中，水陸法會最隆重盛大，歷時七日。1934 年，佛教高僧法舫（1904－1951）痛陳中國寺院偏重經懺佛事的情況：「走偏全中國的寺廟，好像三門上都還是掛著一塊某某禪寺的匾額，裡面的禪堂，卻都變成經懺堂、水陸內壇，所住的禪和子，都變成經懺師。」❿許多佛教領袖批評此類儀式的商業化。爲了改變人們對佛教只關心死亡的看法，太虛（1890－1947）首創「人生佛教」一詞，強調在六道輪迴中，佛教關心的是生存於人道的人類。當代人間佛教起源於太虛對超度儀式的重新評價。

今日水陸法會採用的儀軌，是袾宏根據當時所用的文本修訂而成的。這個儀式並非根據佛經，而是源於一個創制傳說。根據袾宏所述，最早的水陸儀文由篤信佛教的梁武帝（502－549 年在位）創制。公元前三世紀，秦國將軍白起曾坑殺四十萬人，因爲罪孽深重，死後被打入無間地獄，永無出期。他向武帝托夢求助，武帝與寶誌大師（425－514）商議救拔之策，大師根據藏經中的相關經典編纂儀文，完成之後，武帝祈求瑞徵，結果整個殿堂大放光明，他認爲這表示此儀文獲得諸佛菩薩認可。這個儀式就這樣流傳下來。

儘管有此老套的神話起源，但水陸法會可能起於晚

法鼓山於 2007 年首度舉辦「大悲心水陸法會」，結合藝術、科技、人文、
環保等新時代精神，約近八萬人次參與。（李東陽攝）

唐，而在宋代開始流行，當時皇室為其祖先舉辦水陸。元、
明兩代的水陸法會是為了統治者家族而舉辦的。到了袾宏那
個時代，水陸法會已經非常盛行，因此他認為有必要修訂水
陸儀文。水陸法會是隆重盛大、普度群靈的齋會，受邀赴此
勝會的「賓客」名單，讓中國人的來世觀一覽無遺，其中不
僅有諸佛菩薩，還有道教神祇、民間信奉的山神河神、泰山
府君和其他地府冥官、人間的地神、穀神、風神和雨神也都
包括在內。法會召請的冥間亡靈代表社會各階層，包括帝王
將相，還有儒士、商賈、農民、工匠、士兵，以及佛僧、道

士。顧名思義，一切水陸亡靈都會得到精神救度和物質濟
助，因此，即使是自盡者、難產而死的婦女、及流產夭折的
胎兒都在邀請之列。儀文中提及的受邀群靈描繪在名為「水
陸畫」的卷軸中，法會進行期間垂掛於寺院牆上。

大悲懺

　　當今所有寺院最常舉辦的佛教儀式無疑是大悲懺。大
悲，意指千手千眼觀音，是一部同名密教經典中的主要形
象，大悲懺儀和這尊菩薩有關。這個儀式是慶祝觀音「聖
誕」法會中不可或缺的一環，分別於三聖日舉辦（農曆二月
十九、六月十九及九月十九日），大多數寺廟也全年定期
舉行。

　　懺悔，是佛教徒宗教生活中非常重要的一部分。早
在律藏結集於印度的時代，就舉行「布薩」，也就是誦
戒儀式。僧眾於每月初一、十五集會，聆聽波羅提木叉
（*prātimokṣa*，比丘應持守的二百五十條戒）的念誦，凡有
犯戒者都必須在誦戒時面對大眾發露懺悔，然後依犯戒性
質與輕重得到寬恕，或是接受懲罰。夏安居結束時也進行發
露懺悔。中國也奉行誦戒儀式，但是根據袾宏所言，十六世
紀時這種情況已不復存在。他在自己的寺院恢復誦戒會，雖
然使用印度的範本，但加以擴充，除了比丘戒之外，還納入
在家居士戒、沙彌戒和菩薩戒。在誦戒會中，於全寺僧眾面

2020年法鼓山農禪寺舉辦梁皇寶懺法會，全程透過網路直播。（李東陽攝）

前依次誦出五戒、十戒、二百五十條具足戒，最後是十重四十八輕菩薩戒，若有違犯則懺悔，再重新受戒。此後在中國依然延續此作法。雖然在袾宏之前的時代寺院並沒有持續舉行誦戒會，但五、六世紀出現於中國的許多新懺悔儀式，卻可能受到誦戒會的啟發而創制。這些新懺儀與印度的懺悔模式有兩點不同。第一，儀文並非出自律藏，而是在家人所寫，最有名的是梁武帝所作的懺儀。現今寺院經常舉辦梁皇寶懺，尤其是在與中元節有關的農曆七月。第二個差別是儀文的內容，懺悔者不是發露特定的罪行，而是從總體上懺悔自己所有罪垢。貝弗利・福克・麥奎爾（Beverley Foulk

McGuire）寫道：「大多數懺文都是預先安排好的說詞，套語連篇：一開始悲嘆自身業障，接著陳述罪行總表，最後坦承已造諸罪。唯一的變化出現在修懺悔者於某些部分自稱姓名時。」❶這也是大悲懺的特徵。

　　大悲懺在寺院舉辦，在家信徒在僧眾的帶領下拜懺，他們發露罪業，尋求觀音護佑。北宋初年天台大師知禮（960－1028）創制大悲懺儀，採用的模式是第五章即將探討的天台宗創始人智顗（538－597）所創的禪觀行儀。對於這些思想家來說，禪修之前必須先懺悔，德行清淨是覺悟的先決條件。根據丹尼爾・史蒂文生所說，智顗的四種三昧，也就是一般認為能夠消除業障和導致覺悟的禪觀行法，以五世紀上半葉的懺儀和禪觀為基礎，也導致六世紀開始出現的信仰法門。天台儀式有幾種用途，可以融入寺院一日之中晨朝、日中、日沒、初夜、中夜、後夜等六時的日常修行活動，也可以由精進的大修行人在嚴淨的處所修習，剋期取證。更重要的是，這些儀式可以法會共修的形式舉辦，利益眾人，讓他們得到實質的保護和精神救助。前兩種修行方式有助於出家人，第三種作法對一般人有用。❷

　　四種三昧的區別在於所依據的經典、禪修時期的長短，以及禪修者不同的身體姿勢和動作，可以常坐、常行、半行半坐，或是非行非坐隨自意。四者之中，以法華三昧懺最為人所知，修習此懺者一半時間禪坐，另一半時間經行，

同時讀誦思惟《法華經》，如此修習二十一日。知禮即以法
華懺爲範本，創制大悲懺。

知禮和同時代的遵式一樣，熱誠修持天台懺儀，兩人
也甘願在修懺中承受身體上的痛苦。遵式在智顗圓寂紀念日
誓願盡形壽力行四種三昧，並且燃頂爲盟。❸ 1016 年，知
禮五十七歲時，發願修持法華懺三年，然後燃身供養《法華
經》，求生淨土。次年年初，他與其他十位僧人共同約定實
踐這項三年的修持。但當他準備自焚的計畫傳開後，很多人
懇請他打消原意，包括遵式、郡守，以及駙馬。最終他與那
十位僧人答應眾人的請求，當法華懺圓滿之後，他們又繼續
修持大悲懺三年，以代替原先燃身供養的計畫。雖然知禮
在眾人勸阻下並未實現最初的誓願，但據說他還是燃三指
供佛。

聖嚴禪師在臺北的主要道場農禪寺，每月舉辦兩場大
悲懺。我曾請教聖嚴法師爲何經常舉辦這項拜懺儀式，他回
答：「這是因爲中國人與觀音特別有緣。」中國、臺灣、香
港，以及海外華人社區的寺院也經常定期舉辦大悲懺。

1996 年我曾參加農禪寺舉辦的大悲懺法會，歷時約
兩小時。在一位稱爲「懺主」的主法法師和從旁協助的其
他僧眾帶領下，法會會眾唱誦摘錄自《千手千眼廣大圓滿
無礙大悲心陀羅尼經》的部分經文，這部經是伽梵達摩
（Bhagavadharma）於 650 至 660 年間譯出。整個法會經過

精心安排，是一次令人感動的經驗。悠揚的梵唄中不時出現輕快而抑揚頓挫的唱誦，法會進行的兩小時中經常有大力的肢體動作，會眾站立、問訊、禮拜，有時一次長跪達十分鐘之久。最精彩的部分是持誦〈大悲咒〉二十一遍和懺悔罪障。

　　臺灣和其他地區舉行的大悲懺使用清代（1644－1912）的懺本，這是根據知禮的大悲懺法簡化而成的版本。儀式的進行大致遵照知禮制定的順序，總共有十部分：一、嚴道場；二、淨三業；三、結界；四、修供養；五、請三寶諸天；六、讚歎申誠；七、作禮；八、發願持咒；九、懺悔；十、修觀行。知禮以《法華三昧懺》為範本，但是以「作禮」、「發願持咒」取代「行道旋繞」與「誦法華經」。

　　儀式一開始先三稱「南無大悲觀世音菩薩」，接著是爐香讚，然後會眾念一段白文，解釋舉行大悲懺的原由，隨後頂禮釋迦牟尼佛、阿彌陀佛、〈大悲咒〉、千手千眼觀音菩薩、大勢至菩薩、彌勒菩薩、文殊菩薩、普賢菩薩和其他諸大菩薩。大眾每稱念一聖號，即跪下頂禮一拜，知禮的名字也包括在內。接著誦念護世四王、江海神、河沼神、藥草樹林神、山神、地神、宮殿神、舍宅神等，代為禮敬三寶。頂禮完畢後，開始高聲唱誦《陀羅尼經》的關鍵經文：

　　若有比丘、比丘尼、優婆塞、優婆夷、童男、童女，欲
誦持者，於諸眾生，起慈悲心，先當從我發如是願：

南無大悲觀世音　　願我速知一切法
南無大悲觀世音　　願我早得智慧眼
南無大悲觀世音　　願我速度一切眾
南無大悲觀世音　　願我早得善方便
南無大悲觀世音　　願我速乘般若船
南無大悲觀世音　　願我早得越苦海
南無大悲觀世音　　願我速得戒定道
南無大悲觀世音　　願我早登涅槃山
南無大悲觀世音　　願我速會無為舍
南無大悲觀世音　　願我早同法性身
我若向刀山　　刀山自摧折
我若向火湯　　火湯自枯竭
我若向地獄　　地獄自消滅
我若向餓鬼　　餓鬼自飽滿
我若向修羅　　惡心自調伏
我若向畜生　　自得大智慧

　　隨後大眾稱念觀世音菩薩、阿彌陀佛名號各十遍，後
接另一段經文，描述觀音向佛陀表白所發之願：「若諸眾
生，誦持大悲神咒，墮三惡道者，我誓不成正覺；誦持大悲

神咒，若不生諸佛國者，我誓不成正覺；誦持大悲神咒，若不得無量三昧辯才者，我誓不成正覺；誦持大悲神咒，於現在生中一切所求，若不果遂者，不得為大悲心陀羅尼也。」而後全體會眾持誦〈大悲咒〉二十一遍。

　　誦咒完畢後，大眾長跪懺悔，念誦原本由知禮編寫的懺悔文。文中知禮首先闡明天台的一心教義：一心本自清淨，為諸佛與眾生所共有，然而人們受到無明的影響，產生錯誤見解與執著。他接著勸導大眾發露累世與今生可能已經犯下的一切罪業，又說明〈大悲咒〉的神妙之力，能夠滅除所有罪障。他進而教導大眾向說此神咒的千手千眼觀音尋求護佑，最後規勸大家求生彌陀淨土：

　　　　至心懺悔，弟子某甲等……於諸有中，無罪不造，十
　　　惡〔殺、盜、邪淫、妄語、兩舌、惡口、綺語、貪、瞋、
　　　邪見〕五逆〔殺父、殺母、殺阿羅漢、出佛身血、破和合
　　　僧〕，謗法謗人，破戒破齋，毀塔壞寺，偷僧祇物，污淨
　　　梵行，侵損常住飲食財物。……今遇大悲圓滿神咒，速能
　　　滅除如是罪障，故於今日，至心誦持，歸向觀世音菩薩及
　　　十方大師，發菩提心，修真言行。……惟願大悲觀世音菩
　　　薩摩訶薩，千手護持，千眼照見，令我等內外障緣寂滅，
　　　自他行願圓成，開本見知，制諸魔外，〔身口意〕三業精
　　　進，修淨土因，至捨此身，更無他趣，決定得生阿彌陀佛

1994 年法鼓山農禪寺舉辦大悲懺法會（出處：法鼓文化資料照片）

極樂世界。

　　發露懺悔後，大眾歸命禮敬三寶，最後禮讚釋迦牟尼佛、阿彌陀佛、〈大悲咒〉、千手千眼觀世音菩薩、大勢至菩薩和總持王菩薩，整個儀式圓滿結束。

　　在我參加的那場儀式中，懺文用詞典雅，梵唄旋律優美，是一次感人至深的體驗，難怪有人在誦讀懺悔文時感動落淚。那場法會也同時展現民眾的虔誠信仰，我看到佛壇後沿著牆壁排列著許多裝滿水的容器，這些大小不一的塑膠瓶罐都是與會信眾帶來，並打算在法會結束後帶回家的。有人

告訴我，這些水因為有法會加持的光明力量，成為有治病療效的「大悲水」——這樣的信仰可以追溯到十世紀，或甚至更早以前。自清代（十七世紀）以來，誦〈大悲咒〉和《心經》已成為中國寺院早晚課誦的一部分。大多數居士已將〈大悲咒〉牢記在心，能夠熟練自如的持誦——這是他們日常修持的一部分。

　　本章考察人們敬奉佛菩薩的各種方式，他們在佛菩薩像前祈願，以節日慶祝，也透過儀式尋求佛菩薩的保護和福佑。佛菩薩信仰建立在信徒個人與諸佛菩薩之間的關係上，這種關係能夠成立是因為中國人相信「感應」（「刺激和回應」或「交感共鳴」）。信徒祈求是啟動的刺激或觸發，如果足夠真誠，就會得到佛菩薩的回應。感應理論源於佛教傳入之前即已存在於中國的宇宙觀。如導論所述，天地萬物皆由「氣」構成；氣，也就是生命力，是指陰陽以及陰陽交互作用而形成的木、火、土、金、水五行。這是中國所有宗教共有的世界觀。由於人類與其他宇宙萬物具有相同本質，因此人與環境之間有可能相互交流。這種看法隱含於感應的概念中，在一世紀和二世紀佛教傳入中國時，成為一種信條。

　　中國本土的感應信條旋即應用於佛菩薩的運作方式。根據三論宗大師吉藏（將於第五章討論）的觀點，菩薩既能感化也能回應。天台宗以水月意象形容「感應妙」，這是與

稱名念佛有關的三十妙之一。大乘佛教認為一切眾生皆有佛性,諸佛菩薩與凡夫沒有本質上的區別,只是佛菩薩已覺悟,而凡夫眾生對實相的本性尚未達到同樣的體證。就這一點而言,佛教本體論與中國本土信仰是一致的。人,可與天、地合為三才,同樣也可以透過覺悟的體驗而成佛。因此,在佛菩薩信仰中,誠心和善業並重,相輔相成。對佛菩薩的敬奉讓信徒得解脫,也獲得世俗的利益。人們編撰感應故事,以證實不僅祈求佛菩薩很靈驗,讀誦《金剛經》、《法華經》和《華嚴經》也同樣有神效。對救度者和救度經典的信仰使佛教在中國生根。

據丹尼爾‧史蒂文生所言,南宋時期,大寺院多半都有供奉觀音和阿彌陀佛的殿堂,並有專為舉辦水陸法會和施食而設置的場地。寺院清規列出的年度法會行事曆通常與中國傳統的農曆月令和節慶一致,以便民眾可以在這些殿堂慶祝,其中包括大悲懺和放生。❶當佛菩薩信仰體制化時,相關儀式即成為人們生活的一部分。

■ 問題討論

1. 為什麼漢傳佛教鼓勵戒殺和放生？
2. 佛教超度儀式與中國祖先崇拜有什麼關係？
3. 目連是誰？他與中元節有何關聯？
4. 什麼是「感應」？這個概念如何用來論證佛教儀式的功效？
5. 懺悔在佛教徒的生活中有何功能？為什麼大悲懺是當今最受歡迎的儀式？

■ 延伸閱讀

Getz, Daniel A., Jr. 高澤民 "T'ien-t'ai Pure Land Societies and the Creation of the Pure Land Patriarchate." In *Buddhism in the Sung*, edited by Peter N. Gregory and Daniel A. Getz Jr., 477–523. Honolulu: University of Hawai'i Press, 1999.

Stevenson, Daniel B. "Protocols of Power: Tz'u-yün Tsun-shih (964–1032) and T'ian-t'ai Lay Buddhist Ritual in the Sung." In *Buddhism in the Sung*, edited by Peter N. Gregory and Daniel A. Getz Jr., 340 – 408. Honolulu: University of Hawai'i Press, 1999.

Teiser, Stephen F. 太史文 *The Ghost Festival in Medieval China*. Princeton, NJ: Princeton University Press, 1988.

——. *The Scripture on the Ten Kings and the Making of Purgatory in Medieval Chinese Buddhism*. Honolulu: University of Hawai'i Press, 1994.

Yü, Chün-fang. 于君方 *The Renewal of Buddhism in China: Chu-hung and the Late Ming Synthesis*. New York: Columbia University Press, 1981. （方怡蓉譯，《漢傳佛教復興——雲棲袾宏及明末融合》，臺北：法鼓文化，2021年）

■ 註釋

❶ Kenneth K. S. Ch'en, *Buddhism in China: A Historical Survey* (Princeton, NJ: Princeton University Press, 1964), 281。參見蘇鶚，《杜陽雜編》卷下。

❷ Teiser, *The Ghost Festival in Medieval China*, 48。

❸ Teiser, *The Ghost Festival in Medieval China*, 50–52。參見《佛說盂蘭盆經》，CBETA, T16, no. 685, p. 779b12-23。

❹ Teiser, *The Ghost Festival in Medieval China*, 87。

❺ Stevenson, "Protocols of Power," 368。

❻ Yü, *The Renewal of Buddhism in China*, 79。參見于君方，《漢傳佛教復興》，頁 121-122。

❼ Yü, *The Renewal of Buddhism in China*, 80。參見于君方，《漢傳佛

教復興》，頁 122。

❽　Yü, *Kuan-yin*, 321。參見于君方，《觀音》，頁 354。

❾　Teiser, *The Scripture on the Ten Kings*。

❿　Yü, *The Renewal of Buddhism in China*, 149。參見于君方，《漢傳佛教復興》，頁 221。

⓫　Beverley Foulk McGuire, *Living Karma: The Religious Pratices of Ouyi Zhixu* (New York: Columbia University Press, 2014), 58。

⓬　Daniel B. Stevenson, "The T'ien-t'ai Four Forms of Samadhi and Late North-South Dynasties, Sui, and Early T'ang Buddhist Devotionalism," PhD diss., Columbia University, 1987, 350–354。

⓭　Stevenson, "Protocols of Power," 344。

⓮　Stevenson, "Protocols of Power," 390。

第四章
僧團

　　佛教傳入之前，中國人普遍認爲無論男女人人都應該結婚生子，否則無法傳宗接代，沒有後代子孫祭祀祖先，所以孟子說，不孝有三，無後爲大。因此，由獨身戒淫的僧尼組成的佛教僧團確實是一個劃時代的體制，挑戰與顚覆傳統社會秩序，難怪批評者心存懷疑。由於這個原因，寺院與寺中住眾在歷史上向來受國家監管控制，這和印度的情況形成鮮明對比。雖然我們不知道印度出家生活的細節，但根據戒律，進入僧團是個人的事，與國家無關，每座寺院也由其成員管理，不受世俗管轄。

　　佛教由外國傳教僧傳入中國。最初二百年間，僧團主要由外國僧侶和少數中國弟子組成。由於佛教被視爲外來宗教，僧團最初由負責外交事務的中央政府機關鴻臚寺管轄。寺，原指「官署」，佛教僧院稱爲「寺」，可能源於最初主管機關的名稱。寺院建築布局並未採用印度樣式，而是具有鮮明的中國風格。或許這是因爲早期寺院經常是由私人宅院

改建，但新建寺院則仿造世俗的官舍而成。

　　漢傳佛寺為木造，易遭祝融。目前現存最古老的木構建築是位於五台山的佛光寺，大殿重建於 857 年，而我們今天看到的大多數寺院始建於最近幾世紀。由於歷史和地域差異，沒有標準的佛教寺院，不過，仍然可以概要描述。佛寺主建築是佛塔和大殿。如前所述，佛塔供奉禮敬的對象是佛舍利。在中國，佛塔是多層樓閣的建築物，又稱寶塔。

　　許多佛塔的層面（façade）展示佛菩薩雕像，形成某位學者所謂的「聖像建築」。❶佛塔位於寺院中庭或僧房院落附近，將這些地點標示為聖地。大殿通常安奉三尊大型坐

山西省五台山佛光寺為現存最古老的木構建築的漢傳佛寺（出處：法鼓文化資料照片）

像，釋迦牟尼佛總是居中，兩
側是過去佛和未來佛，也有可
能是阿彌陀佛和藥師佛。其
他可能的安排是中奉阿彌陀
佛，觀音菩薩和大勢至菩薩分
列兩側，或以毘盧遮那佛為中
尊，兩側是文殊和普賢，前者
稱為「西方三聖」，後者稱為
「華嚴三聖」。此外，也可能
有個別殿堂單獨供奉觀音、文
殊或地藏等大菩薩。寺院所
有大會堂皆稱為「殿」，這個
詞也用以指稱皇宮或官舍的
廳堂。

山西省五台山佛光寺祖師塔（出
處：法鼓文化資料照片）

　　到了四世紀，佛教在中國落地生根。佛教提出新的宇
宙觀和世界觀，引進令人崇敬的新神祇和靈驗的儀式，提供
新的生活型態和宗教修行方式。主要城市和鄉間皆已建立寺
院和小廟，削髮披緇的僧尼與一般民眾周旋往來，佛教吸引
的信徒遍及社會各階層。然而，佛教順利發展的同時，也遭
遇阻力和迫害。佛教徒必須捍衛自己的宗教，抵禦儒家官員
的批評。此外，由於佛、道二教皆依賴國家護持，雙方之間
的激烈爭論形成獨特的護教文學體裁。早在四、五世紀就開

始出現批評和反駁，這樣的爭辯在後來數世紀中不時重新出現，從未完全消失。

反佛教的論點有四種：

一、政治論點：僧尼的行動違背社會習俗，危害國家的穩定與繁榮。

二、經濟論點：僧尼不從事農耕紡織，不事生產，對社會沒有用處。由於他們不納賦稅，免除徭役，其實是國家的負擔。

三、道德論點：僧尼遁世離群，終生獨身戒淫，違反儒家五種基本人倫關係：事君以忠、孝順父母、夫妻和睦、兄友弟恭、朋友有信等美德。在五倫中，批評者特別關注父子關係，由於僧人獨身不婚，所以是不孝子。

四、沙文主義論點：佛陀是「蠻夷」，佛教是外來宗教。古聖先賢未曾提及佛教，也許適合未開化的外國人，但不適合中國人。

佛教的反駁：

一、僧團為國家帶來長治久安。或許有個別僧侶行為不當，但僧團整體不應該受到譴責。

二、僧尼並非無用，只是他們的用處不屬於凡俗世間。

三、基本上佛教與儒教沒有差別，五戒相當於仁、義、禮、智、信五德。佛陀並非不孝，因為他在成道後勸化

他的父親。

四、從阿育王時代開始，佛教在中國一向為人所知。因此，不能說佛教只適合蠻夷。

最後這項反駁引發廣泛爭論。佛教護教人士運用八萬四千座阿育王佛塔的傳說，證明佛教在公元前三世紀就已為人所知。另一方面，有些作者徹底推翻佛教是外來宗教的指責，聲稱佛教其實是老子教義的印度版本，於是導致老子西去印度勸化蠻夷的傳說。如導論所言，這也造成 300 年左右一位道士撰述備受爭議的《老子化胡經》，其後諸道士在與佛教徒的辯論中引用這部著作。雖然唐代和元代都曾多次頒布詔令，禁止此書流通，但直到 1285 年，在元代蒙古人統治期間，此書的刻板才悉數銷毀。

雖然基於政治和經濟理由的批評經常被用來反對佛教，但不孝才是最嚴重的指控。因此，佛教護教者將大部分心力投注於這個問題的辯護。慧遠是第一位真正的護教者，他認為有兩種佛教徒：居士和僧尼，前者應當盡忠盡孝，後者則不然。他主張「出家則是方外之賓。……變俗則服章不得與世典同禮」❷。基於同樣的推論，慧遠引證印度的習俗，撰寫一篇著名的論文，主張僧侶不必向君主禮拜。但是由於文化和歷史傳統的差異，這種印度僧侶的模式無法應用於中國的現實狀況；在中國，僧團從未脫離國家而獨立存在。

　　與慧遠同時代的孫綽（大約 300－380 年）以不同的辯護方式，反駁不孝的指責。他認為佛教徒實踐的孝道更為可貴，❸因為父子同氣，如果兒子成佛，父親亦能獲益，這才是孝道的最高境界。後世的護教者多半結合這兩種論證方式，首先區分在家居士和僧人應盡何種孝道，接著主張佛教盡孝的方式境界更高，更為妥善。他們對比儒、釋二教的孝道：前者認為孝是奉養父母，傳宗接代，後者則以積功累德、修行開悟為孝道。中峰明本禪師（1263－1323）在〈警孝〉一文中詳細闡述這些論點，最後得出結論：佛教出家人實際上是真正的孝子。

　　天下父母之於子，既養之，復愛之，故聖賢教之以孝。夫孝者，効也。効其所養，而報之以養；効其所愛，而報之以愛。……然養之之道有二，愛之之道亦有二焉。食以膏粱，衣以裘葛，養之在色身也；律以清禁，修以福善，養之在法性也。色身之養，順人倫也；法性之養，契天理也。二者雖聖賢不可得兼，蓋在家出家之異也。且在家不為色身之養，不孝也；出家不為法性之養，亦不孝也。是謂養之道二焉。昏而定，晨而省，不敢斯須去左右者，乃有形之愛也；行而參，坐而究，誓盡形畢命以造乎道，而欲報資恩有者，乃無形之愛也。……道即孝也，孝即道也。❹

　　除了高僧的著述之外，撰著於唐代的幾部本土佛經也據理力爭。這些經典頌讚佛陀宿世的孝行，並且描述他對父母的非凡奉獻和自我犧牲。《佛報父母恩德經》、《父母恩重經》廣為流傳，經中一些場景也雕刻在佛教石窟寺和四川寶頂山等朝聖地。

　　反佛教的言論在漢傳佛教史上一直是暗潮洶湧，不時爆發為反對僧團的積極運動，446 年北魏武帝、574 至 577 年北周武宗，以及 845 年唐武宗的三次法難就是如此。國家很早即開始監管僧團，控制寺院的種類和數量，以及僧尼的資格和人數。在整個中國歷史上，佛教與國家的關係一直是密切卻又矛盾的。國家依賴僧團的福佑，但同時又加以監管控制；僧團依賴國家的護持，同時遭到國家監督。

國家對寺院的控制

　　佛教寺院千差萬別，有些位於城市，有些在鄉間，還有些在山林裡。有些寺院規模龐大，有土地和果園，容納數百或甚至數千僧眾；其他是小廟，沒有寺產，只靠幾名僧尼維持。有幾種方法可以建立寺院，最有名望的寺院由皇親國戚和富豪出資建造，通常由僧侶發起，信徒護持；也有可能是當地村民集資，為提供宗教祈福和法會儀式的僧人蓋廟。寺院無論大小、地點或始建者，皆依照三個類別區分。第一是根據寺院是否有御賜匾額？第二取決於寺院是十方叢林，

還是私廟?第三是寺院的主要活動和功能。自宋代以來,這些類別即已建立。

御匾是有皇帝御筆親書寺名的牌匾,這證明該寺的威望和合法性。這樣的寺院不僅享有國家護持,發生法難時也能倖免於難,所以寺院住持在地方官員和文人士子等護持者的協助下,殷切尋求這種皇恩。

寺院分為兩種類型:公有和私有。一座寺院之所以稱為公有寺院而非私廟,標準在於選出住持的方式。公有寺院稱為「十方叢林」,因為不是單一子孫廟。所謂「子孫廟」,是指接受同一位法師剃度的所有僧人。私廟仿效家庭結構,披剃的僧人稱剃度法師為「師父」,剃度師的師父稱為「師公」,而接受同一位法師剃度的其他僧人則稱為「師兄弟」。如同家庭制度,財產父子相傳,留在同一家族中,私廟的財產也歸子孫廟所有,方丈之位則由師父傳給剃度弟子。

十方叢林則不同,寺產屬於僧伽全體,住眾的剃度師並非住持,如果住持有意接受一個在家人成為僧團的一員,會先送去其他寺院剃度。換句話說,公有寺院所有僧眾都在別處披剃,而不是由本寺方丈擔任剃度師。最重要的是,方丈一職必須透過僧團的共識,推選一位公認領導能力與名望兼備的長老比丘出任。當住持出缺時,地方官員、文人和鄰近叢林的住持會推舉合格的候選人,而最後從中選定並且予

以任命的通常是巡撫或知府。

　　最後，十方叢林根據其專業領域分為禪、教、律三類。禪宗的發展在宋代達到巔峰，因此禪寺最負盛名；專研天台、華嚴教義的寺院是教寺；專精戒律的寺院稱為律寺，但名符其實的律寺存在時間不長，後來轉變為禪寺。明代開國皇帝太祖（1368－1398年在位）取消律寺這個類別，取而代之的是專門從事宗教儀式的寺院，此時修訂後的分類是禪（禪修）、講（經教）、教（實踐教導）。其中「講」即是宋代的「教」，意指強調經教研究的寺院。「教」這個用語不再適用於專研經教的寺院，而是用以指稱專門舉辦法會儀式的寺院，這是一個不同的新類別，是明代的第三類公有寺院。有時這類寺院也稱為「瑜伽寺」，專精誦經拜懺，這些僧人除了在寺院舉辦法會，也會前往信徒家中主持喪葬儀式和祈求長生、早脫病苦等儀式。現代的佛教改革者將僧尼道德與精神紀律的廢弛歸咎於這些活動的商業化。

　　太祖的法令顯然沒有切實執行，因為大多數寺院自稱為禪寺。但這並不表示寺僧專事禪修，壁壘分明的宗派主義向來不是漢傳佛教的特色，這點和日本佛教不同。「教宗天台、華嚴，行歸禪宗、淨土」，這句俗諺貼切地刻劃佛教在中國的情況。一個人可以研習天台或華嚴，卻同時修禪或念佛。禪修可以結合經教，而且如第七章即將討論的內容，禪、淨也同樣並行不悖。同一所寺院中，禪堂和念佛堂可以

並存。

中國從前有多少寺院？過去有零星的統計。例如，根據《洛陽伽藍記》（547 年編撰），在四世紀初兩晉年間（265 － 420）有四十二座寺院，到了北魏，寺院數量暴增至一千三百六十七所。這些數字僅指大型寺院，唐僧法琳（572 － 640）提供更詳細的紀錄，他區分寺院的根據是其資金來源，這也顯示各寺院不同的規模和功能。據他所述，北魏時期有國家大寺四十七所，王公貴族建寺八百三十九所，平民百姓造寺三萬所。❺顯然民間建於村落的小廟數量，遠遠超過得到朝廷和王公貴族資助、位於首都和城市的寺院。不論規模大小和住眾人數，凡是僧人居住之所皆可稱為寺、廟、蘭若，或精舍。

佛教的命運與帝王個人的愛好和國家政策的變化密切相關。當皇帝和皇親國戚偏愛佛教時，寺院數量和僧尼人數增加，但當佛教遭遇法難時，兩者皆減少，這時，受害的主要是住眾很少的小廟，從 845 年會昌法難的紀錄可以明顯看出這一點：「其天下所拆寺四千六百餘所，還俗僧尼二十六萬五百人，收充兩稅戶，拆招堤、蘭若四萬餘所。」❻人口普查顯示，大多數還俗的僧尼原住於被拆毀的四萬所小寺廟，因此每座寺廟可能只有兩、三名僧人。

謝和耐（Jacques Gernet）運用各種人口普查資料，提供自四世紀到 1291 年寺院和僧尼數量的統計數據。他說：

「經過相去甚遠的不同時期，大、小佛教道場的總數幾乎維持不變：六世紀中葉在三、四萬之間，845 年有四萬四千六百所，更晚的 1291 年有四萬兩千三百一十八所。」❼他的結論是直到十三世紀，大小寺院的數量都相當穩定，大寺院達到四、五千座，小廟則有三、四萬所。大寺院有數千僧人，但「一般寺院最多只有二十至五十位出家人」。由於小道場占大多數，佛教很容易融入平民百姓的日常生活。但正是因為佛教對社會的影響，國家一向關注佛教的監管。

佛教團體

佛教團體由八種人組成：男、女在家居士、男、女行者、沙彌、沙彌尼、比丘、比丘尼。前兩種人男婚女嫁，過著世俗生活，其他六種人「出家」，過獨身戒淫的集體生活。國家不涉及個人成為在家居士的決定，然而，按照佛教的規定，在家信徒必須皈依佛、法、僧三寶，受持不殺生、偷盜、妄語、邪淫、飲酒等五戒。但是，六種僧眾除了三皈、五戒之外，還必須符合國家制定的某些規定。想要成為行者，必須取得父母許可。如有以下任一情況，則駁回行者資格的申請：男子未滿十九歲，女子未滿十四歲，以前曾經加入僧團而後還俗，曾犯某種罪行，身為避罪逃亡者，或是家中沒有已成年的子孫。

行者無論男女，一律住在寺院，但尚未落髮。他們會

在寺中研讀經典，同時分擔寺內的出坡作務，但是不能免除賦稅和徭役，當他們取得官方頒發的度牒並剃度以後，才有資格以沙彌、沙彌尼、比丘、比丘尼的身分，享受這種特權。度牒等於是出家人的身分證明。國家透過度牒核發的數量，控制僧尼人數。獲得出家資格有三種方式：應試合格（試經），經過皇帝特別恩許（特恩），或透過購買度牒（進納）。不同朝代採取不同考核形式，在唐代，男性必須具備誦《法華經》等經典一百五十頁的能力，女性必須能誦一百頁；五代期間（907－960），行者必須通過五科考試：講經、禪定、持念、文章、議論。

在宋代，考試型態再次改變，男性行者必須誦經一百頁，讀經五百頁，女性行者必須誦經七十頁，讀經三百頁。有趣的是，考場設在官署，由政府官員進行考試，而不是在寺院由僧侶主持。❽

行者也可以不經由應試，而憑藉皇恩或透過購買，取得度牒。皇帝可以在自己的誕生節日、巡幸新建寺院，或御賜寺區時授予度牒。國家販售度牒，最初是為了因應平定755－763年間的安史之亂所造成的財政需求，但在宋代以後，經常採用這種作法的情況與日俱增。

行者受出家戒，成為沙彌或沙彌尼，由一位比丘或比丘尼擔任剃度師，剃除鬚髮。除了五戒之外，沙彌（尼）必須遵守另外五條戒：不以香花鬘莊嚴其身，不坐臥高廣

大床，不歌舞倡伎，不蓄財物，以及過午不食。有些沙彌
（尼）後來接著受具足戒，成爲比丘或比丘尼，但大多數仍
維持沙彌（尼）的身分。方丈、學問僧、禪師，一律都是受
具足戒的比丘。受具足戒的僧尼受持更多戒律，比丘是二百
五十條戒，比丘尼則有三百五十條戒。比丘、比丘尼還有另
一項差別：沙彌受具足戒，需要透過符合資格的十位比丘，
但沙彌尼受具足戒，必須經過二部受戒，也就是依照規定先
在合格的比丘尼十人僧中受戒，再於比丘十人僧中受戒。

　　國家有時會禁止建造或修復沒有敕額的寺院，藉此限
制寺院的數量。法難時期，寺院遭到徹底摧毀。由於僧尼免
除賦稅徭役，因此限制僧尼人數的法令是基於經濟因素。國
家控制僧團的另一項措施是設立僧官，也就是由國家任命僧
人監督管理僧團，這是世俗國家將僧團官僚化最明顯的例
子。僧官制度歷史悠久，傳統上將此制度的建立歸功於後秦
（384－417）姚興。唐代以前官僚化的程度比較低，佛教
僧團仍享有一些自治權。除了謀殺等重大罪行之外，僧人僅
受僧官審判，而僧官量刑的依據不是國法，而是僧團的律
法。到了唐代發生重大變化：此時僧團的監督者是由國家任
命的僧官，而不是寺院的方丈。僧官制度的設置主要是爲了
便於官僚掌控。僧人與全體人民隔離開來，尤其嚴禁與朝廷
官員有任何接觸。如果這套制度的運作符合其創制者的意
圖，僧官即擔任管理全國僧尼的行政官員，朝廷只需問責僧

官，便可藉此嚴密監視所有出家人。同時，秉持正統儒家觀念的政府官員可以受到保護，以免與一般僧人頻繁接觸而可能遭到不良影響。

後續各朝代沿用僧官制度，但其數量、職稱和職責有所變化。儘管官方權威的介入不斷擴大，但矛盾的是，僧官並沒有實質行政權。正如度牒的販售，僧官的官職也可以買賣。名剎住持的權力與威望通常遠勝於僧官，然而，諸如巡撫、總兵或知府等地方官員，在遴選方丈和管理寺院事務方面發揮很大的影響力。

隨著二十世紀初清朝滅亡，上述的傳統控制措施不再實行。然而，國家對僧團的監視未曾停止。位於臺灣的中華民國和中國大陸的中華人民共和國都有管理僧團事務的法律。但是，雖然政府採取許多措施以監管控制僧團，卻無法將它限制在一個個別獨立的領域，因為它已經成為整個社會不可或缺的一部分。

進入僧團，出家為僧

為什麼一個人會決定出家？出家會經歷什麼訓練？出家受戒是怎麼樣的過程？我們有幸得見當代一位比丘根據親身經歷寫下的見聞錄。❾ 1922 年真華出生於河南省劉姓人家。在他出生之前，家道已開始衰落。他出生於農曆二月十五日佛涅槃日，在家中六個孩子中排行老么，上有四個哥

哥，一個姊姊。一位盲人算命先生說他出生就該餓死。爲了避免這種厄運，他的祖母去泰山禪院朝山，進香發願，祈求他平安無事，另外也花了不少錢請算命先生幫他改運。雖然他最終沒有餓死，但不久劉家就莫名其妙遭逢接二連三的變故。

　　四歲那年，他一連失去八位親人，他的祖父和伯父在一個月內相繼逝世，隨後年齡介於六歲至十五歲的四個哥哥和一個姊姊也一一夭折。最後，他母親自縊身亡。他父親離家從軍，把年幼的他交給祖母撫養。眞華與祖母相依爲命，窮困度日，直到十四歲那年祖母也撒手人寰。隨著祖母的去世，他孑然無依。此時，一位好心的陳大娘伸出援手，她的職業是接生婆，與泰山禪院的僧人素來友好，她建議眞華最好到那裡做僧人的徒弟，強調他會有好日子過。於是，他在1936年穿著陳大娘做的一套新衣服，扛著一顆超過九公斤的大西瓜做爲供品，隨她前往泰山禪院。

　　從眞華這個實例看來，對孤苦無依的窮孩子來說，成爲僧人的弟子顯然是一種謀生方式。同樣顯而易見的是，包括他的師父在內，似乎沒有人意識到剃度在宗教上的重要意義。在沒有正式儀式的情況下，他隨即被剃光頭髮，卻沒有被要求受三皈或十戒，雖然這兩者是成爲行者的標準規定。眞華稱泰山禪院爲「小廟」，意即只有少數住眾的私廟。他的故事與高僧傳或佛教史傳呈現的理想情景不同，描述的是

一般僧眾的出家生涯。無論在過去或現代，大概總有一些人像真華一樣，進入僧團不是因為宗教信仰，而是為了生存，迫不得已。僧團，確實是提供庇護的皈依處。正因為如此，僧團成員可能良莠不齊、淨穢淆雜。真華喜歡引用的一句俗語，貼切地描述這種情況：「寺院是一個龍蛇混雜的所在。」然而，真華本人即是最有力的明證，出家修行的訓練讓他脫胎換骨，成為熱誠宣揚佛教之人。他的經歷或許比其他人更具戲劇性，但並不是特例。

雖然真華的師父對佛法所知不多，但仍然安排他到各叢林參學受訓，並且受戒為僧。「出家」和剃度是簡單的事，然而受戒卻是莊嚴的儀式。一個人可以選擇在小廟落髮，但必須前往特定的十方叢林受戒，而這些叢林皆位於中國南方，其中以寶華山最為著名。1911 年以前，在傳統中國舉辦傳戒儀式的頻率，以及受戒人數，皆由朝廷決定。只有如法受戒者才能獲得度牒，這種證書如同文憑或身分證，賦予持有人威望和特權。傳統上，已受戒的僧人可以免除服兵役、納稅和服勞役的義務，也可以在任何寺院掛單，但必須先向知客僧出示度牒。

寶華寺以戒期長和訓練嚴苛聞名。舉行傳戒法會，目的在於訓練僧尼佛事唱誦和威儀，灌輸他們出家戒律的正知見，以及養成出家人莊嚴、得體的舉止。在漢傳佛教傳統中，受戒包含三部分，先受沙彌十戒，再受比丘二百五十

戒，最後受菩薩五十八戒。尉遲酣（Holmes Welch）採訪與
眞華同一代的僧人，對於寶華寺戒期中整個訓練過程有詳細
的描述。光是讀到受戒者在戒期頭兩週必須學習的內容，即
可感受這項任務有多麼艱鉅：「在最初兩週裡，即將成爲僧
尼的人，也就是準備受具足戒的戒子，學習如何吃飯，如何
穿衣，睡覺時如何躺臥，如何整理床鋪，如何收拾行李，如
何站立和行走，如何進入大殿，如何移交職務（例如擔任禪
堂的執事僧）等等。」❿

　　眞華談到做早課時吃的苦頭，以及長時間跪在石板道
受戒的經歷。他將受戒三階段的特色歸納如下：「跪沙彌，
打比丘，火燒菩薩頭。」最後一項是指戒子受戒圓滿之後，
在頭頂燃艾草，燒出白色的圓形小疤痕，稱爲戒疤或香疤。
戒疤數量從三個、九個到十二個不等，垂直排列於頭頂。這
種作法在印度並不存在，而是宋代之後才興起於中國。根據
尉遲酣的一位受訪者所言，起初這是供養佛陀的一種方式，
相當於燃指。⓫現在這已成爲受戒不可或缺的一部分。雖然
燒戒疤很痛苦，但是對於眞華來說，相較於長跪，根本是小
巫見大巫。

　　以我個人親身所體驗到的「跪、打、燒」三種滋味，
最難忍受的不是「打」和「燒」而是「跪」。什麼道理
呢？因爲「打」和「燒」爲時都很短，同時「燒」只是

一次,「打」也不會天天挨,而「跪」卻是戒期中的常
課。我這樣說,也許有人認為我的話出了毛病:「你剛
才說跪沙彌,怎麼一眨眼你又說『跪』是常課呢?」所謂
「跪沙彌」只是偏重之詞,受比丘戒,菩薩戒仍是照跪不
誤⋯⋯。想想看,在一個冰天凍地、北風如刀的嚴冬,合
掌跪在大殿前丹墀裡的麻石板上,一次最少兩個小時,等
到佛事完畢⋯⋯。⓬

　　眞華在人生不同時期參學朝聖、禪修,也擔任過執事
僧,最終在晚年成爲臺灣一所尼眾佛學院的院長。雖然他在
迫不得已的情況下出家,在這一期生命告終之時卻是一位眾
所敬重的法師。這可以做爲一個比丘修行生涯的個案研究。

僧團與社會

　　如前所述,在家居士也是佛教團體的成員。但是,僧
尼不僅與在家居士關係密切,也和社會各階層人士有所往
來,上自帝王,下至平民百姓。僧俗雙方彼此互惠,僧人將
佛法布施給世人,而世人以物資供養僧團。這種交換背後的
推動力是做功德的概念。由於人們深信積累功德,因此樂於
護持僧團。理論上,一個人只要有任何虔誠的行為,例如提
供食物給乞丐或幫助病人,皆能積功造福。但實際上,想要
積功累德,萬無一失的作法主要是供養僧眾、舉行齋會、捐

助建寺,或鑄造佛菩薩像。功德可以被視爲一種精神貨幣,在今生和來世爲自己、父母以及歷代祖先造福。出家人稱爲「功德福田」,這是因爲人們推定僧尼戒行清淨,猶如良田,必定會產生所期望的福報。

印度佛教僧團的模式,在中國發生性質和功能上的變化。與印度不同,漢傳佛教僧尼不乞食,因爲在中國從來沒有這樣的宗教傳統。因爲這個緣故,僧團仰賴在家信徒的護持,不僅是食物、僧服和其他日常生活必需品,還包括建造寺院、鑄造聖像和捐贈土地。雖然戒律禁止僧人耕種,因爲難免傷及蜎飛蠕動之類,但中國的僧人確實從事農耕。寺院的田產開發於皇帝賞賜或豪門大戶捐贈的土地上。從早期開始,民間就組成宗教團體,集資起造佛塔、塑造或鑄造佛菩薩像。

僧團並非被動接受在家信徒的護持,除了佛教對中國民眾精神生活的貢獻之外,寺院和僧尼在人民的經濟和社會生活中也發揮重要作用。如前一章所述,佛教儀式直接影響人們的宗教生活。以下探討僧團的經濟和社會活動。

經濟活動

根據日本求法僧的見聞錄和敦煌藏經洞中發現的文獻,我們掌握唐代僧團的各種商業活動。[13]這些活動包括經營水磨坊和榨油房,將部分寺院建築用做旅舍、當舖、倉房

和銀行，並以地主的身分管理寺院土地。這些磨坊、榨油房、寺院和土地或由信徒捐贈，或用信徒提供的資金購置，歸僧團集體共有。透過對這些設施和房地產的有效運用，僧團孳生收益，以支持寺院各項活動。

水磨坊碾除穀殼，榨油房榨取大麻籽油，這都是人們日常生活中不可或缺的。僧團將設備出租給平常人家，由他們實際運作，但僧團負責維修。磨坊和榨油房提供僧團自用的米穀和食用油，但由於平民百姓付費租用這些機器，所以為僧團帶來可觀的收入。

唐代寺院設置無盡藏，做為倉庫、當舖和銀行之用。中國自五世紀以來就有這種儲藏室，最初用來存放禮器、手抄本、食物，和信徒供養寺院的物品和捐贈。唐代寺院經營磨坊、油坊，擁有大批土地，因此擁有的物資超過實際所需。根據戒律，僧團可以出售過剩之物以獲取利潤，然後將所得收入用於建造或修葺寺廟和佛塔。由於這些多餘物品被稱為無窮無盡的財寶，因此其儲存區名為「無盡藏」。隨著時間的推移，這些無盡藏的功能逐漸擴大，可充當保險庫，讓僧團以外的人士寄放貴重物品；也可做為當舖，讓人們典當貴重物品，換取現金。根據敦煌發現的文獻，寺院借貸金錢、布匹或穀物給上層階級人士和農民，徵收利息。根據借方的社會地位，以及和寺院的關係，而有不同的待遇。對於上層階級的借方而言，「通常是長期貸款或借貸織物，需要

某種擔保和支付利息。若借方是與寺院無關的農民，通常是短期借貸穀物，有時年利率高達百分之五十，以實物支付。然而，如果借方是隸屬於寺院的農民，則享有特殊待遇，可以無息借貸穀物。」❶寺院借貸財物，收取利息，幾乎像現代銀行一樣的運作。寺院以受贈的錢財和土地為資本，進一步從借貸和租金中獲取利息。由於佛教寺院有效運用資本與累積利息，致使有些學者主張，僧團這種經濟活動預示現代資本主義的出現。

許多寺院位於山區或遠離城鎮中心，因此是僧侶、朝聖香客、赴任官員、商旅和趕考的青年學子的旅舍。文人、官員和地方仕紳也會參訪寺院，享受周遭環境的清幽寧靜。大家閨秀通常大門不出、二門不邁，但是前往寺院參拜時可享受郊遊之樂。開放給所有社會人士的公共場所非常少，而寺院是其中之一，平常因為性別和階級而隔離的人們，可能有機會在寺院相遇。

有些文學作品以寺院為背景。元代雜劇作家王實甫（1260－1336）最著名的作品之一《西廂記》，即是以唐代一座寺廟為背景。此劇講述一對青年男女在寺廟巧遇、相戀，男主角是一名年輕書生，在寺廟借宿，準備科舉考試，女主角是宰相之女，父親剛過世不久，和母親扶柩回鄉途中暫時借住在同一座寺廟。年輕書生看到在大殿中拜佛的少女，頓時驚為天人。後來書生在少女借住的西廂房牆外吟

誦一首情詩，少女聽見之後，也回應以表達內心情愫。由於
母親時時嚴加看管，書生與少女只能彼此苦苦相思。歷經許
多挫折與失望之後，在聰明伶俐的丫鬟協助下，二人終於暗
中相會，私訂終身。母親發現此事後，同意讓他們正式成
親，但條件是書生必須先進京赴考，並且通過殿試。在他金
榜題名，成為高官之後，兩人終於共結連理，故事結局皆大
歡喜。戀人夜間私會的情節一向深深吸引中國讀者，但是也
讓自詡為禮教衛道之士感到震驚反感。雖然也有其他小說、
戲劇以寺廟為特色，但《西廂記》的名氣可能促成普遍的偏
見，一提到寺廟就聯想到有違男女之防的行為。

社會功能

　　傳統中國是父權社會，社會等級制度嚴明。教育，是
下層貧困兒童無法享受的特權，而寺院是他們可以接受教育
的地方。儘管許多僧人在進入僧團之前受過儒家經典和道教
典籍的教育，但略識之無或完全沒受過教育的僧侶為數更
多。雖然一個人獲准進入僧團之前應該具備閱讀和背誦經文
的能力，但很難說實際上這些規定是否始終奉行不渝（許多
軼事傳聞間接表明現實並非如此）。如同天主教會，佛教僧
團也被視為出身貧困的青年男女可以得到庇護和發展的地
方。當代禪師聖嚴（1930－2009）在自傳中描述，因為雙
親貧窮，又有太多子女，父母養不起，於是他在十幾歲時被

送進當地寺廟。他的師父教他讀書識字後，便將他送到其他更知名的寺院接受進一步的教育和訓練。這符合傳統作法，僧人被鼓勵雲遊四方，前往各寺院參學，以便在不同的老師指導下學習。正如成功謀取官職是憑藉通過一連串的科舉考試，卓越的僧侶生涯也需要經過名山大剎的眾多高僧大力培養才能成就。僧團不僅為僧眾提供教育機會，也根據《法華經》等佛教經典開示說法，藉此利益社會大眾，有關業力、輪迴、善惡有報的思想成為普遍共有的價值觀。

僧團為選擇不婚的男女提供一個安身之處，這是佛教傳入中國之前從未有過的選擇。這個選項對女性尤其重要。在傳統中國，女性被視為男性的女兒、妻子和母親。未婚女性無立足之地，因為她們根本格格不入，無法見容於社會，因此，妙善傳說成為女性拒婚的典範。對於無意遵循傳統人生軌跡的女子來說，出家為尼是前所未有的機會，但這也是女性選擇加入僧團時，比男性遭受更多社會阻力的原因。

在漢傳佛教的悠久歷史中，許多僧尼在各方面均有貢獻。歷代皆有學問僧彙編僧傳，其中最著名的三部編撰於十世紀之前。慧皎（497－554）的《高僧傳》彙集漢傳佛教最初二百五十七位僧人的生平。道宣（596－667）和贊寧（919－1001）分別修撰兩部續集：《續高僧傳》和《宋高僧傳》，這兩部作品涵蓋自慧皎時代以來的僧人，前者包含四百八十五篇傳記，後者則超過五百篇。後續時期繼續編撰

僧傳，總計有數千篇。相較於這些豐富的資料，現存的比丘尼傳只有兩部，篇幅不多。第一部《比丘尼傳》，由寶唱比丘於 516 年左右撰寫，第一篇是竺淨撿，生存年代在 292 至 361 年左右。續傳直到二十世紀才問世，即震華比丘（1908－1947）編寫的《續比丘尼傳》。

　　佛教傳統將比丘尼僧團的創立，歸功於佛陀的姨母兼養母摩訶波闍波提（Mahāprajapatī）。根據傳統記載，儘管佛陀最初不願意答應女性出家，由於摩訶波闍波提三度請求，加上佛陀最喜愛的弟子阿難從中說情，佛陀終於同意讓女性進入僧團。然而，佛陀並非毫無保留地准許這項請求，因為一般認為他當時預言正法將會因此只持續五百年，而不是一千年。此外，他為比丘尼制定所謂的「八敬法」，在僧團組織上讓比丘尼位居比丘之下。這些規定依據不同的部派略有出入，但是大體上包含以下內容：

　　一、比丘尼必須禮敬所有比丘，視為戒長，即使是戒臘百歲的比丘尼面對受戒一日的新戒比丘，亦應如此。

　　二、比丘尼不得在沒有比丘的地區結夏安居。

　　三、比丘尼眾安排的布薩之日應與比丘僧眾一致。

　　四、比丘尼應於夏安居圓滿日，向比丘、比丘尼二部眾請求自恣。

　　五、比丘尼如果違犯嚴重戒律，應於二部僧眾中懺悔請罪（暫時處於緩刑觀察期）。

　　六、女性行者必須經歷兩年的見習期，然後從二部眾乞受具足戒。

　　七、比丘尼不得罵詈、誹謗比丘。

　　八、比丘尼有過失，比丘可以在大眾集會時舉發譴責，但是比丘尼不可指責比丘。❻

　　比丘尼僧團從未傳入西藏。雖然比丘尼僧團曾經存在於印度和其他佛教國家，但隨著十三世紀印度佛教滅亡而消失，在斯里蘭卡甚至消失得更早，大約在十世紀末。根據戒律，女性與男性不同，出家必須經過二部受戒：必須先在比丘尼十人僧中受戒，再於比丘十人僧中受戒。但由於上座部佛教的比丘尼僧團失傳，這些國家的女性皆無法正式受戒成為比丘尼。相較之下，在中國，比丘尼僧團境況好得多，雖然起初在受戒方面遭到一些困難，但從五世紀建立比丘尼僧團以來，一脈相承，從未間斷。自434年至今，漢傳比丘尼皆於二部僧中受具足戒。由於和中國有密切的文化關係，日本、韓國和越南的比丘尼享有同樣的殊榮。

　　三部僧傳的編排類似，總共分為十個不同的類別：譯經、義解、習禪、明律、護法、感通、遺身、誦經、興福、雜科。這個編排原則有點武斷，因為通常一個僧人可以歸入一個以上的類別。相較之下，《比丘尼傳》的主題分類並未依循這種方式。僧傳和尼傳還有另外兩項顯著差異。第一是關於女性決定出家的原因，她們和比丘不同，出家動機通常

與婚姻狀況有關，要不是因為守寡，就是因為不願走入婚姻。第二，雖然有幾位比丘尼以講經和誦經的能力而聞名，但是沒有任何一位比丘尼被視為譯經師，這無疑是由於缺乏機會。雖然大多數比丘尼受過教育，能力與資歷兼備，卻沒有受邀加入翻譯計畫。久遠以前描述的尼眾生平事蹟，即使今天讀來，依然讓人感受到她們的卓越與風範。她們之中有許多人贏得皇帝、貴族、官員和文人的敬佩，得到王室和地方仕紳的護持。有一位比丘尼向皇帝建議新巡撫的任命，另有兩位比丘尼應邀陪同巡撫赴任新職，擔任顧問。這些比丘尼顯然備受尊重與敬佩。構成她們獨特神聖性的特質是什麼？

就像基督教的聖徒傳記，佛教僧尼的傳記與其說是生平記事，不如說是理想化的聖傳。然而，正如柯嘉豪（John Kieschnick）所言，這些傳記「不僅反映對僧侶的共同看法，而且試圖塑造觀點，灌輸一套特定的僧團理想」❶。如果我們想知道什麼是信眾團體心目中的偉大僧尼，這類文獻是入手處。柯嘉豪挑出三種「理想類型」：苦行、神異和學問僧。他認為佛教僧團正是透過這三種類型的創造，進行「形象戰」以擄獲人心。❶比丘尼中也有相同的理想類型。此外，孝順、持戒、習禪，以及馬拉松式誦經的虔誠修行，也是備受推崇的德行。《比丘尼傳》中有許多比丘尼研究戒律，有些成為專家，其他則以嚴持戒律著稱。博學多聞的尼

眾出類拔萃，或講經釋律，或註釋經典，最常見的是《法華經》、《維摩詰經》、《涅槃經》、《華嚴經》，以及《八千頌般若經》。

　　《續比丘尼傳》收錄兩百位比丘尼的傳記。雖然討論早期尼傳所用的一般分類也適用於此書，但最顯著的差別是習禪的比丘尼為數眾多，反映自唐代以來禪宗日益普及的現象。她們師從一些最重要的禪師，例如惠能（638－713）、大慧宗杲（1089－1163）、中峰明本和雲棲祩宏。

　　誦經能力仍然是受到高度重視的特質。《法華經》依然是首選，《金剛經》、《華嚴經》、《阿彌陀經》緊隨其後，《般若經》和《維摩詰經》只是偶爾提及。在宗教實踐方面，以禪、淨為主流。註釋經論、講經說法或嚴持戒律的能力著墨不多。從一些尼眾的生平看來，她們在修行中似乎相當自由地結合不同佛教宗派的要素。

　　近年來，學者在宋代和清代的比丘尼與女性佛教徒研究上有了長足的進步。儘管有基於禪宗不二思想的眾生平等之說，但整體制度環境並不適合女性修行者。宋代的男性法師開始使用「大丈夫」這個奇特的用語，指稱值得讚揚的女禪師。這種充滿英雄氣概的詞藻，言下之意當然是這些大德比丘尼是例外，並不代表一般尼眾，她們超越了性別限制，也正因如此而值得效仿。既然普通尼眾無此封號，顯然就無法獲得和比丘平等的待遇。然而，有些比丘尼是住持和法

師，有些則是詩人，透過文學作品投入宋代和明清時期的佛教，有所貢獻。經由這些活動與成就，她們提昇了比丘尼的形象，得到文人和官員的認可、追隨與護持。

這兩部作品論述的二百六十五名比丘尼是過去一千六百年來所有尼眾的一小部分樣本。她們獲得皇帝和王室的護持，深受豪門權貴敬佩，建造寺廟，並且領導僧俗大眾，這代表她們不是一般的比丘尼。《比丘尼傳》記載的尼眾的社會背景顯然是精英，即使是內容更多樣化的《續比丘尼傳》所載的尼眾，仍然代表特例，而不是普遍情況，因為正是由於她們超群脫俗，其生平事蹟才得以彙集、傳頌。一般而言，比丘和比丘尼的名望難分軒輊，不過女性除了必須拒婚之外，有時還得抵禦性騷擾。尼傳中論及的比丘尼，在苦行、神異能力、捨身求法之志、闡釋經典的造詣、非凡的誦經功績等方面，比起僧眾毫不遜色。至於註釋經典的尼眾，不僅具有很高的文化素養，而且對教義的理解也是通達無礙，但是很遺憾，這些文獻都沒有保存下來。最後，這一小群比丘尼提供了一個窗口，讓我們了解自中世紀早期到二十世紀女性的宗教生活。雖然她們的生平故事是聖傳和傳記的混合體，但是卻讓我們獲得更豐富的資料，因此得以想像在合適的條件下尼眾可以達到何等成就。

除了歷史紀錄之外，今天的學者還可以透過實地考察，充實他們的研究。因此，我們對於當今僧團的狀況已有

更充分的了解，尤其是臺灣的佛教。有許多學術研究探討強調社會參與的人間佛教，在過去幾十年的佛教復興中，比丘尼發揮主導作用，比丘尼僧團的素質和規模皆讓學者留下深刻的印象。今天臺灣的比丘尼受過高等教育，人數遠超過比丘，這兩點在漢傳佛教史上都是前所未有的。第九章將探討一個比丘尼僧團，做為個案研究。

■ 問題討論

1. 爲什麼佛教僧團遭到批評者的反對？
2. 國家採取哪些監管僧團的措施？
3. 請描述成爲出家人的程序。
4. 請列舉僧團在中國發揮的一些功能。
5. 佛教僧團爲中國女性提供哪些實踐她們宗教理念的機會？

■ 延伸閱讀

Chen-hua. 眞華 *In Search of the Dharma: Memoirs of a Modern Chinese Buddhist Pilgrim*. Edited with an introduction by Chün-fang Yü. Translated by Denis C. Mair. Albany: SUNY Press, 1992. (釋眞華，《參學瑣談》，新竹市：福嚴精舍，1996年)

Gernet, Jacques. 謝和耐 *Buddhism in Chinese Society: An Economic History from the Fifth to the Tenth Centuries*. Translated by Franciscus Verellen. New York: Columbia University Press, 1995.

Kieschnick, John. 柯嘉豪 *The Eminent Monk: Buddhist Ideals*

in Medieval Chinese Hagiography. Honolulu: University of Hawaiʻi Press, 1997.

Tsai, Kathryn Ann. 蔡安妮 *Lives of the Nuns: Biographies of Chinese Buddhist Nuns from the Fourth to Sixth Centuries*. Honolulu: University of Hawaiʻi Press, 1994.

Welch, Holmes. 尉遲酣 *The Practice of Chinese Buddhism 1900– 1950*. Cambridge, MA: Harvard University Press, 1967.

■ 註釋

❶　Wei-cheng Lin 林偉正 , *Building a Sacred Mountain: The Buddhist Architecture of China's Mount Wutai* (Seattle: University of Washington Press, 2014), 150.

❷　Erik Zürcher, *The Buddhist Conquest of China*. (1959; repr., Leiden: Brill, 1972), 258。參見《弘明集 · 沙門不敬王者論 · 出家第二》, CBETA T52, no. 2102, p. 30b6-13。

❸　Zürcher, *The Buddhist Conquest of China*, 284。參見《弘明集 · 喻道論》, CBETA T52, no. 2102, p. 17a28-c18。

❹　Chün-fang Yü, "Chung-feng Ming-pen and Ch'an Buddhism in the Yüan," in *Chinese Thought and Religion under the Mongols*, edited by Hok-lam Chan and Wm. Theodore deBary (New York: Columbia University Press, 1982), 185–187。參見《天目明本禪師雜錄》, CBETA X70, no. 1402, p. 717a21-b24。

❺　Kenneth Ch'en, *Buddhism in China: A Historical Survey* (Princeton, NJ: Princeton University Press, 1964), 242。參見《辯正論》, CBETA T52, no. 2110, p. 507b25-c1。

⑥ Ch'en, *Buddhism in China*, 232。參見《舊唐書・武宗本紀》卷 18 上。

⑦ Gernet, *Buddhism in Chinese Society*, 9.

⑧ Ch'en, *Buddhism in China*, 245–246.

⑨ Chen-hua, *In Search of the Dharma*。參見釋眞華,《參學瑣談》。

⑩ Welch, *The Practice of Chinese Buddhism*, 287。關於寶華寺傳戒法會的完整描述,參見此書第九章 "Entering the Sangha"。

⑪ Welch, *The Practice of Chinese Buddhism*, 298。尉遲酣也長篇引用艾術華(Prip-Moller)在寶華山親眼目睹以艾燃頂的見聞錄,參見頁 298–300。

⑫ Chen-hua, *In Search of the Dharma*, 59。參見釋眞華,《參學瑣談》,頁 65-66。

⑬ Gernet, *Buddhism in Chinese Society*, 142–191; Ch'en, *Buddhism in China*, 261–271.

⑭ Ch'en, *Buddhism in China*, 266.

⑮ Richard H. Robinson and Willard L. Johnson, *The Buddhist Religion: A Historical Introduction*, 4th ed. (Belmont, CA: Wadsworth, 1997), 74–75.

⑯ Kieschnick, *The Eminent Monk*, 111.

⑰ Kieschnick, *The Eminent Monk*, 143.

第五章

教門：天台與華嚴

　　漢傳佛教徒流傳一句俗諺：教宗天台或華嚴，行歸禪宗或淨土。這是漢傳佛教的四大宗。宗，是依據一套根本經典，產生大量注疏和解經文獻，並且有一群見解與發心一致的追隨者的教義傳統。各宗皆自稱有法脈傳承，並且將創始者和重要大師尊為祖師。漢傳佛教諸宗不是西方所知的教派（sect）。所謂教派，通常是指宗教信念與所屬大團體相異的一群人。例如，天主教會和新教諸教派都是基督教，但在制度架構、全套儀式和聖教行曆等方面有所不同。相較之下，漢傳佛教所有諸宗在這些要點上見解一致，不同之處在於各宗基於對經典的詮釋而產生的獨特教義，以及對某些修行法門的強調。漢傳佛教諸宗並非互不相容，許多僧人跟隨不同宗的老師修學。

　　漢傳佛教諸宗也和印度佛教不同。在小乘和大乘這兩大佛教傳統內部，各自發生進一步的分裂。這是因為佛陀從未創立一個中樞教會體系，在他即將入滅時，也沒有依眾弟

子請求指定繼任者，而是囑咐他們應當「以自爲燈」。換句話說，佛陀告訴弟子要依教奉行，以佛法和戒律爲依歸。佛教最初創立於印度北部，然後逐漸傳播到印度其他地區，各地也隨之出現佛教僧侶成群追隨導師修學的情形。隨著時間的推移，漸漸出現對戒律的不同見解。僧團第一次分裂發生在阿育王時期（大約公元前 268 年），起因正是關於戒律應該嚴格持守到什麼地步。上座部（Sthavira）力爭加強規範戒律的某些要點，而大眾部（Mahasamghika）卻認爲應該保持現狀。

隨後，基於對教義的不同詮釋，逐漸形成更多分裂，有些部派制定自己的律藏。根據傳統說法，到了大乘佛教出現之時，印度有十八個部派。主張三世實有論的說一切有部（Sarvastivadin），以及提倡長老比丘教導的斯里蘭卡上座部（Theravadin），是源於上述第一次分裂的上座部的兩大部派。隨著公元初年左右大乘的興起，佛教發生重大變化。對於自稱奉行大乘的大乘佛教徒而言，凡是與他們觀點（出自新興的大乘經典）不同的佛教部派成員都是小乘的信徒。然而，由於沒有大乘專屬的律藏，這次分裂主要與教義有關。舉例來說，在大乘運動早期，篤信大乘思想的僧侶與小乘僧侶共住於同一寺院，遵守相同的戒律。

名爲「般若」的重要大乘經典出現後，生存於 150 年的龍樹撰述的論典導致中觀學派的創立——此學派的名稱

出自龍樹最著名的論書《中論頌》（又稱《中觀論》）。由於一切無有自性，所以皆是空，也因此無論是肯定或否定的陳述都不切合。佛陀教導的是道德的中道，也就是既不耽於五欲之樂，也不從事肉體苦修的正確生活方式，龍樹的中觀學派則從哲學和認識論的角度來理解中道。相較之下，四世紀的無著（Asanga，約 310 － 390 年）、世親（Vasubhandu，約 320 － 400 年）兩兄弟偏重其他經典，並且撰寫論典，形成瑜伽行派的哲學基礎。此學派主張一切現象皆由心識造作而成。以下首先討論中觀和瑜伽行派，因為這兩種大乘哲學傳統普遍影響漢傳佛教，而且啟發漢傳佛教思想家建立自己的釋經傳統。吉藏（549 － 623）創立的三論宗代表中觀辯證法的進一步提昇，而偉大的西行求法者與譯經師玄奘創立的唯識宗（法相宗）是漢傳的瑜伽行派。

中觀學派和瑜伽行派

　　龍樹（約 150 － 250）是中觀學派的創始者，這個學派是根據般若經的哲學發展而來的。龍樹認為，苦的原因在於人們不知道空性是諸法的真實本性，這種無明使人執著於各種偏頗的邪見，導致心緒動盪不安。唯有破除見解，才能達到空性的智慧，這是透過否定語言形成的世俗思維模式而完成的。龍樹使用的中觀法門，是先採用論敵的觀點，再透過所謂「八不中道」的辯證過程，否定對一切事物的所有正、

反主張的合理性。簡而言之,就是以下這段有名的陳述:
「不生亦不滅,不常亦不斷,不一亦不異,不來亦不出。」
這八重否定是由四句論式獲致的結論,而四句論式是指否定
某事物為有、無、既有且無、既非有亦非無。這和亞里士多
德所創的傳統邏輯不同,要點不只是 A、非 A,必須進一步
增加另外兩個選項:A 且非 A,既非 A 亦非非 A。主張這
四者中的任何一項為真,即是偏執之見,不符合中道,必須
以辯證法一一破斥,直到最終得到空性的結論,也就是「絕
待中」。

　　龍樹著名的《中論頌》一開始即批判因果關係。緣起
法展現的因果關係,是佛教的根本教義,佛陀正是由於發現
因果律而證悟。第一頌說:「從自生或從他生,從兩者或無
因生,所生事物皆無有,無論何者於何處。」❶這句話的意
思是,因果之間的關係在邏輯上無法成立。如果一件事物是
自生,則因果之間毫無區別,而且會永無止盡地自行生起。
反之,如果一事物由另一事物引起,則一切事物都可能來自
於其他一切事物。因此,一個本質實有且獨立存在的實體,
不可能產生具有相同特徵的另一個實體。如果實體 A 產生
實體 B,而且兩者互異,彼此獨立,這其實並沒有解釋因果
關係。如果我們說 B 是 A 產生的結果,那麼 C 也同樣會是
A 產生的結果,因為在這兩種情況中,假定存在的因、果在
本質上是不同的。因此,真實的因果關係不存在。如果一事

物既不是自體生起，也不是由另一事物引起，那麼偈頌中提到的其餘兩個選項又如何？是自他共生？或是既非自生亦非他生？龍樹以同樣的力道推翻這兩者：「自他共生也不可能成立，因爲這個論點容易落入自生、他生這兩種立場的過失。無因生也不成立，否則一切事物將會隨處不斷地生起，這也會變得毫無意義。」❷這種分析的目的在於表明：眞實本性是空的，實體之間不可能有因果關係，我們無法從邏輯上解釋因果關係如何運作，任何關於因果關係的觀點皆無法成立。

　　然而，這並不是說龍樹不承認我們日常生活的世界變化不斷。事實上，正是因爲一切皆空，沒有固有、獨立的存在，才有變化的可能。佛教的二諦讓我們擁有雙重視野。在勝義諦的層次上，由於諸法皆空，所以超越概念分別和言語表達。因爲勝義諦不可思議，所以一切觀點都無法表達。然而，在世俗諦的層面上，我們使用概念、語言和理論，以解釋情況並且和他人溝通。

　　吉藏是三論宗的創始者，這是漢傳佛教第一個義學宗派，深受中觀哲學的影響。吉藏是博學多聞的學問僧，被尊爲唐代十大德之一。啓發吉藏的三部論書由鳩摩羅什翻譯，其中包括《中論頌》在內的兩部論是龍樹的著作，第三部的作者是龍樹的弟子提婆（Deva）。吉藏的父親是安息人，母親是中國人。爲了避開世仇，他的祖先移居河內、廣州之

間的地區，後來又遷移到他的出生地南京。他父親出家爲
僧，他自己七歲出家爲沙彌。據說他天資聰穎，隨聞領解。
他爲三部中觀論書作注疏，並且著有一篇短論〈二諦章〉。
他以龍樹的辯證法爲基礎，提議從三個層次來理解二諦，概
述如下：

世俗諦	勝義諦
1. 說有	1. 說無
2. 說有說無	2. 說非有非無
3. 說有說無二，說非有非無不二	3. 說非二、非不二❸

　　吉藏提出三個層次遞增的否定，前兩個層次代表中觀
四句論式，吉藏的貢獻是第三層次。對他來說，既然最高層
次的眞理無法以邏輯表述，那麼只有在一切皆不肯定也不否
定之時，這樣的眞理才會顯現。

　　吉藏生前享有盛名，606 年護持佛教的隋煬帝請他上京
說法，到場聽聞他開示的僧俗超過一萬人。除了中觀三部論
書之外，他也專精般若諸經、《法華經》、《維摩詰經》和
《涅槃經》。三論宗加深漢傳佛教徒對空性論和中觀義理的
了解，但在唐代以後沒落，不再是獨立存在的宗派。

　　與空性論和中觀的巧妙辯證法抗衡的是無著、世親兩
兄弟創立的瑜伽行派。瑜伽行，意指修行瑜伽。此派把禪觀

放在首位，並且提出詳盡的心識路徑圖。禪修體驗使人領悟唯有心（或識）才是眞實，我們經驗的世界是心（或識）建構而成的，而心（或識）由八個層次組成。初期佛教承認六識，分別對應於五種感官（五根）和心——心是協調五根的感官中樞。瑜伽行派對佛教心理學的貢獻在於發現另外兩個層次的識：造成妄執有我的第七識末那識（manas），以及做爲其他七識基礎的第八識阿賴耶識（ālaya）。阿賴耶識稱爲藏識，因爲一切業的種子都儲藏在其中。

　　瑜伽行派關切生死輪迴的世界如何生起，因爲我們一旦知道答案，即可讓苦止息。一個解釋是十二支緣起法，無明是第一支，啓動整個生死輪迴的過程。但是無明如何生起？般若諸經和中觀學派都沒有提出這個問題。空性慧描述我們這個世界的眞實本性，卻沒有解釋這個世界的起源，也沒有解釋在此世界生存、受苦的我們來自何處。體證空性使我們解脫，但是我們必須經歷哪些步驟才能達到這種證悟，卻沒有詳細說明。瑜伽行派對生死輪迴提出解釋，也提供我們解脫輪迴之道。

　　世界和自我意識皆由心識演化而來，所以心識之外別無他物。因此，這個學派稱爲唯識派。阿賴耶識是無始以來的業種子或業習氣的倉庫，每個念頭或造作的行爲都會留下持續的心靈能量儲藏於其中。阿賴耶識如如不動，就像一面鏡子或平靜無波的海洋。末那識是具有自我意識之心或思想

中樞，將阿賴耶誤認為自我，並產生無明、我愛、我慢等雜染煩惱。末那識讓人深信有自我，也有外在世界。它從渾然一體的阿賴耶識中，創造主體、客體相對的二元論。末那識轉向阿賴耶識創造主觀的感知者，也同樣結合心與五根，共同創造所感知的世界。六根開始習慣性地運作，六根的體驗回報給末那識，末那識收集、感知和分辨接收到的資訊，然後對六根發號施令。由於末那識也和阿賴耶識相連，所以將主體造作的思想、行為的種子加入已經存在的種子中，因此有源源不斷的新種子納入阿賴耶識。這形成一個循環：阿賴耶識中的種子不斷影響外在的種種顯現，這些顯現又進而增添新種子到阿賴耶識中。這個過程可以此學派一段偈頌概括：

　　種子生現行，
　　現行熏種子。
　　三法 (種子、現行、熏) 展轉，
　　因果同時。❹

　　由於末那識在自我和世界的進化（或退化）中扮演核心角色，所以開悟必須從末那識入手。證悟要透過所謂「轉識成智」的禪修過程，唯有透過禪修的訓練，讓心識的根基發生革命性劇變，才能達到開悟。

　　人如何認識世界是佛教關切的一大課題。中觀派和瑜伽行派都提出，人沒有看到事物的本來面目，因此對世界抱持錯誤的見解，所以才會受苦。只有具備正確知見，達到開悟，才有可能脫離苦海。四聖諦主張苦的起因是貪欲，而大乘卻認爲造成苦的眞正原因是無明，也就是無法看到事物的眞實本性。因此，解脫論即是認識論。那麼看待和認識世間萬物有哪些不同的方式？知識有層次高下之分嗎？中觀派提出認識世界的兩種方式，亦即世俗諦和勝義諦這兩個層次的眞理。瑜伽行派則有三個層次的知識，稱爲三性，代表三種體驗世界的方式，第一是遍計所執性（*parikalpita*），也就是內心的建構或想像，第二是依他起性（*paratantra*），第三是圓成實性（*pariniṣpana*），亦即圓滿的知識。

　　遍計所執性既是妄心投射的常識性世界觀，也是妄心本身。主體以世界爲客體，透過想像的概念和字詞來體驗。依他起性是了悟一切皆由因緣產生，稱爲緣起。相較之下，圓成實性圓滿無缺，因爲認識到世界是心的投射，經驗者和經驗的內容並非各自獨立分隔。此時，人所認識的世界是眞如，沒有主體、客體二元對立。之所以稱爲眞如，是因爲現實超越概念和語言文字的描述。這三種知識可以用一些類比來闡釋。遍計所執性猶如有眼翳的人所見的毛髮幻影，又如人在海市蜃樓中看到水，或將繩索誤認爲蛇。依他起性就好像領悟毛髮幻影由眼翳所生，或了知眼中所見的水其實是海

市蜃樓，蛇其實是一條繩索。圓成實性可以比作眼睛健全的人看到的了了分明的事物，或海市蜃樓中全然無水，或了悟蛇是內心的投射。

因為有眼翳，讓人看到不存在的毛髮、水和蛇，而沒有眼翳時，則如實見毛髮、海市蜃樓和繩索。但是，從第三層知識的角度來看，即使是海市蜃樓和繩索，其實也不真實，是由心產生的。第一、二層次的知識相當於世俗諦，第三層次相當於中觀的勝義諦。中觀主張凡夫不能了悟諸法皆空，無自性，而瑜伽行則說凡夫不能了悟一切都是內心的投射。

瑜伽行思想由梵僧波羅末陀（Paramartha，499－569）傳入中國，他的中文名字是真諦，意思是「勝義諦」。篤信佛教的梁武帝仰慕真諦博學多聞之名，便遣使迎請。真諦於546年抵達廣州，兩年後到達京城，即今天的南京，受到武帝的歡迎。武帝原本打算讓真諦掌管一所譯經院，並且主持大規模的譯經計畫，但是這項規畫未能實現，因為朝中大將叛變，武帝遭到軟禁，不久去世。真諦被迫在中國南方流離轉徙，度過餘生，不時生起思鄉和消沉的情緒。然而，在弟子協助之下，他在七十歲去世前，將多達三百卷的瑜伽行派的文本譯成中文。其中最重要的譯作之一是他去世前六年，也就是563年譯出的無著的《攝大乘論》，此書成為攝論宗的依據。攝論宗後來被玄奘和弟子窺基（632－682）創立

的唯識宗取代，而唯識宗即是漢傳的瑜伽行派。眞諦是偉大的譯經師，但由於生逢亂世，際遇不如活躍於一百多年前的鳩摩羅什。然而，正如鳩摩羅什爲三論宗的興起提供經論依據，眞諦也爲唯識宗的建立創造有利的條件。

　　玄奘，世稱「三藏大師」，這是因爲他通曉諸經而獲得皇帝御賜的稱號。他生於洛陽附近，十三歲出家。由於諸師對《攝大乘論》中的阿賴耶識有不同的詮釋，讓他感到困惑，因此決定西行印度尋找正確解答。他獨自穿越中亞的沙漠和山脈，遭遇許多足以致命的危險。633 年他抵達印度，時年三十七歲，此後十年在不同的佛教學術中心參學，包括著名的那爛陀大學。645 年，他再次取道中亞，回到都城長安，帶回六百五十七部佛教經論，受到皇室的歡迎。他將餘生致力於梵文經論的漢譯，數量多達七十五部。雖然他的漢譯本是公認的精準無比，但是不如鳩摩羅什的譯本那麼受歡迎。再者，唯識宗的重要性不如天台、華嚴和禪宗。這有兩個原因，首先是唯識宗的文獻非常專業化，帶有濃厚的經院色彩。第二個原因更重要，與義理有關。每個人的阿賴耶識中都有清淨與不清淨的種子，相互混雜。當清淨的種子經過宗教修持而成熟時，會淨化不清淨的種子，這些種子將不再顯現於現象世界，主、客體之間的分別也將止息。這就是開悟成佛。根據瑜伽行派，宗教修行的種性有等級層次的差別，其中所謂「一闡提」的惡人位居最低等級，這反映出印

度教的種姓制度。唯識宗主張一闡提只有不清淨的種子，因此這種惡人永遠無法證悟。這兩個特點在精神上更接近印度文化，與漢傳佛教的整體本質背道而馳。有趣的是，唯識宗在二十世紀初重新引起佛教徒和知識分子的興趣，他們認為此宗對心識的精密分析可媲美西方心理學，甚至更勝一籌。

雖然與玄奘有關的學派並不興盛，但他是中國歷史上最著名的佛教僧人，也是最偉大的朝聖者。他記述在印度和中印之間的中亞諸國的遊歷，是目前最有價值的紀錄之一，讓我們了解上述國家在七世紀的情形。❺它也啟發十六世紀一位作家寫出中國文學的小說名著之一《西遊記》，❻致使三藏大師和三個徒弟的歷險記成為中國家喻戶曉的故事。以往《西遊記》故事的流傳一向透過說書和戲曲，現代則是電影和電視節目。

漢傳佛教宗派與早期佛教部派不同（後者主要是對於某些戒律見解分歧）。雖然印度佛教四個部派的律藏皆有漢譯本，但是中國自六世紀以來一向奉行法藏部的《四分律》。然而，漢傳佛教諸宗和上述大乘佛教學派有一些相似之處，只是各自側重的經典和哲學觀點有所不同。有兩個主要差異可以說明漢傳佛教諸宗的獨特之處。第一是為涵蓋整個佛教藏經而創制的總體系統，這就是所謂的「判教」，是用來建構漢譯經典等級次第的義理體系。第二項差異是漢傳佛教諸宗無門戶之見的特性。漢傳四大宗相互影響，結合在

人們的宗教生活中。一個人可能喜好天台教義，卻同時是淨
土行者；另一個人可能對華嚴義理感興趣，但也是禪修者。
事實上，自宋代以來，這種模式一直是漢傳佛教的特徵，這
就是本章開頭提到的俗諺的由來。這也是漢傳佛教與日本佛
教的一大區別，因為日本佛教不同宗派之間壁壘分明。

　　漢傳佛教諸宗的產生有其歷史客觀因素。正如導論所
述，佛教並非有系統地傳入中國，而是由傳教僧將佛經從印
度和中亞各地引進中土。不同時期產生的初期佛教和大乘佛
教經典被隨機翻譯成中文，成書較晚的佛典漢譯年代可能在
前，較早期的經典反而較晚譯為中文。如前文所見，有些佛
經隨即流行，例如般若諸經、《法華經》、《維摩詰經》、
《涅槃經》等。最初四百年間，僧人和知識分子研讀這些經
典，而不問它們之間的關係，也沒有以更寬廣的角度探究這
些大乘經典與初期佛教經典有何關係。隋代一統中國時，興
起整合佛教教義的運動。義學僧長期以來一直認為有必要為
全部的漢譯佛經做解釋，他們相信一切經典都是「佛陀的聖
言」，但是為什麼這些經典互有出入，甚至彼此矛盾呢？這
些經典之間有任何關係嗎？如果有，是什麼關係呢？對於忠
實的佛教信徒，這些不僅是知識上的問題，而且和宗教信仰
有關。他們感到有必要為所有漢譯佛典建立一個條理分明、
首尾貫通的系統和次第，這是可以理解的，而判教的義理體
系就是解決之道。

　　爲佛法中相互扞格的陳述試圖提出解釋的作法始於印度。最早的方法是區分法義明確的了義教，以及需要解釋教義的不了義教。隨著大乘佛教的興起，用以達到同樣目的最常用的兩種方法，是世俗與勝義二諦和善巧方便的概念。天台、華嚴雖然創制不同的判教體系，但方法論完全相同。首先，他們創立涵蓋初期佛教與大乘佛教所有教義的等級次第，依初級、中階到最高層次分級排序，並且將自宗尊奉的經典判屬最高位階：天台宗是《法華經》，華嚴宗則是《華嚴經》。其次，他們將不同類型的教義劃歸佛陀教化生涯的不同階段或教學方法。如此一來，隨著佛陀年歲漸長，他的教義也愈來愈高深，最後以一部特定的大乘經做爲無上眞理的代表。判教有兩個目的，一則概觀佛陀所有教義，二則讓自宗偏重的經典凌駕於其餘所有經典之上，以便維護自己宗派的利益。除了建構判教系統之外，漢傳佛教諸宗也對於實相的本質提出新創的哲學理論。以下將討論兩大義學宗派：天台和華嚴。

天台

　　天台宗因位於浙江省的天台山而得名，六世紀時天台開創者智顗久居此山，做爲教化事業的根據地。爲了回應禪宗自稱代表佛陀的原始教義的說法，天台宗也透過祖師傳承法脈聲稱其教義可上溯至佛陀。天台以龍樹爲初祖，接著由

兩位中國祖師紹承法脈，四傳至智顗而將此宗發揚光大。
祖師相傳的神話源於漢傳佛教徒對印度佛教的崇敬，雖然
在歷史上龍樹和中國祖師之間沒有師徒關係，但必須藉助
印度著名大師的威信，讓新成立的漢傳佛教宗派具有合法
性。禪宗最重視祖師法脈傳承，儘管此宗不存在於印度，
但它仍然必須建構與印度大師的關聯。禪宗聲稱摩訶迦葉
（Mahākāśyapa）是印度初祖，而將禪法傳入中國的菩提達
摩是第二十八代印度祖師，也是中國禪宗初祖。包括天台在
內的其他各宗效法禪宗，根據祖師傳承建立自宗的法脈。

　　智顗是東亞佛教最偉大的學者之一，首創全面該攝佛
教藏經的判教體系，也是有獨創見解的思想家。他出生於梁
武帝（502－549 年在位）統治期間，出生地相當於今天的
湖南省。從他傳記中的許多神異事蹟，可以看出他不平凡的
一生。他的母親在懷他之前夢見口吞一隻白鼠，佛母摩耶夫
人懷胎之前夢見白象進入腹中，因此智顗之母夢見的白鼠被
視爲白象的一種轉變。智顗誕生當天，有兩位僧人來訪，預
言這男嬰長大後必定出家。他年幼時，一見佛像便頂禮膜
拜。年方七歲，在一座寺院聽經一遍，即能背誦經文，令寺
中僧人刮目相看。他出身自晉朝（265－420）以來就享有
盛譽的名門世族，父親是官員，受南朝皇族敕封。智顗童年
生活安逸，但十七歲那年西魏滅梁，全家淪爲流離失所的難
民，次年，父母相繼去世。智顗深感人世無常，於是披剃

天台宗之名是因開山祖師智顗在浙江省天台山修行，並於天台最高峰華頂峰得悟而來，智顗圓寂後肉身遺骸被安置於智者塔院。（李蓉生攝）

出家。

　　智顗在三祖慧思（515－577）座下修學一段時間之後，於575年來到天台山，時年三十八歲。慧思是一位大禪師，由於他的影響，智顗一生教化皆強調經論學習和循序漸進禪觀並重的必要性。智顗名聲遠播，贏得陳朝（557－589）皇帝和後來隋朝皇帝的護持。他是不殺生的初期倡導者，曾經勸導天台山下沿海漁民放棄以捕魚為業，更進而買下當地所有沿海捕魚權，並且奏請朝廷下令，禁止在該地區捕魚。

　　智顗有三大貢獻，成為天台宗的根本教義。第一是他的教義分類，也就是天台的判教體系，第二是三諦說，第三是性具的概念，主張一切眾生本性兼具善惡。其他宗派也各自創立判教系統，但是三諦說和性具思想是天台獨有的教義。

　　智顗將佛陀成道之後的教化生涯分為五個時期，並且指出每個時期的代表經典。第一時期僅持續三週，此時教授《華嚴經》，但因為太深奧，無人能解。第二階段歷時十二年，佛陀說小乘《阿含經》，講授四聖諦、八正道、緣起法，這些教義適合鈍根之人。第三時期歷時八年，在此期間佛陀講授名為「方等」（Vāipulya，寬大平等）的初級大乘佛經，這些經典讚揚大乘和菩薩果位，貶斥小乘和阿羅漢果。第四時期持續二十二年，佛陀講授般若諸經，代表成熟的大乘空性教義。第五時期是佛陀在世的最後八年，教授《法華經》和《涅槃經》，宣說一切眾生皆有佛性，代表佛陀最後最深奧的教義。

　　按照傳統說法，佛陀成道後原本不願說法，因為他認為人們不會了解他所發現的深奧真理。直到大梵天王勸請，佛陀才同意教化眾生。如下文所示，《華嚴經》確實是一部非常複雜且義理深奧的經典。智顗將此經劃歸第一時，是非常深謀遠慮的一著。他運用傳統說法來支持他對《華嚴經》的評價：此經雖然深奧，但不可視為如同《法華經》那

樣無上圓滿的教義。對智顗而言，《法華經》是佛法的巔
峰。他講解《法華經》的開示由弟子灌頂（561－632）筆
記成書，是天台宗的經典之作。天台判教和華嚴宗的判教一
樣，試圖涵蓋佛陀教化生涯中的所有經典，由淺至深順序排
列。這雖然不符合歷史現實，卻彰顯兼容並蓄、無所不包的
精神。

三諦說和性具論都是天台獨特的教義。三諦指空諦、
假諦、中諦，雖然以龍樹《中論頌》教導的二諦為基礎，但
代表一種創造性的融合。二諦是指勝義諦和世俗諦。由於萬
事萬物的存在皆依賴因緣而無自性，所以稱之為空；這是勝
義諦。雖然諸法皆空，但確實依賴因緣而存在，並非不存
在；這是世俗諦。第三中諦，又稱中道第一義諦，是徹見所
有事物實際上皆是空性，同時也是暫時存在。三諦不應被視
為各自獨立或次第生起，而應該是相互融合、同時俱存的三
種理解究竟實相的方式。空、假、中三觀讓當下的世界充滿
究竟真義，在現象世界之外別無真實。以此看待周遭的一
切，則涅槃不離生死輪迴。這項義理學說肯定我們所處的世
界；難怪天台成為漢傳佛教的主要宗派，因為它符合中國凡
聖不隔的傳統世界觀。

天台宇宙觀有十法界，包括傳統的天、阿修羅、人、
畜生、餓鬼、地獄等六道眾生，還有天台增加的佛、菩薩、
緣覺、聲聞四界。正如三諦相互融合，十法界也同樣融為一

體，天台「一念三千」之說就是用來形容此觀。「三千世界」是指一切現象的總體，「一念」是指心，這表示心和現象並非二元對立。就存有論而言，並非先有一念之心而後生起現象，反之亦然。一念三千有別於瑜伽行派主張的唯識思想，並不是指一切現象唯心所造，也不是一心包含一切現象。智顗認為，「不僅每一剎那之念包含一切現象，而且任何時刻的任一現象皆包含其他一切現象。這個主張意味著本質上每個現象和每個眾生都包含其他所有現象和眾生，這種思想後來被稱為性具。」❼當這點應用於十法界時，每一界皆包含其他九界。所以，不僅諸佛具有佛性，連餓鬼、畜生、地獄眾生也都有佛性。按照同樣的邏輯，諸佛也具有餓鬼、畜生、地獄眾生的惡性。

　　因此，人人都有善、惡兩種本性。佛陀和一闡提的本性並無不同，因為善惡兼具，皆有為善作惡的潛能。佛陀自知有作惡的潛力，但他選擇修善；一闡提不知自己有能力為善，因此繼續造惡。像佛陀這樣的證悟者已充分發展善性，而諸如凡夫之類尚未證悟的眾生則受其惡性驅使。但是，這兩種本性並非彼此分離，而是相互包含。正如我們內在潛藏著善性和覺悟，圓滿覺悟的佛陀也保有處於蟄伏狀態的惡性。正因為佛陀和我們一樣具有惡性（不過與我們不同的是，佛陀的惡性沒有生起顯現），所以並未與我們隔絕。假如佛陀與我們毫無共通之處，就無法了解我們的苦，那麼

《法華經》中佛陀的慈父形象就無法成立。如前所述，《涅
槃經》宣稱人人都有佛性，因此人人皆能成佛，包括無可救
藥的一闡提，當他們的成佛善性因宗教修行而顯露時，就可
以成道。佛教通常的理解是，開悟只能發生在無明和貪欲等
不淨煩惱斷除之後，而天台性具學說徹底改變這個傳統觀
點。善惡並存於一切眾生之中，正如我們可以激發自身善良
本性而成佛陀，我們也由於共通的惡性依然與佛陀相連。
這種革命性的觀點導致九祖湛然（711－782）得出驚人結
論，宣稱即使是草木也能成佛，因為不僅有情眾生有佛性，
無情之物亦然。

智顗效法其師慧思，教觀並重。傳統上，佛教將禪觀
分為奢摩他（śamatha）和毘婆舍那（vipaśyanā），前者導
致止息，以及名為「禪那」（jhāna）的各種禪定狀態，而
後者導致慧觀與涅槃。天台使用相同的術語，漢譯分別是
「止」和「觀」。對於東亞所有天台佛教徒而言，智顗的代
表作《摩訶止觀》是經典之作。

一個人修止是為了止息源源不絕的妄念，體悟現象虛
幻，證空諦；修觀是為了體悟現象如夢似幻卻依然暫時存
在，從而證得慧觀，徹見假諦。修行禪觀是為了過中道的宗
教生活，讓人能夠不執著輪迴，亦不執著涅槃。

845 年會昌法難後，天台衰微，講學道場被毀，許多著
作佚失。但十世紀吳越王遣使至日、韓求取天台重要典籍

後，此宗重現生機。第三章談到的兩位大師知禮和遵式，在宋代的天台復興皆發揮重要作用。天台宗也在這段時期分裂為山外、山家兩派，面臨認同危機。兩派對於兩個關鍵問題見解分歧：心的本性和禪觀方法。山外派深受湛然影響，湛然生存的年代正值華嚴宗大盛之時，他採取《起信論》的說法，認為實相是「一心」或「眞如」。如第一章所述，依此觀點，一切法皆起於自性清淨的一心，而無明是障蔽清淨心的妄念。因此對於山外派來說，禪觀的對象是清淨心，而不是被染汙的妄心。一旦覺悟此清淨心，則體證自己的眞實本性，達到開悟。這個觀點非常類似禪宗的思想。

　山家派自命為天台正統，知禮是此派的喉舌，將山外派斥為異端。他效法智顗，深信三千互具，也就是一切現象互相包含；佛界包括其他九法界，其餘每一法界也同樣含攝包括佛界在內的其他九法界。眞心無異於理毒，清淨無異於染汙，因為此四者人人皆具。知禮認為性惡和染汙極為眞實，必須加以對治，因為雖然惡和善一樣，就勝義而言無法盡除，但人們可以透過修行予以轉化。因此，對他而言修持懺法非常重要。懺悔之後最扣人心弦的時刻，是觀自己被染汙的妄心。如在大悲懺中，儘管人無法斷惡，但透過懺悔，以及觀想自身與觀音合而為一，即可消伏毒惡，啓發人自始本具之善。因此，藉由在儀式中「做觀音」，人最終可望眞正效法觀音的菩薩行。

　　雖然知禮在世時兩派往復爭論，但知禮代表的山家派和他的性具思想成為天台正統。他有許多弟子紹述遺緒，而山外派卻後繼無人。因應名為「燈錄」的禪宗傳法世系史，而於十三世紀編纂的諸天台史傳認定知禮的山家派真正代表天台傳統。知禮闡釋的性具思想是區隔天台與華嚴、禪宗的最顯著差別。在地方官員的支持和皇室護持下，許多寺院劃歸天台宗的道場。就教團組織而言，只有兩種類型的寺院：以天台為代表的教寺、以禪為代表的禪寺。華嚴和淨土沒有自己的寺院。

華嚴

　　華嚴宗以同名經典命名，在唐代興起於天台之後，當時禪宗尚未成為主流。天台宗以《法華經》為佛法的頂峰，而華嚴宗則以《華嚴經》為佛陀的究竟教義。如同天台宗，華嚴宗也針對佛陀教義創造一套判教系統，全面涵蓋所有佛教藏經，由淺至深排列如下：

　　一、為聲聞弟子所說的教法，見於小乘《阿含經》，教示人無我，而諸法（構成現象的最基本元素）實存。

　　二、大乘始教，以三論宗和玄奘創立的瑜伽行派或唯識宗為代表。由於並未主張眾生皆有佛性，所以被視為始教。

　　三、大乘終教，以天台宗為代表，教示一切事物雖然

在勝義上是空，但依緣而生，暫時存在（真空假有）。

　　四、大乘頓教，以禪宗為代表，教示頓悟，此時由於語言文字無法表達不二真諦，因此有無雙泯。

　　五、大乘圓教，以華嚴宗為代表，教示世間萬物不僅與心互即互入，而且萬物也彼此互即互入。相較於天台的標語「一即一切，一切即一」，華嚴的標語是「法界圓融無礙」。

　　《華嚴經》的梵本先後三次漢譯，第一次於 420 年譯出。三個漢譯本篇幅長短不一，分別有六十卷、八十卷、四十卷。四十卷本是其他兩個譯本的最後一品，名為〈入法界品〉。《華嚴經》的究竟實相是法界，那是一切諸法的世界，而諸法本性是空。根據佛教的形上學，世界萬物皆由諸法組成；法，是構成現象的最基本元素，現代學者視之為原子。〈入法界品〉描述名為「善財」的青年周遊世界尋求無上正覺的朝聖之旅，他向五十三位老師請益，稱之為「善知識」，他們來自各行各業，有菩薩、天神、天女、國王、銀行業者、長者、隱士、優婆塞、優婆夷、童子、童女、船師和名妓，他們每一位都指導善財認識究竟真理的一面，然後向他引介另一位善知識。善財五十三參一直是中國、日本和印尼等地佛教藝術的主題（位於印尼的宏偉佛教藝術建築群婆羅浮屠，有善財童子五十三參的宏觀圖像）。善財在參學之旅的終點，由彌勒菩薩帶領，進入代表法界的毘盧遮那莊

嚴藏大樓閣，那是已證悟的菩薩所見的世界。《華嚴經》中
說法的是毘盧遮那佛，或稱大日如來，這不是歷史上以色身
示現的釋迦牟尼佛，而是他的法身。法界即是法身，以毘盧
遮那莊嚴藏大樓閣為代表。

為什麼《華嚴經》中之佛稱為毘盧遮那？要回答這個
問題，必須了解大乘佛教學，或有關佛陀的理論。佛有三
身，每一身各自代表佛的一面。化身（Rūpakāya，色身）是
歷史上的佛陀釋迦牟尼的肉身，他降生為人，成道，死後入
涅槃。報身（Sambhogakāya，受用身）是在淨土中向諸菩
薩開示說法之佛的莊嚴身，是佛受信眾供奉禮拜的形相，也
是修行者成佛時證得的形相。淨土宗信奉的阿彌陀佛，是
最著名的報身。三身中最究竟的是法身（Dharmakāya），
化、報二身皆依法身而起。佛陀的全部教義，最初稱為「佛
法」。隨著大乘義理的發展，佛法意指空諦，這是對一切事
物的如實描述。既然一切事物皆空，彼此之間就沒有本質上
的差別。一切眾生都有可能成佛，空性和佛性是一體兩面。
漢傳佛教傳統偏好以正面陳述指稱一切事物的真實本質，法
身是表達這種慧觀的一種宗教方式。法身是宇宙的本來面
目，對華嚴宗而言，法界是法身佛毘盧遮那所見的宇宙。

如同天台宗聲稱釋迦牟尼為宣講《法華經》的常住
佛，藉此提高身價，華嚴宗則聲稱宣講《華嚴經》的是法身
佛毘盧遮那。根據華嚴宗三祖、同時也是此宗實際創始者法

藏（643－712）所言，《華嚴經》宣講於佛陀成道後第二週，當時他仍坐在菩提樹下，沉浸在「海印三昧」中。法藏認為，它「象徵佛陀證悟所見，整個宇宙森羅萬象彼此和諧相連，同時具現，彷彿映照在廣闊寧靜的大海表面」。❽毘盧遮那佛在此不可思議定境中所見的宇宙稱為法界，亦即法身。它是什麼樣子呢？我們可以從《華嚴經》得到一些概念，經中有不少引人入勝的描述：

> 諸佛境界不思議，一切眾生莫能測。……
> 如來恒放大光明，一一光中無量佛。……
> 佛身清淨常寂滅，光明照耀遍世間。……
> 如來自在不可量，法界虛空悉充滿。……
> 種種方便化群生，音如雷震雨法雨。……
> 世間所有眾福業，一切皆由佛光照。❾
> 一切國土所有塵，一一塵中佛皆入，
> 普為眾生起神變，毘盧遮那法如是。……
> 一微塵中多剎海，處所各別悉嚴淨，
> 如是無量入一中，一一區分無雜越。……
> 一一塵中無量光，普遍十方諸國土，
> 悉現諸佛菩提行，一切剎海無差別。……
> 一一塵中三世佛，隨其所樂悉令見，
> 體性無來亦無去，以願力故遍世間。❿

由於毘盧遮那是照明的意思，所以佛陀所見的法界光明遍照。如同光明無礙遍布一切處，那個世界裡的事物也相互滲入，卻同時保有各自的獨特性。善財進入毘盧遮那莊嚴藏大樓閣，親眼目睹此法界的奇妙。

　　善財驚喜注視，見此樓閣內部廣博無量，同於虛空。……又見樓閣之中具有無量百千樓閣，一一樓閣同等莊嚴，……各自顯現分明，同時彼此無有障礙，不相雜亂。……善財見彌勒與諸菩薩皆入三昧，各自於身上一一毛孔散發種種變化身，也聽到從一切菩薩一一毛孔中發出的美妙法音，觀一切諸佛種種集會，大眾圍繞，明見諸佛種種教化之行。諸樓閣中有一座尤為高廣殊麗，勝妙無比，善財於此樓閣中悉見三千大千世界，……一一世界中皆見彌勒降生人間，以及此最後生中其餘一切後續事蹟。⓫

　　法藏以「因陀羅網」為喻，描述毘盧遮那莊嚴藏大樓閣代表的法界，其特點是無礙、相即相入、相互依存。大樓閣內的所有樓閣皆相同，但是眾樓閣依賴大樓閣，一如大樓閣依賴眾樓閣。不僅大樓閣與眾樓閣相互滲入，眾樓閣彼此之間也相互滲入。弗朗西斯・庫克（Francis Cook）對於因陀羅網有如下描述：

在遙遠的大神因陀羅天宮中，由能工巧匠懸掛了一張精妙之網，向四面八方無限延伸。巧匠隨順諸神崇尚奢華之風，在每個網眼垂掛一顆光彩奪目的寶珠，由於此網重重無盡，寶珠數量亦無窮盡。無量無邊的寶珠懸掛於網絡上，璀璨耀眼如一等星，令人歎為觀止。現在，如果隨意選擇其中一顆寶珠檢查審視，就會發現拋光的珠面映照網中其他一切無量無邊的寶珠。不僅如此，此珠表面顯現的每一顆寶珠也映照其他所有寶珠，從而產生重重無盡的映照過程。華嚴宗一向喜歡這個意象，在其文獻中多次提及，因為它象徵組成分子相互關聯，反復無盡的宇宙。這是一種所謂同時相即、互為因果的關係。[12]

天台和華嚴皆根植於大乘緣起性空的教義。然而，華嚴和天台一樣，在建構自宗義理的過程中創造獨特的概念和語彙。究竟實相稱為「理」（共相），現象世界中的事物稱為「事」（殊相）。這兩個用語，講中文的人耳熟能詳，卻不曾出現於佛經中。理，原指玉石的紋路；事，指物體或事件。根據本義加以引申，理是內在本質，事是理的外在表現。在華嚴教義中，理代表證悟菩薩所見的空性或佛性，而事代表凡夫經歷的日常事物。理、事代表空性的兩面，理是靜態面，事是動態面。儘管兩者可以分別觀想和討論，但基本上是不可分割的。華嚴祖師提及四法界，這並不代表有四

種不同的法界，而是應該從四個不同的角度來看待法界：理法界、事法界、理事無礙法界，以及事事無礙法界。

關於運用上述四種方式看待法界如何運行，華嚴宗三祖法藏提供最佳實例，他認為事事無礙法界是最高悟境。法藏祖籍中亞康居，但出生於唐代國都長安。他和一些佛教高僧大德一樣，一生充滿祥瑞之兆。根據他的傳記，其母夢吞日光而懷胎。他從小傾心佛教，十六歲那年，在一佛塔燃一指供養佛舍利。十七歲時，四處參學訪師，但猶感不足。之後隱居山中苦修多年，直到父母生病才下山返家。有一天夜裡，他夢見住處有神光照耀，滿室通明，他認為這必定是附近有大師弘法的瑞兆。結果發現，二祖智儼（602－668）確實在京城宣講《華嚴經》。第二天一早，他立即前往拜見智儼，成為二祖的在家弟子。最後終於在二十八歲時出家，在他同代人中這是相當晚的。武后任命他為京城一座新寺院的住持。法藏著述等身，也是講經說法的大師。他名滿天下，擔任四位帝主的戒師，武后是他最著名的弟子。武則天是中國歷史上唯一憑自己能力執掌君權的女性，她提昇佛教為國教，特別喜愛華嚴教義。佛教諸宗的命運興衰與皇室的護持有密切的關係，隋代天台興盛，是因為智顗得到君主護持，而唐代唯識宗盛行，是因為玄奘備受唐代帝王推崇。為了有別於隋唐統治者，武后獨鍾華嚴，遂使天台、唯識退居次要地位。

　　除了博學多聞之外，法藏顯然也是一位明師。有一次，武后聆聽法藏闡釋四法界，對此錯綜複雜的法義感到難以理解。於是法藏運用善巧方便，指著鎮守宮殿的金獅子來說明。事後這段宣講被記錄下來，即〈金師子章〉，成為華嚴文獻最著名的作品。金獅子代表法界，可以從四個不同的角度來考察。當武后一心專注於黃金，而不見獅子時，看到的是理法界；代表理的黃金是空性，也就是究竟實相。當她專注於獅子，而無視於黃金時，看見的是事法界，即現象界的殊相。一旦了悟黃金不離於獅子，則見到理事無礙的相互關聯。沒有黃金，無法鑄造獅子；沒有獅子的外形，黃金也無從顯現。這即是《心經》所說真理：「色不異空，空不異色；色即是空，空即是色。」最後，當她了悟獅子的任何一部分皆與獅子其餘每一部分完全相同（相即），而且相互滲入（相入）的時候，則見到事事無礙的相互關係。之所以如此，是因為獅子全身每一部分皆由黃金製成，彼此是完全相同的；又因為獅子全身每個部分具有同一本質，即黃金或空性，所以彼此相互滲入，也滲入獅子全身。代表理的黃金和代表事的獅子兩者之間的關係，類似水與波的關係，那是《起信論》中常見的比喻。法藏在〈金師子章〉「勒十玄」一節中描述黃金與獅子的關係：

　　師子諸根，一一毛頭，皆以金收師子盡。一一徹遍師

子眼，眼即耳，耳即鼻，鼻即舌，舌即身。自在成立，無
障無礙；名諸法相即自在門。……師子眼耳支節，一一毛
處，各有金師子；一一毛處師子，同時頓入一毛中。一一
毛中，皆有無邊師子；又復一一毛，帶此無邊師子，還入
一毛中。如是重重無盡，猶天帝網珠。❸

　　法藏在教學中採用不同的技巧。就像他教導武后時，
以金獅子爲教具，他也造了一個鏡廳，讓弟子們一窺因陀羅
網之貌。他準備十面鏡子，分別安置於廳內的八方上下，鏡
面相對，中央安放一尊佛像，並以一盞燈火照明。此時佛像
映現在十面鏡子中，而每一面鏡子中的影像也映現在其他所
有鏡面上。再者，映現於每個鏡面的多重影像又一一映現於
其他所有鏡面。如此產生重重交疊的影像，一如映現於因陀
羅網中每顆寶珠的眾多珠影又映現於其他每顆寶珠。

　　難怪因陀羅網是華嚴祖師最常運用的比喻。若設想因
陀羅網是世界，寶珠是世界上的人，即可明白生存的意義。
如果沒有眾多寶珠，網絡就無法存在；沒有網絡，眾多寶珠
也無法存在。此外，每顆寶珠皆與整個網絡和其他寶珠具有
同樣的相互依存關係。只要少了任何一顆寶珠，整個網絡就
無法保持原樣。同樣的，我們依賴世界而生存，世界也依賴
我們每一個人。這樣的領悟讓我們同時具有感恩心和責任
感。因陀羅網是一種宇宙生態學，將存在視爲一個有機的整

體，其中所有事物的空性都是相同的，並且由於緣起法則，每個部分都依賴整體，同時也促成整體。

　　華嚴五祖宗密（780－841）對華嚴思想有重大貢獻。他年少研習儒家經典，如同當時的讀書人，準備參加科舉考試以入仕途。然而，二十七歲那年，他遇見一位禪師，深為感佩，於是放棄科考，決心出家。他最初習禪，但閱讀也曾在禪師座下修學的四祖澄觀所著的《華嚴經》注疏之後，成為澄觀的弟子。師徒兩人除了熟悉禪法之外，還有一個共同點：澄觀和宗密皆自創判教體系，並且汲取《起信論》的思想。正如彼得・葛瑞格（Peter Gregory）所言，宗密將法界等同於如來藏，並且以如來藏教說為其判教體系的頂點，而不是《華嚴經》。他稱如來藏教說為「顯性教」。所謂「性」，能生一切萬法，又稱「一心」、「真如」，或「如來藏」。因此，所有現象皆源起於性。此教義稱為「性起」。

　　　　一乘顯性教者，說一切有情皆有本覺真心，無始以來常住清淨，昭昭不昧，了了常知，亦名佛性，亦名如來藏。從無始際，妄想翳之，不自覺知，但認凡質故，耽著結業，受生死苦。大覺愍之，說一切皆空，又開示靈覺真心清淨，全同諸佛。⓮

　　如第一章所述，根據《起信論》，只有一實相，那就是一心。一心有兩面：真如與無明。諸佛與眾生皆具此一心，它總攝一切諸法，因此促成萬事萬物的生起。在此一心中，真如與生滅、覺與不覺、涅槃與輪迴並存，相互含攝。人在真如的影響下開悟，但是若受無明影響，則陷入世間葛藤，並且因此受苦。即使我們渾然不覺，一心依然時時清淨朗照。開悟，正是覺察我們本來的覺性。就這點而言，宗密有別於他的老師澄觀，因為他認為華嚴的主要教義是如來藏，而不是事事無礙。❺如同禪宗，宗密也強調我們根本要務是覺察自己本來的覺性。因此，宗密在華嚴宗和禪宗皆備受尊崇。教禪合一也是由於他的倡導，這是漢傳佛教的特色，並未出現於日本佛教中。

　　本章首先探討漢傳佛教諸宗與教派有何不同，接著討論印度兩個大乘佛教學派。中觀學派和瑜伽行派對漢傳佛教思想家影響深遠，而天台和華嚴是漢傳佛教獨有的兩大義學宗派。天台教義被形容為漸圓，華嚴教義則是頓圓。天台的性具說可以和華嚴的性起說做對比。儘管天台、華嚴二宗各自標舉一部特定經典做為佛陀的最終教義，但這兩個傳承都受惠於《起信論》，差別在於華嚴強調真如清淨覺心，而天台強調現象界的迷妄染汙心。歷史上，華嚴與禪宗，天台與淨土，兩兩關係密切。許多禪師偏愛《華嚴經》，而如同第七章即將討論的內容所示，宋代許多淨土居士會社皆由天台

祖師大德創立。華嚴和禪宗都強調人心本自清淨，了悟此理可導致頓悟。天台由於深信性具，強烈意識到人類處於岌岌可危的狀態以及發露懺悔的必要性。虔誠信仰對天台而言，有跟淨土一樣的重要性。

　　天台宗和華嚴宗，如同接下來兩章即將討論的禪宗和淨土宗，都是漢傳佛教獨創的宗派，在印度並不存在。台、嚴二宗傳入日、韓，成為東亞佛教的特點。這兩個宗派的義理基礎是許多大乘經典皆強調的空性、不二，以及眾生皆有佛性。然而，天台呼應《起信論》一心、眞如、如來藏等正面用語，將究竟實相稱為「一心」，而華嚴則稱之為「理」。此二宗的教義直接影響我們如何看待所處的世界和自己的生命。它們肯定世間的宗教價值，讓日常生活具有精神意義，也契合中國本土傳統，不區隔凡聖。更確切地說，我們是相當於宏觀世界的縮影，透過心靈與道德的修養，人類可與天、地合三為一。

■ 問題討論

1. 何謂漢傳佛教宗派？
2. 漢傳佛教徒爲何創制判教？
3. 你對天台的性具教義作何理解？
4. 華嚴因陀羅網的比喻代表什麼涵義？
5. 本章研究的一些思想和當今的生態和環境關懷有何
   關聯？

■ 延伸閱讀

Chan, Chi-wah. 陳至華 "Chih-li (960–1028) and the Crisis of T'ien-t'ai Buddhism in the Early Sung." In *Buddhism in the Sung*, edited by Peter N. Gregory and Daniel Getz Jr., 409–441. Honolulu: University of Hawai'i Press, 1999.

Cook, Francis. *Hua-yen Buddhism: The Jewel Net of Indra*. University Park: Pennsylvania State University Press, 1977.

Gregory, Peter N. *Tsung-mi and the Sinification of Buddhism*. Princeton, NJ: Princeton University Press, 1991.

Williams, Paul. *Mahāyāna Buddhism: The Doctrinal Foundations*. London: Routledge, 1989.

Wriggins, Sally Hovey. *Xuanzang: A Buddhist Pilgrim on the Silk Road.* Boulder, CO: Westview Press, 1996.（莎莉‧哈維‧芮根斯著，杜默譯，《玄奘絲路行》，臺北：智庫，1997年）

■ 註釋

❶ *The Teachings of the Compassionate Buddha: Early Discourses, the Dharmapada and Later Basic Writings*, edited, with commentary, by E. A. Burtt (New York: New American Library, 2000), 147。此頌中譯引自葉少勇，《中論頌：梵藏漢合校‧導讀‧譯註》，上海：中西書局，2011年，頁13。參見《中論‧觀因緣品》（青目釋）：「諸法不自生，亦不從他生，不共不無因，是故知無生。」CBETA，T30, no. 1564, p. 2b6-7。

❷ Williams, *Mahāyāna Buddhism*, 66.

❸ Fung Yu-lan, *History of Chinese Philosophy*, translated by Derk Bodde (Princeton, NJ: Princeton University Press, 1953), 2:295。參見馮友蘭，《中國哲學史》增訂本，下冊，臺北：臺灣商務印書館，1993年，頁703。

❹ Wing-tsit Chan, *A Sourcebook in Chinese Philosophy* (Princeton, NJ: Princeton University Press, 1963), 371。參見陳榮捷編著，楊儒賓等譯，《中國哲學文獻選編》，臺北：巨流圖書，1993年，頁496。

❺ *On Yuan Chwang's Travels in India, 629–645 A.D.*, translated by Thomas Watters, 2 vols. London: Royal Asiatic Society, 1904–1905。參見《大唐西域記》，CBETA, T51, no. 2087。

❻ *Journey to the West*, translated by Anthony C. Yu, 4 vols. (Chicago: University of Chicago Press, 1977–1983).

❼ Chi-wah Chan, "Chih-li (960–1028) and the Crisis of T'ien-t'ai Buddhism," 411.

❽ Gregory, *Tsung-mi and the Sinification of Buddhism*, 130.

❾ Thomas Cleary, trans., *The Flower Ornament Scripture* (Boulder, CO: Shambhala, 1984), 1:66–69。參見《大方廣佛華嚴經》，CBETA, T10, no. 279, pp. 6a29, 6c26, 7b21, 8a13, 11b9-10, 12a26。

❿ Cleary, *The Flower Ornament Scripture*, 190–201。參見《大方廣佛華嚴經》，CBETA, T10, no. 279, pp. 36b17-18, 38c17-18, 38c25-26, 39a6-7。

⓫ Sangharakshita, *The Eternal Legacy* (London: Tharpa Publications, 1985), 229–231。中譯參考四十卷本《華嚴經》，CBETA, T10, no. 293, pp. 831b29-833a9。

⓬ Cook, *Hua-yen Buddhism*, 214.

⓭ Fung Yu-lan, *A History of Chinese Philosophy*, translated by Derk Bodde (Princeton, NJ: Princeton University Press, 1953), 2:350。參見馮友蘭，《中國哲學史》增訂本，下冊，臺北：臺灣商務印書館，1993 年，頁 742。

⓮ Gregory, *Tsung-mi and the Sinification of Buddhism*, 165。參見《原人論》，CBETA, T45, no. 1886, p. 710a11-16。

⓯ Gregory, *Tsung-mi and the Sinification of Buddhism*, 167.

第六章
宗門：禪宗

　　禪，是梵文 *dhyāna* 的中文音譯，意指靜慮，是八正道的第八項，所有佛教傳統都有這項基本訓練。然而，禪宗是中國獨創的宗派，在印度並不存在，後來傳到日本、韓國和越南。西方人稱之為 Zen，這是「禪」的日語音譯，因為第二次世界大戰後，首先將禪法引入西方的是日本禪師。

　　禪修絕非禪宗獨有。如前幾章所述，不同的師父傳授不同形式的禪法。安世高教導觀息和不淨觀，慧遠教導觀想念佛，智顗的四種三昧以天台止觀法門為基礎。直至十世紀，編纂高僧傳的作者通常將禪觀能力出眾的僧侶列入「習禪」的類別。禪，原本僅指修習禪法之人。雖然禪修是所有佛教徒的共通法門，但禪宗自稱是代表歷史上的佛陀釋迦牟尼最初教法的唯一傳承，因此以「禪」立宗。不像天台和華嚴以經典權威做為合法性的依據，禪宗主張以心傳心，藉由效法佛陀的禪修而證悟，而不依賴經典研究或宗教儀式。真理自佛陀之心傳予弟子摩訶迦葉，摩訶迦葉又傳法給諸弟

子，即禪的祖師。發展時期比天台和華嚴更晚的禪宗，試圖透過祖師傳承，將自宗法脈上溯至佛陀，以確立其優越性。菩提達摩是印度第二十八代祖師，將禪的法脈傳入中國，成爲中國禪宗第一代祖師。

禪宗的特色充分展現於被認爲是菩提達摩所作的四句偈中：

教外別傳，
不立文字，
直指人心，
見性成佛。

最後兩句反映出六世紀盛行的佛性思想：當一個人了悟自心本性時，即證佛果。如第五章所述，華嚴宗也抱持這種思想。然而，前兩句專指禪宗，涉及一則影響深遠的禪宗起源傳說。故事內容描述有一次在法會中，佛陀一反常態，並未說法開示，只是拈花示眾，默然無聲。與會大眾面面相覷，大惑不解，唯有眾弟子中人稱最有智慧的摩訶迦葉一語不發，破顏微笑。於是佛陀宣告大眾，他眞正的教義，即佛的心法，或稱正法眼藏，此時以這種不立言教的方式傳給摩訶迦葉。這是一種直接以心印心的傳法，有別於經典所傳的法門。這段傳說已成爲東亞地區廣爲人知的禪宗起源。

　　然而，最近的學術研究清楚地表明，「禪是教外別
傳」的說法創建於宋代。但此說並非突然出現，而是經歷了
漫長且複雜的發展過程，最終確立於 1004 年問世的《景德
傳燈錄》——這是最早的一部「燈錄」，也就是禪宗的傳法
世系史。其後數百年間，相繼成書的其他燈錄進一步加強
此說，直到成爲正統信仰。根據葛利菲‧福克（T. Griffith
Foulk）所言，如同宋代所有十方叢林，禪寺也有用於禪
修、研究經典，以及法會誦經的設施。國家規定包括禪僧在
內的所有佛教僧侶必須通曉經、律，才有資格成爲沙彌，
進而受具足戒。❶他進一步提出禪宗有此獨特主張的兩個原
因。第一是捍衛自宗，抵禦天台宗的攻訐。天台已宣稱他們
尊崇的《法華經》是佛陀的眞實教導，所以是傳續佛法的經
典。如上一章所述，天台在知禮和遵式的領導下得以復興，
兩人成功地遊說朝廷將一些叢林規畫爲教寺，並將天台著作
納入藏經。經歷很久一段時間之後，天台在十二、十三世紀
模仿禪宗史，也編撰傳法世系史，不過，天台祖師的信物不
是傳統上禪宗祖師代代相傳的衣鉢，而是拂塵和香爐。禪宗
自稱教外別傳的第二個原因，是爲了確立在教團中的優勢。
如葛利菲‧福克所述：

　　關於禪宗「教外別傳」的法脈繼承地位的爭議醞釀於宋
　代。簡而言之，這些爭議與確保在佛教教團中的聲望、護

持和特權有關，而不是關於僧格訓練或心性修持的實際問題。禪宗的擁護者成功地運用「教外別傳」的口號，主張禪門弟子透過「以心印心」一脈相傳的方式，直接紹承佛陀證悟的心法，是現存佛教出家團體中最有資格居領導地位的僧人。❷

現在讓我們看看禪宗如何呈現其歷史。

菩提達摩

關於菩提達摩有幾則故事，雖然其中可能包含若干史實，但最好將這些故事視為神話，因為每個故事都對禪宗信徒傳達一些禪的基本要義。第一則是關於達摩與梁武帝之間的問答。武帝效法印度的阿育王，篤信佛教，大力護持。他提倡茹素，自己斷肉戒酒，並且下令臣民祭祀時以蔬菜水果代替犧牲。他不僅親自講授一些佛經，也註解《維摩詰經》、《涅槃經》，以及般若諸經。他崇敬僧尼，舉行法會，廣建寺院。更引人注目的是，他曾經三度捨身入寺為奴，隨後群臣只得花錢將他贖回。武帝此舉是為這座寺院籌錢的一記妙招。

在武帝與達摩會談的故事中，武帝是陪襯，用以烘托達摩祖師更為高超的智慧。故事描述武帝在迎請達摩，問候致意之後，請教這位高僧，想知道自己為佛教做了這麼多善

明代晚期德化窯白瓷達摩坐像（出處：大都會藝術博物館 The Metropolitan Museum of Art 網站）

事，是否累積很多功德？他滿心期待得到肯定的回覆與讚揚，沒想到達摩卻簡短、唐突地答道：「無功德！」這次會談自然戛然而止，而後達摩乘著一株葦草渡過長江，至少林寺面壁禪修九年。這則故事試圖提出三點。一是表明武帝雖然對佛教極為虔誠護持，卻沒有真正了悟般若經教導的空性之諦。縱然在世俗的層次上，佛教肯定善惡功過的區別，但在勝義諦的層次上，這種區分卻被空性和不二的慧觀消融。就勝義諦而言，唯有在布施時不以自我意識覺知布施者、接受者和布施之物三者的存在，才能達到布施波羅蜜。由於武帝充分意識到自己為佛教所做的善事，所以是從世俗諦的觀點發言，而菩提達摩所言則立足於勝義諦的層次，難怪兩人話不投機。

達摩一葦過江的故事是禪畫中常見的主題，畫家也同樣喜歡描繪達摩盤坐面壁，修習「壁觀」──據說他如此修行，夜不倒單，長達九年。根據印度教和佛教的說法，禪修會產生若干神通力，稱為「悉地」（siddhi，成就），包括天耳通、天眼通、他心通、宿命通、隱身、空中飛行、水上行走等等。工夫高深的禪修者是大魔術師，達摩令人難以置信的雲遊方式顯示他道行高深，擁有神通。雖然「壁觀」字面意思是「凝視牆壁」，但學者一致認為，這其實不是指他禪修的方式，而是指困難的程度。相傳達摩修習的是無相禪觀（不運用任何意象或傳統禪修方法），因此如同攀登峭壁

一樣困難。

　　達摩並未積極招收信徒，但隨著名聲遠播，人們紛紛前來向他求法。達摩與第一位中國弟子，也就是後來被尊為二祖的慧可，兩人之間的會面和問答是禪宗聖傳中頌讚的一段公案。達摩讓慧可在巖室外的大雪中等待三天三夜，試探其誠意，直到慧可自斷左臂以示決心之後，他的態度才軟化，開口問慧可：「你為何而來？」慧可答道：「我心不安。」達摩便說：「把心拿來，我為你安心。」據說這個出乎意料的回答讓慧可開悟。

　　有關達摩的最後一個故事講述他如何選擇法嗣，禪宗傳統描述如下場景：

　　迄九年已，欲西返天竺，乃命門人曰：時將至矣。汝等蓋各言所得乎？

　　時門人道副對曰：如我所見，不執文字，不離文字，而為道用。

　　師曰：汝得吾皮。

　　尼總持曰：我今所解，如慶喜見阿閦佛國，一見更不再見。

　　師曰：汝得吾肉。

　　道育曰：四大本空，五陰非有，而我見處，無一法可得。

師曰：汝得吾骨。

最後慧可禮拜後，依位而立。

師曰：汝得吾髓。❸

慧可默然不語，藉此表明眞相不可言喻，無法用言語表達。由此可見，他得到《維摩詰經》主人翁維摩詰居士的眞傳。達摩承認慧可爲二祖，傳予袈裟，以爲法信。然而，儘管有這些豐富多彩的傳說，達摩的教法依然相當傳統，這一點在他的存世之作〈二入四行論〉中顯而易見：

夫入道多途，要而言之，不出二種：一是理入，二是行入。理入者，謂藉教悟宗，深信含生同一眞性，俱爲客塵妄想所覆，不能顯了。若也捨妄歸眞，凝住壁觀，無自無他，凡聖等一，堅住不移，更不隨於文教，此即與理冥符。無有分別，寂然無爲，名之理入。

行入者，謂四行，其餘諸行悉入此中。何等四耶？一報冤行，二隨緣行，三無所求行，四稱法行。云何報冤行？謂修道行人，若受苦時，當自念言：我從往昔無數劫中，棄本從末，流浪諸有，多起冤憎，違害無限。今雖無犯，是皆宿殃惡業果熟，非天非人所能見與。甘心忍受，都無冤訴。……此心生時，與理相應。體冤進道，故說言報冤行。

二隨緣行者：眾生無我，並緣業所轉，苦樂齊受，皆從緣生。若得勝報榮譽等事，是我過去宿因所感，今方得之，緣盡還無，何喜之有？得失從緣，心無增減，喜風不動，冥順於道，是故說言隨緣行也。

三無所求行者：世人長迷，處處貪著，名之為求。智者悟真，理將俗反，安心無為，形隨運轉，萬有斯空，無所願樂。功德黑暗，常相隨逐，三界久居，猶如火宅，有身皆苦，誰得而安？了達此處，故捨諸有，息想無求。……判知無求，真為道行，故言無所求行也。

四稱法行者：性淨之理，目之為法。信解此理，眾相斯空，無染無著，無此無彼。……智者若能信解此理，應當稱法而行。法體無慳，於身命財，行檀捨施，心無悋惜，達解三空，不倚不著，但為去垢，稱化眾生，而不取相。此為自行，復能利他，亦能莊嚴菩提之道。檀施既爾，餘五亦然。為除妄想，修行六度，而無所行，是為稱法行。❹

在這篇文章中，我們看到一些熟悉的用語，例如「無有分別」、「無為」、「空（空性）」和「六度」。文中的「壁觀」，並非意指一種實際行動，而是符合實相的心理狀態，這是透過「不隨於文教」而達到的一種「無自無他，凡聖等一」無二元對立的安定之心。

　　達摩圓寂後的兩百年間，中國各地皆有禪師積極弘揚各自獨特的禪法。第五章介紹的宗密，既是華嚴學問僧也是禪修者，他一生通曉不同的禪宗傳統，在著作中描述這些傳統的特點，其中非但不包括排斥經教，而且正好相反，禪僧和其他人一樣學習經典，這證明九世紀的禪並非教外別傳。神秀（約 605－706 年）是得到朝廷護持的高僧，也是五祖的首座弟子，而惠能生前卻鮮為人知，但是由於自稱是惠能弟子的神會（670－762）大事闡揚，結果只有惠能被公認為真正代表禪宗的禪師。神會為惠能積極造勢，宣稱惠能是六祖，是紹承達摩一脈的法嗣，而非神秀。神會抨擊神秀傳授的是漸悟，與惠能的頓悟法門截然不同，爭論的焦點在於開悟是突然發生？還是次第漸修的結果？宗密所謂「頓悟資於漸修」，或許可說是一種善巧的折衷辦法。由於神秀活躍於北方，而惠能在南方，因此分別稱為北宗禪與南宗禪的始祖。惠能的南宗禪後來成為中國乃至整個東亞的禪宗正統，這主要歸功於他在《六祖壇經》的思想所發揮的影響力。《壇經》由惠能的弟子編纂而成，這部著作稱之為「經」，意義重大。傳統上只有佛陀的言教才能稱為「經」，而所有中土佛教撰述中，只有這一部著作被尊稱為經，這暗示惠能與佛不相上下，他的言教和「佛陀的聖言」具有同等權威。

六祖惠能

　　《壇經》一開始是惠能的簡傳，將他刻畫爲聖人。惠能祖籍范陽，毗鄰今天的北京，父親原爲官員，後遭貶黜，流放到新州，相當於今廣東的一個偏遠地區。惠能年幼喪父，與寡母移居治所南海（今廣州），生活貧困，在市集賣柴維生，奉養母親。有一天，他送柴到顧客投宿的官店，聽聞有人讀誦《金剛經》，當他聽到「應無所住，而生其心」這句經文時，豁然大悟。他請問此經從何而來，念誦者說得自五祖弘忍（601－674），當時五祖正在今湖北省黃梅縣的東山弘法。那人又說，弘忍座下有弟子千人，他教導弟子：只要持誦這一卷《金剛經》，即可見到自己的本性，直下了悟成佛。於是惠能決定北上，拜五祖爲師。

　　弘忍與惠能的相遇與對話，讓人聯想起早先達摩與慧可的互動。弘忍問惠能來自何處？爲何而來？惠能回說自己是嶺南新州百姓，爲求佛法而來。當時北方人普遍認爲南方是未開化的蠻夷之地，於是弘忍詰問惠能，說他既然是南方蠻夷，怎麼能奢望成佛呢？對此，惠能答辯：「人即有南北，佛性即無南北；獦獠身與和尚不同，佛性有何差別？」❺如此答覆讓弘忍感到滿意，因此讓惠能留下，在廚房踏碓舂米，工作了八個月。《壇經》中呈現的惠能，是一個純樸不識字的平民百姓，但在這則軼事中卻成爲天生就能理解《涅槃經》核心教義佛性論之人，他對《金剛經》空性

教義的直接領悟，也同樣突顯他不依賴書本知識的智慧。這兩段故事都強調禪宗不分社會階層，人人皆可開悟成佛的民主信念。

　　如同達摩選擇法嗣，傳法給二祖的方式，弘忍也藉由偈頌比試選出六祖。有一天，他召集眾弟子，要求他們各自作一偈頌，以示對本性（亦即佛性）的了悟，悟境最高者將可得到他的衣、法。由於神秀是學識最淵博的上座比丘，其他弟子都認為他會繼承弘忍衣鉢，所以眾人放棄作偈的念頭。神秀並未直接呈遞偈頌給五祖，而是在原本預定用來繪製達摩與弘忍皆看重的《楞伽經》變相的南廊牆上，於夜半三更題偈如下：

> 身是菩提樹，
> 心如明鏡台，
> 時時勤拂拭，
> 莫使有塵埃。

　　早晨天剛亮時，弘忍看見這首偈頌，即辭退雇來繪製變相的畫師，然後勸導眾僧持誦此偈，以便依此修行，得大利益。弘忍心知此偈為神秀所作，便喚神秀入堂內，對他說：「汝作此偈，見解只到門前，尚未得入。凡夫依此偈修行，即不墮落；作此見解，若覓無上菩提，即不可得。要入

得門，見自本性。汝且去，一兩日思惟，更作一偈來呈吾。若入得門，見自本性，當付汝衣法。」❻

　　然而，神秀卻寫不出新偈頌。惠能因爲在碓房做粗活，不知道寺裡發生的事。但有一天，他無意中聽到一位路過碓房的童子持誦神秀的偈頌，當下就明白此偈並未表達眞實見地。由於他不識字，無法讀寫，所以請人在西廊牆上寫下他的偈頌：

光孝寺瘞髮塔為釋法才在惠能於菩提樹下削髮後，為募眾緣而建造的石塔，從此光孝寺成為六祖惠能創立禪宗南宗的佛教發祥地。（出處：法鼓文化資料照片）

菩提本無樹，

明鏡亦無台，

佛性常清淨，

何處有塵埃？

此偈得到弘忍的認可，但他並未公開讚賞惠能，而是半夜喚惠能入堂內，為他講解《金剛經》，惠能只聽一遍即領悟。弘忍又將頓悟法和袈裟傳給他，說道：「汝為六代祖。衣將為信稟，代代相傳；法以心傳心，當令自悟。」❼他吩咐惠能立即離寺，否則會遭人嫉妒而受傷害。於是惠能回到廣州隱居多年，出家後始在曹溪弘法。

從很多方面來說，這個故事非常奇特。弘忍沒有挑選博學多聞的僧人為其法嗣，卻選了一個又窮又不識字的在家粗工。唯一能證明惠能悟性過人的是他的偈頌，那是對神秀所作偈頌的直接反駁。兩偈有何差別？明鏡和塵埃在佛教分別代表心與種種情欲。根據佛教傳統，雖然人心本自清淨光明，但也可能被貪、瞋、癡等人類情欲所覆蓋。正因為如此，我們必須在修行中保持警覺，包含戒、定、慧的八正道正是為了達到這個目標而制定。神秀肯定不斷拂拭心鏡，以免積聚情欲塵埃的必要性，因此代表傳統的佛教修行法門。由於修行是不斷的累積，所以當漸修過程告終時才會開悟。惠能的觀點與此相反，他否定塵埃的存在，因為佛性永遠都

是「清淨」的，既然塵埃無處落定，又何須拂拭？神秀認定身與心，菩提樹與明鏡、清淨與塵埃的二元性，而惠能則否定一切二元性：無樹、無鏡、無塵。的確，這是出自《金剛經》和《維摩詰經》的般若不二智慧。由於這樣的了悟不是漸修最終的結果，而是直接觀照所有對立面的空性，因此開悟是突然發生的。

惠能在開示中教導的內容，皆根據佛性論與般若經的不二思想。以下將著重探討三個要點：定慧不二、一行三昧，以及無念、無相、無住。

佛教八正道可分為戒、定、慧三學，三者彼此互依，卻也各不相同。傳統的理解是修定才能產生智慧，修定是手段，智慧是目的。然而，惠能強調定慧不二，對他來說，定慧不可分。他多次重申定慧一體：「善知識！我此法門，以定慧為本。第一勿迷，言慧定別，定慧體一不二。即定是慧體，即慧是定用。……學道之人作意，莫言先定發慧，先慧發定，定慧各別。作此見者，法有二相。」❽

為了突顯定慧不二，他以燈、光為喻，說明定、慧之間的關係。兩者同時出現，彼此互具：「善知識！定慧猶如何等？如燈光，有燈即有光，無燈即無光。燈是光之體，光是燈之用。名即有二，體無兩般。」❾若將定慧一分為二，即是將智慧或開悟誤認為需要追求的身外之物，未來才能獲得。但由於我們本具智慧和佛性，覺悟已在當下。像惠能這

樣教導定慧不二,即是頓教;確認定慧不二,即是頓修,並非透過次第漸修的過程而證悟這個道理。根據定慧不二,自然產生另外兩項核心教義:一行三昧,以及無念、無相、無住。惠能提出這些思想時,屢次提及《維摩詰經》,由此可見他絕不是《壇經》中描繪的鄉下文盲。

> 一行三昧者,於一切時中,行、住、坐、臥,常行直心是。《淨名經》云:「直心是道場,直心是淨土。」……但行直心,於一切法上,無有執著,名一行三昧。迷人著法相,執一行三昧,直言坐不動,除妄不起心,即是一行三昧。若如是,此法同無情,卻是障道因緣。道須通流,何以卻滯?心不住法,道即通流,住即被縛。若坐不動是,維摩詰不合呵舍利弗宴坐林中。❿

惠能不僅對定、慧提出全新的解釋,也讓禪修展現新貌。對他來說,禪修不是在特殊的地方靜坐不動,拋開所有念頭,因為這麼做即是區別靜坐與行動、思考與不思考,以致執著於禪修的外在形式。正確的禪修只不過是在日常活動中,無論行、住、坐、臥,皆保持直心。何謂直心?直心即是不二之心,不去分別坐與不坐,思維與不思維,而是在任何情況下維持如如不動、了了分明。唯有如此,心才能像道一樣,通流無礙。不做評價的心猶如明鏡,任何人、任何事

物現前，皆如實反映。明鏡不判斷，也不執著或迷戀鏡面映現的影像，映像也不會在鏡中固定不動。這就是《金剛經》所說的無住之心。人一旦心生分別，就會妄加判斷，然後對這一件事念念不忘。無明之人的心即是如此運作，這就是他們受苦的原因。

修直心或一行三昧自然而然導致最後的無念、無相、無住。

　　善知識！我此法門，從上以來，頓漸皆立無念為宗，無相為體，無住為本。何名無相？無相者，於相而離相。無念者，於念而不念。無住者，為人本性，念念不住，前念、今念、後念，念念相續，無有斷絕。……一念若住，念念即住，名繫縛。於一切法上，念念不住，即無縛也，是以無住為本。善知識！外離一切相，是無相。但能離相，性體清淨。是以無相為體。……世人離見，不起於念，若無有念，無念亦不立。無者無何事？念者念何物？無者，離二相諸塵勞；念者，念真如本性。真如是念之體，念是真如之用。自性起念，雖即見聞覺知，不染萬境，而常自在。《維摩經》云：「外能善分別諸法相，內於第一義而不動。」❶

在這三者之中，最難理解的或許是無念。惠能的定義

如下：「無念者，於念而不念。」這是一個詭論：正當思考
之際，怎麼能不思考？彼得・葛瑞格提出完善的解釋：

　　若能留意此處使用的「念」（英譯為 thought）有兩種
　不同的涵義，對於理解這個定義以及隨後的解釋大有裨
　益。「念」的主要意義（念 1）是指整個心理活動範圍，
　包括我們見、聞、感知和意識到的一切；這是時時刻刻持
　續不斷、不滯留的心念。「念」的次要意義（念 2）是指
　中斷念念相續之流，而以其中某一念頭為對象的心理活
　動，就像我們「思量」或「記掛」某事的時候。因此「無
　念」的定義可以註解如下：「無念，意指在念念相續之中
　（念 1）不起心動念（念 2）。」❷

　　現在我們可以總結惠能的主要教義。由於我們的佛性
清淨，所以證悟就是直接照見佛性，而不依靠漫長艱鉅的漸
修過程。若要見性，必須做到以下四點：一、不持有觀點，
不分別、執著外境──這是「無相」；二、不記掛任何念
頭，而是讓心覺知每一個念頭──這是「無念」；三、能依
照上述原則度日，不執著任何事物或任何念頭──這是「無
住」；四、以此方式生活即是禪定，而禪定即是智慧。
　　雖然《壇經》塑造的惠能是一個純樸的鄉下文盲，但
如前所述，他的教義以般若經、空性論和佛性論為基礎。在

日常生活中如何應用他的教導呢？讓我們看看面對人與事件時，如何處理。每一天，我們會遇到男女老少、貧富美醜等各種不同的人。根據惠能的教導，我們應該全神貫注面對相遇的每一個人，但不該存心評價或論斷對方，心裡不要有「這個人有魅力」，或「他怎麼這麼矮？」等念頭。如果能做到這一點，即可保持純粹覺知，不陷入好惡等對立情緒的糾葛。一旦相逢的因緣已了，就繼續前行，不再掛念已經發生的事。生活中發生的事件也是如此，例如失去心愛之物或獲得工作陞遷時，我們清清楚楚知道傷心或快樂的感受，但不因惦念那樣的經驗而停留在那種心態中。這就是惠能所謂的無住與無念。這麼做是有道理的，因為在究竟的層次上，人和事物皆空無自性。我們雖然生存在形形色色的現象世界中，但現象無定相，所以是「無相」。如此看待世界即是智慧，保持如此慧觀即是禪定，因此，定慧是一體兩面。在無相世界中發揮作用的無念無住之心通流無礙，絕非一念不生、靜止不動。恰恰相反，正因為心不起分別，不作評價，所以不會停滯不前，不會執著於任何事物，而能隨時直接體驗生活中的新事件，並且輕鬆而有效地處理。

六祖之後的禪宗

到了九世紀中葉，南宗禪贏得大眾的支持，尊惠能為六祖，後來所有禪宗分支的法脈皆可上溯至南宗禪。禪宗的

分支，史稱「五家」，其中臨濟、曹洞二宗延續至今，並且傳到日本。兩宗的主要區別在於對立志習禪弟子的教導方法。如同菩提達摩的壁觀，惠能的一行三昧也吸引有直觀洞見的人，亦即佛教所謂的利根者。起初，禪宗並沒有提供禪修者任何具體指導原則或修行方法。

但是，如果禪宗主張人人本具佛性，一個人要如何體悟這個道理呢？這個具有民主精神的前景必須憑藉實用的修行方法才能實現。禪宗五家的創始者各自建立傳統，並且依據弟子不同的根性，傳授獨特的法門。臨濟宗和曹洞宗所用的方法，分別是「公案」和「默照」。臨濟禪因高僧臨濟義玄（卒於 867 年）而得名，可上溯至馬祖道一（709－788）；曹洞禪以洞山良价（807－869）、曹山本寂（840－901）兩位大師的名字命名，可追溯至石頭希遷（700－790）。馬祖和石頭是傳承六祖法脈的兩位著名大師。

關於臨濟大師的教導風格，《臨濟錄》載有一些典型實例。此書內容包含他在講堂對弟子的開示。大師正式宣講，稱為「上堂」，意即大師在與會大眾前陞座說法。

> 上堂云：「赤肉團上有一無位真人，常從汝等諸人面門出入，未證據者看看。」
>
> 時有僧出問：「如何是無位真人？」

師下禪床把住，云：「道道。」

其僧擬議，師托開，云：「無位真人是什麼乾屎橛？」

便歸方丈。⑬

「無位真人」意指佛陀，不過這個用語也出現在道家宗師莊子的著作中，用以形容覺悟者。在上述引文中，臨濟說佛在每個人的心中。有弟子問他：無位真人是什麼樣子？臨濟沒有回答，反而做出意料之外的舉動；他從座位起身，一把抓住這個弟子，要他回答。在中國社會中，師生之間的應對進退，就像不同社會階層和性別之間的互動，皆有嚴格的禮節規範，老師永遠不會出手揪住學生，而臨濟的行為跳脫常規。他命令弟子即興回答，更令人震驚。然而，正當弟子準備開口回答時，臨濟卻投下最後一記震撼彈；他告訴弟子，無位真人或佛陀，等同於如廁時手邊沒有衛生紙可拭穢，取而代之的廁籌（乾屎橛）！

把佛陀比作廁籌是最大的不敬。然而，若要破除一切基於二元性的見解，還有什麼作法比這更有效？道家宗師莊子採用了同樣的教學法，他也將道和公認最汙穢之物相提並論。

東郭子問於莊子曰：「所謂道，惡乎在？」

莊子曰：「無所不在。」

> 東郭子曰:「期而後可。」
> 莊子曰:「在螻蟻。」
> 曰:「何其下邪?」
> 曰:「在稊稗。」
> 曰:「何其愈下邪?」
> 曰:「在瓦甓。」
> 曰:「何其愈甚邪?」
> 曰:「在屎溺。」
> 東郭子不應。❶

　　東郭子必定如同臨濟的出家弟子,感到大惑不解,一頭霧水。

　　還有一次,臨濟在開示中鼓勵弟子對自己有信心,因為他們本具佛性,但是他卻透過令人驚愕的大不敬言詞來傳達他的意思:

> 道流!爾欲得如法見解,但莫受人惑。向裏向外,逢著便殺:逢佛殺佛、逢祖殺祖、逢羅漢殺羅漢、逢父母殺父母、逢親眷殺親眷,始得解脫。不與物拘,透脫自在。❶

　　如同所有偉大禪師,臨濟的教導非常善巧,令人震驚的言行是讓弟子徹底了解要點的手段。但正如以下這段語錄

所示，他也教導他的弟子要率眞自然：「道流！佛法無用功處，秖是平常無事，屙屎送尿，著衣喫飯，困來即臥。愚人笑我，智乃知焉。」❻

　　這段勸導與莊子的意見頗爲相似，臨濟甚至以道爲法。兩位思想家都認爲人人皆已開悟，因爲人本具佛性，或源自於道，只因分別心而產生錯誤思想和觀點，結果背離了自己的本性。如果能夠捨離分別心，即可開悟。覺悟不是來自外界，我們無須獲得任何東西以達到開悟；一旦放下妄念，保持自然率眞，悟境自會出現。

　　在禪宗史中，運用公案做爲禪修方法的起始年代較晚，直到宋代才開始盛行。最初從菩提達摩到六祖惠能的兩百年間，並沒有修習公案以引導開悟之事。八、九世紀期間，臨濟等禪宗大師同樣不刻意或有系統地使用公案，他們通常以日常事件、淺顯的例子，或掌摑、棒打、腳踢、大喝、大笑等不用文字的「肢體語言」，來回答弟子關於「如何是禪？」或「如何是祖師西來意？」等問題——這些問題都是關於究竟實相的密語。有時他們可能會引用一段軼事或古德的一句話，以便讓弟子眞正明白某項要旨。然而，當時並沒有將公案記錄下來，編輯成冊，這些禪師也沒有經常援用這種公案集的例子。早期的禪宗大師不自覺地創造了許多公案，但並未指定任何特定的公案做爲弟子的禪修主題。到了十一世紀，人們熱衷收集古德的公案，導致「燈錄」、

「語錄」等新文學體裁的誕生。著名的例子有 1004 年道原編纂的《傳燈錄》，內含一千餘條公案；1125 年的《碧巖錄》有百則公案，由雪竇重顯（980－1052）輯錄，圜悟克勤（1063－1135）註解、評唱；1228 年無門慧開（1183－1260）彙編，並且加上註釋和偈頌的《無門關》，共有四十八則公案。

這種重視公案集的新趨勢是有原因的。845 年會昌法難之後的五十年間，同一世代的傑出禪師相繼凋零。有別於重視經教的天台、華嚴，以及強調虔信的淨土宗，禪宗在此之前一向強調個人的宗教體驗，也就是開悟的體驗。開悟非但無法透過語言文字或概念來教導，言詞和概念反而讓人陷入分別心和理性思考，與真理的體悟背道而馳。理想的開悟條件是在已開悟的大師座下修習，大師善巧的點撥和無情的逼拶，可迫使一個人突破習慣的思考和行為方式，達到一種新的存在方式。到了十世紀，由於大師逐一謝世，人們感到迫切需要另覓新法以訓練弟子。在所謂開悟的自我脫胎換骨的奇蹟中，如果無法隨時找到真正的大師擔任「助產士」，是否可有替補者，或替代品？當時找到的替代方案是公案，希望透過彙集早期公案，並且專心一意參究公案中的關鍵詞句，可以重現當初的開悟體驗。

看話禪

　　什麼是公案？禪宗門人總是以「公案」一詞意指禪師與弟子之間的對話或事件。就某種意義而言，所有關於禪宗大師的故事，無論長短，都是公案。師弟之間的對話通常包含弟子的問題和禪師的回答，而答案的獨特之處在於似非而是的性質。宋代禪宗達到全盛時，禪僧很少使用「公案」一詞，反而偏愛「話頭」；「公案」是指整個情境或事件，而「話頭」特指事件中的關鍵詞或要點。唐代禪宗大師趙州和僧人之間的一段著名對話，可用以說明公案和話頭的區別：「趙州和尚因僧問：狗子還有佛性也無？州云：無。」❶整段對話稱爲公案，但以此參禪的修行者不應思考其中的問題與答案，而應該全神貫注於「無」這個關鍵詞──這就是禪修者的話頭。

　　臨濟宗和曹洞宗均活躍於南宋時期。許多禪師在訓練禪僧時，同時使用公案和坐禪，但是臨濟宗大師大慧宗杲不然，他堅持只用公案禪修，反對靜坐，認爲靜坐促成死氣沉沉的虛無，以及被動的逃避現實。他將教人靜坐的曹洞禪師稱爲「邪師」，又稱曹洞禪法爲「默照邪禪」，而他本身的傳承後來被稱爲「看話禪」。學者認爲在禪宗發展過程中，大慧是影響深遠的人物，自大慧時代迄今的漢傳佛教徒也抱持同樣的觀點。大慧的重要性主要在於成功地創造以公案參禪的「正統」禪法，就某種程度而言，江戶時期屬於同一傳

承的臨濟禪宗大師白隱（1686－1769）的積極作為，也在日本產生了同樣的影響。

大慧強調全神貫注於話頭（公案中的關鍵語）的重要性，必須專注到無暇顧及其他一切利益、嗜好和成見的地步。如此參究話頭和「思考」不同，事實上，參話頭和人們平常的推論思維過程完全相反。以《無門關》第一則，趙州「無」字公案為例，要如何認真思考這個「無」呢？這當然沒有「意義」，既然知道一切有情眾生皆有佛性，狗無疑是眾生，那為什麼趙州回答「無」呢？學僧與趙州的整段對話都是莫名其妙，再怎麼努力也想不通，無法透過理智來了解。實際上，理性無法參透，使得話頭難以「理解」，這正是公案的根本特色，讓公案成為有效的禪修手段。

有一個方式有助於了解公案或話頭，也就是視之為直接頓悟全新實相的契機。公案之所以有效，在於能讓禪修者產生疑情，以及隨之而來的困惑、沮喪、焦慮、憤憤等感受。如果禪修者看重自己所修的公案，這種令人痛苦不安的疑情所產生的強烈急迫感，會驅使他去「解決」這個公案。在實際修行中，要是沒有禪師不斷的鞭策，恐怕很少有禪僧能夠精進不懈。因此，大慧未開悟前，曾被他的師父嚴斥「不疑言句〔他的話頭〕」。禪師一向認定這種疑情在開悟過程中發揮的關鍵作用。大慧之後約六百年的白隱禪師，認為「大疑情」是每一次開悟體驗背後不可或缺的推動力，主

張大疑大悟，不疑不悟。

話頭如何產生疑情呢？話頭造成震撼、驚訝，打破禪修者視爲理所當然的期待。在傳統白話小說和戲劇中，話頭意指「開場白」，說白者一開始宣講的簡短陳述，介紹劇中特定情境，也讓後續情節能順利展開。然而，就公案而言，接下來的陳述或事件並非按照合理順序鋪陳，而是毫不相干，有時甚至不合邏輯，也就是答非所問或前後不連貫，讓參禪者因此感到詫異，脫離原本熟悉的理性世界，變得容易轉變，接受轉變。話頭產生的「震撼」，能令參禪者頓悟。

默照禪

大慧抨擊曹洞宗，說他們教導的是「默照邪禪」，這是合理的嗎？曹洞諸師與其他禪宗支派一樣，使用公案和話頭，但與大慧不同的是，他們使用的方法並非僅限於此，也不像大慧那樣強調疑情是導致開悟的核心關鍵。曹洞宗認爲不需要刻意尋求開悟，因爲人人皆已本具佛性。所謂「默」，即是禪定，也就是靜坐而心不住於任何念頭；所謂「照」，即是慧觀，也就是讓我們的本性放光如明鏡。依此理解，則我們的佛性顯現於日常生活的一切身心活動，而默照是佛性在禪坐中起作用。

如此看來，默照禪非但不是異端邪說，反而可能更符合六祖的禪法和《起信論》的教義。大慧的看話禪強調全心

凝聚於一個話頭，以達到頓然開悟的剎那。因此，參話頭是達到目的的手段，定、慧顯然有區別。這與六祖定慧不二、一行三昧等核心教義相牴觸，也將《起信論》所說的本覺、始覺一分爲二，所以屬於二元論。默照禪法正好相反，它不分別定（默）、慧（照）；若人讓心任運自在，不執著於一話頭，即已處於開悟狀態。如此一來，《起信論》所謂的本覺不離於始覺。相對於大慧的禪法，默照禪屬於非二元論。這就是爲什麼莫頓・舒特（Morten Schlütter）總結如下：「大慧才是離經叛道之人，他毫不掩飾地淡化本覺的重要性，而且他的新禪修方法極力專注於努力達到突破而證悟的一刻。由於他堅持以開悟爲念茲在茲的目標，這種二元論的漸修立場或許給人留下批評的把柄。」[18]

　　話頭與默照之爭在南宋時期達到白熱化的地步。正如禪宗初期自稱「教外別傳」的動機是想要獲得護持，根據舒特的看法，同樣的因素在南宋這場爭端中也發揮重要作用。[19]宗教從未脫離世俗對權力的關注。後來的禪師在訓練弟子時，話頭與默照並用。例如，近年來聖嚴法師教導這兩種方法，通常先教話頭禪，等弟子有足夠的進步，然後才教默照禪。因爲不用話頭，弟子在修默照禪時沒有著力點，所以一般認爲挑戰性比較高。

禪宗如何成為漢傳佛教的主流？

　　現今大多數漢傳佛教寺院，即使方丈精通天台或華嚴義理，仍自稱爲禪寺。已故的聖嚴法師即是一例，他雖是著名的禪師，但有關天台、華嚴的著述甚多。1970 年代後期他承接師父東初長老創建於臺北的道場，稱爲「農禪寺」，1990 年代創辦法鼓山，是臺灣四大佛教團體之一，以弘揚禪法爲宗旨。密集的禪修稱爲禪七，寺院透過這種廣受歡迎的方式，將禪法介紹給有興趣的在家人。在七天的禪期中，參禪者住在結界範圍內，在禪師的指導下禪修，必須保持靜語，不得和其他同參道友或外界人士溝通，也不應該閱讀或書寫。另一種盛行的佛教儀式是參加佛七，精進念佛。佛七仿照禪七的模式，雖然這是淨土法門，但經常在禪寺舉辦。

　　禪宗在宋代達到成熟階段，並在中國成爲主流佛教宗派，教團、社會和文化等因素皆發揮了重要作用。如第四章所述，佛寺分爲十方叢林和私廟。有宋一代，國家在地方官員的支持下，將許多私廟改建爲十方叢林。到了十三世紀初，半數的十方叢林被劃爲禪寺，這表示住持必須是繼承禪宗法脈的僧人。禪宗史上兩大重要發展也發生在宋代：以傳法爲基礎而建立法脈，以及編纂燈錄以記載法脈傳承。禪宗法脈類似世俗世系的家譜，雖然所有禪僧共尊六祖惠能爲「祖師」，但六祖門下分出不同的世系，也就是禪宗諸大師與其法嗣薪火相傳的法脈。文人和達官顯要資助燈錄的編

纂，然後經皇帝批准，將燈錄收入藏經。

燈錄與高僧傳不同，內容包括禪師令人費解的言論，以及跳脫常規的行為。如同語錄和公案集，燈錄也是文人樂於閱讀的文學作品。此外，許多禪師是造詣很高的詩人、作者和畫家，他們結交文人、官員，其中有些成為他們的在家弟子。中國精英文化深受禪宗影響，禪宗也因此得到文人學士的欣然接受和熱心護持。

自宋代朝廷將大多數叢林指定為禪寺以來，儘管禪宗有不同的法脈，卻一直是漢傳佛教的主流傳統。這與日本的情況大不相同，日本臨濟宗和曹洞宗一向基於制度的區隔，維持各自的宗派特性。

■ 問題討論

1. 禪宗中的「禪」是什麼意思？禪宗和其他佛教傳統有何不同？
2. 從菩提達摩的故事，我們可以知道禪宗有什麼特色？
3. 為什麼惠能的偈頌得到五祖的認可？
4. 你對《壇經》的「無念」教義作何理解？
5. 何謂公案？為什麼公案對禪修者如此重要？

■ 延伸閱讀

Broughton, Jeffrey L. *The Bodhidharma Anthology: The Earliest Records of Zen*. Berkeley: University of California Press, 1999.

Foulk, T. Griffith. "Myth, Ritual, and Monastic Practice in Sung Ch'an Buddhism." In *Religion and Society in T'ang and Sung China*, edited by Patricia Buckley Ebrey and Peter N. Gregory, 147–208. Honolulu: University of Hawai'i Press, 1993.

——. "Sung Controversies concerning the 'Separate Transmission' of Ch'an." In *Buddhism in the Sung*, edited by Peter N.

272
漢傳佛教專題史

Gregory and Daniel A. Getz Jr., 220–294. Honolulu: University of Hawai'i Press, 1999.

McRae, John R. *Seeing through Zen: Encounter, Transformation, and Genealogy in Chinese Chan Buddhism.* Berkeley: University of California Press, 2003.

Poceski, Mario. *Ordinary Mind as the Way: The Hongzhou School and the Growth of Chan Buddhism.* Oxford: Oxford University Press, 2007.

Schlütter, Morten. "Silent Illumination, Kung-an Introspection, and the Competition for Lay Patronage in Sung Dynasty Ch'an." In *Buddhism in the Sung,* edited by Peter N. Gregory and Daniel A. Getz Jr., 109–147. Honolulu: University of Hawai'i Press, 1999.

——— . *How Zen Became Zen: The Dispute of Enlightenment and the Formation of Chan Buddhism in the Song Dynasty.* Honolulu: University of Hawai'i Press, 2008.

Schlütter, Morten, and Stephen F. Teiser, eds. *Readings of the Platform Sūtra.* New York: Columbia University Press, 2012.

Weller, Albert. *Monks, Rulers, and Literati: The Political Ascendancy of Chan Buddhism.* Oxford: Oxford University Press, 2006.

Yampolsky, Philip B. *The Platform Sutra of the Sixth Patriarch.* New York: Columbia University Press, 2012.

■ 註釋

❶ Foulk, "Myth, Ritual, and Monastic Practice."

❷ Foulk, "Sung Controversies," 221.

❸ Heinrich Dumoulin, *A History of Zen Buddhism* (Boston: Beacon, 1969), 73。參見《景德傳燈錄》，CBETA, T51, no. 2076, p. 219b27-c5。

❹ Jeffrey L. Broughton, *The Bodhidharma Anthology: The Earliest Records of Zen* (Berkeley: University of California Press, 1999), 9–12。參見《少室六門》，CBETA, T48, no. 2009, pp. 369c20-370a23。

❺ 參見《南宗頓教最上大乘摩訶般若波羅蜜經六祖惠能大師於韶州大梵寺施法壇經》（以下簡稱《六祖壇經》），CBETA, T48, no. 2007, p. 337b3-5。

❻ Wm. Theodore deBary, ed., *The Buddhist Tradition* (New York: Modern Library, 1969), 215。參見《六祖壇經》，CBETA, T48, no. 2007, p. 337c15-20。

❼ DeBary, ed., *The Buddhist Tradition*, 217。參見《六祖壇經》，CBETA, T48, no. 2007, p. 338a16-18。

❽ Yampolsky, *The Platform Sutra of the Sixth Patriarch*, 135. Peter N. Gregory, "The Platform Sūtra as the Sudden Teaching," in *Readings of the Platform Sūtra*, ed. Morten Schlütter and Stephen F. Teiser (New York: Columbia University Press, 2012), 96。參見《六祖壇經》，CBETA, T48, no. 2007, p. 338b6-12。

❾ Gregory, "The Platform Sūtra as the Sudden Teaching," 96。參見《六祖壇經》，CBETA, T48, no. 2007, p. 338b26-28。

❿ Yampolsky, *The Platform Sutra of the Sixth Patriarch*, 136。參見《六祖壇經》，CBETA, T48, no. 2007, p. 338b15-23。

⓫ Yampolsky, *The Platform Sutra of the Sixth Patriarch*, 139。參見《六祖壇經》，CBETA , T48, no. 2007, p. 338c2-23。

⓬ Gregory, "The Platform Sūtra as the Sudden Teaching," 100–101.

⓭ Burton Watson, trans., *The Zen Teachings of Maser Lin-chi: A Translation of the Lin-chi lu* (New York: Columbia University Press, 1999), 13。參見《鎮州臨濟慧照禪師語錄》（以下簡稱《臨濟錄》），CBETA, T47, no. 1985, p. 496c10-14。

⓮ Mair, Victor H., ed., *Wandering on the Way: Early Taoist Tales and Parables of Chuang Tzu* (Honolulu: University of Hawai'i Press, 1994), 217。參見《莊子・外篇・知北遊》。

⓯ Burton Watson, *The Zen Teachings of Maser Lin-chi*, 52。參見《臨濟錄》，CBETA, T47, no. 1985, p. 500b21-25。

⓰ Burton Watson, *The Zen Teachings of Maser Lin-chi*, 31。參見《臨濟錄》，CBETA, T47, no. 1985, p. 498a16-18。

⓱ 參見《無門關》，CBETA, T48, no. 2005, p. 292c23-24。

⓲ Schlütter, *How Zen Became Zen*, 173.

⓳ Schlütter, "Silent Illumination, Kung-an Introspection, and the Competition for Lay Patronage in Sung Dynasty Ch'an," 109–147.

第七章

信願之門：淨土宗

　　至少從 1950 年代開始，美國人就已經知道中國禪
（Chan）與日本禪（Zen），但很少人聽說過大多數漢傳佛
教徒信奉的佛教：淨土宗。俗話說：「人人念彌陀，戶戶拜
觀音。」觀音是最受歡迎的菩薩，而阿彌陀佛是最為人所知
的佛。淨土法門一直是漢傳佛教的一部分，不僅《起信論》
提及，天台大師智顗將觀想阿彌陀佛，做為體證三昧的一種
方法，就連《壇經》也提到念佛。信仰阿彌陀佛和彌陀淨土
從未局限於任何一宗，根據高澤民（Daniel Getz）的一項研
究，「淨土宗並不是一個具有獨立宗派意識的法脈或教義
體系的教團組織。更確切地說，在南宋（1127 － 1279）之
前，淨土一直是漢傳佛教宗教生活的眾多層面之一，而且隨
著隋唐時期各種教義和修行體系的興起，淨土在不是被認為
專宗淨土的教團制度內，成為其整體要素之一。」❶
　　然而，標準教科書將淨土列為漢傳佛教主要宗派之
一。不過，淨土與前兩章探討的天台、華嚴、禪宗大不相

同。淨土不像禪宗，沒有祖師相傳的法脈；是南宋宗曉、志
磐兩位天台大師在撰寫傳法世系史以確立知禮為首的山家
派為天台正統時，為淨土建立類似禪宗和天台宗的祖師相傳
法脈。兩位大師雖然共尊慧遠為初祖，但是對於後續祖師的
選定卻不盡相同。有別於天台、華嚴認定一部經為究竟真理
的言教，淨土行者對於做為根本依據的經典或經系，見解不
一致。事實上，淨土有兩種截然不同的傳統，雖然兩者都強
調念佛法門（觀佛，或稱念佛名），但對於「念佛」卻有不
同的詮釋。慧遠代表其中一種傳統，以《般舟三昧經》為根
本經典。在這個傳統中，念佛意指專心一意於阿彌陀佛，目
標是透過觀想達到三昧，並且在定中親見阿彌陀佛。宗曉、
志磐皆認定的二祖善導（613－681）代表另一種不同的傳
統，可上溯至曇鸞（476－542）、道綽（562－645），所
依據的根本經典是所謂的淨土三經：《阿彌陀經》、《無量
壽經》和《觀無量壽經》。這個傳統的念佛，意指稱念阿彌
陀佛的名號。兩種傳統皆以往生西方淨土為最終目標，但前
者強調此生在三昧中「見佛」的重要性——這並不是後者關
切的要點。兩種傳統的分歧在於對「念佛」一詞的解釋，這
個用語是梵文 *Buddhānusmrti* 的漢譯，原意是憶持或憶念佛
的相好，不過，「念」這個漢字也可以表示稱念佛名。雖然
念佛可以指觀想佛或稱念佛名，但後者已成為公認的淨土修
行方法。

淨土諸經、阿彌陀佛與其淨土

阿彌陀佛，意思是「無量光」，又名「無量壽」。由於他壽命無量，光明無遠弗屆，所以同時具有這兩個名號，如《阿彌陀經》所述：「彼佛何故號阿彌陀？……彼佛光明無量，照十方國，無所障礙，是故號爲阿彌陀。……彼佛壽命及其人民，無量無邊阿僧祇劫，故名阿彌陀。」❷阿彌陀佛現居極樂世界，位於我們這個世界體系的西方，因此稱爲西方淨土。大乘佛教的宇宙論認爲，宇宙由眾多世界體系構成，這些世界體系周而復始地經歷成住壞空的過程。這套宇宙論也說明無量諸佛居住在自己的佛土，那是他們心靈影響的領域，又稱爲淨土。

在諸佛淨土中，我們與阿彌陀佛的淨土特別有緣，因爲早在成佛之前，他就發了一連串大願，目的是爲我們創造淨土。彌陀淨土的起源是《無量壽經》的核心要旨。根據此經記載，過去久遠無量劫前，有一比丘名爲法藏，發菩提心，立下四十八菩薩誓願。淨土宗特別強調其中第十八、十九、二十願，法藏比丘在這三願中宣誓創建淨土，凡是有德、至誠發願往生其佛土，以及一心繫念他的眾生，皆得往生此土，若不達所願，誓不成就無上菩提。法藏現已成爲西方淨土的阿彌陀佛，這證明他的誓願已經實現，我們保證可以往生彌陀淨土。虔誠的信徒不僅能往生淨土，而且甚至在他們臨終之前，阿彌陀佛，連同觀音爲首的菩薩眾，即會前

來接引：

　　設我得佛，十方眾生，至心信樂，欲生我國，乃至十念，若不生者，不取正覺。……

　　設我得佛，十方眾生，發菩提心，修諸功德，至心發願，欲生我國，臨壽終時，假令不與大眾圍遶現其人前者，不取正覺。

　　設我得佛，十方眾生，聞我名號，係念我國，殖諸德本，至心迴向，欲生我國，不果遂者，不取正覺。❸

　　如這些誓願所言，雖然阿彌陀佛的淨土是由他的悲願所造，但是若要往生彌陀淨土，我們必須要有功德、發願，以及至心「十念」。這顯然意指用心觀佛，而不是稱念他的名號。《阿彌陀經》也同樣強調一心專注於阿彌陀佛名號的重要性，這是往生淨土的唯一條件：

　　舍利弗！若有善男子、善女人，聞說阿彌陀佛，執持名號，若一日、若二日、若三日、若四日、若五日、若六日、若七日，一心不亂。其人臨命終時，阿彌陀佛與諸聖眾，現在其前。是人終時，心不顛倒，即得往生阿彌陀佛極樂國土。❹

十八世紀阿彌陀佛西方淨土唐卡（出處：大都會藝術博物館 The Metropolitan Museum of Art 網站）

　　《無量壽經》同等重視阿彌陀佛的慈悲和我們自己的努力，《阿彌陀經》卻說往生淨土全憑阿彌陀佛的慈恩；兩者之間的差異通常以「自力與他力相對」表述。第三部淨土經典《觀無量壽經》與前兩部不同，提供往生淨土的其他方法。學者認為此經的撰述地點在喀什米爾一帶，而且經文中穿插了一些中土論述。這部經屬於強調觀想佛菩薩的經系。此經自述是釋迦牟尼佛對韋提希王后（Queen Vaidehi）的教導，當時韋提希被逆子阿闍世王（Ajātaśatru）幽禁，想要往生無有憂苦之地，問佛是否有如此國土。佛陀告訴韋提希，阿彌陀佛的國土就在不遠處，如果她繫念諦觀，即可往生彼國。佛陀接著指導韋提希如何循序漸進次第觀想。由於彌陀淨土位於我們這個世界體系的西方，一開始應該觀想日落，繼而觀想淨土莊嚴諸相，接著觀想阿彌陀佛和二位脅侍菩薩，最後是西方三聖，也就是阿彌陀佛、觀世音菩薩、大勢至菩薩——如此觀想確保王后得生淨土。這種行法費時費力，卻更為詳細和精確，是典型的第一種念佛，也就是出現在兩部淨土經典中的觀佛。這種修行法也同樣見於慧遠奉行的《般舟三昧經》。一心觀想致使臨終前能親自面見阿彌陀佛，若人見佛現在眼前，必定往生淨土。

　　《觀經》有兩個獨特的要點，學者因此認為這些是中國人增補的內容。第一點是根據人一生行為善惡而定的九品往生，也就是上、中、下三級往生品位，又各自細分為

上、中、下三等，形成以下九品：上品上生、上品中生、上品下生、中品上生、中品中生、中品下生、下品上生、下品中生、下品下生。無論是什麼品位，往生淨土者皆在蓮花中化生，但是何時能夠花開見佛，取決於品位的高低；上品上生者立即花開見佛，而下品下生者必須在蓮胎中等待十二大劫。九品往生顯示官僚體制的思維，也可能反映出中國的官吏等級。事實上，明確分為九等的選官模式，由三國時代（220－280）的官員陳群（卒於237年）首先提出。《觀經》第二個值得注意的特色影響更為深遠，並且很可能促使第二種念佛──稱念彌陀名號──成為淨土傳統中的普遍修行方法。經中保證下下品的惡人也能得救，即使這類人無法觀想阿彌陀佛，只要臨命終時聽從他人勸導，連續稱念十聲無量壽佛，即刻往生淨土，不過必須等待很長一段時間，才能見到阿彌陀佛與觀音、勢至二菩薩。對於無法修習禪觀的廣大群眾而言，這個信息顯然極具吸引力。一個人雖然毫無功德，終其一生未曾學佛，但只要念十聲佛號，仍可往生淨土。口誦「南無阿彌陀佛」已普遍成為佛教徒偏好的修行方式，不僅限於淨土信徒。

　　什麼是淨土？為什麼淨土如此吸引人？淨土與我們這個世界相反，那裡的生活和我們在這個地球上的生活截然不同。往生淨土，就永遠不會輪迴六道。相對於我們這個世界，淨土的眾生解脫所有痛苦，享受種種快樂。淨土諸經對

西方極樂世界的莊嚴有豐富的描述；黃金爲地，樹木、樓閣皆由金、銀、琉璃、玻璃、硨磲、赤珠、瑪瑙等七寶構成，還有充滿清澈甘甜之水的七寶池，池中有各種不同顏色、大如車輪的蓮花，微風中傳來天籟妙音。此外，淨土眾生不僅受教於阿彌陀佛與脅侍菩薩，即使是阿彌陀佛神通變化而生的眾鳥，也發出悅耳的聲音宣揚佛法要旨。淨土諸鳥是神通變化所生，因爲淨土沒有畜生、餓鬼、地獄的三惡道眾生。因此，淨土更勝於感官享受的天堂，是一個可以讓人時時憶念佛法、輕易學習佛法，因而更快證悟的地方。

如同《法華經》，淨土經典受到的關注不久就表現在藝術上。最早的無量壽三聖像可以追溯到 420 年，是位於甘肅東部炳靈寺第 169 窟的泥塑造像，碑形銘文明確指出二菩薩的名號，觀世音在無量壽佛左側，一手持一蓮花花蕾。很可能由於慧遠大力弘揚淨土信仰的啓發，藝術開始反映阿彌陀佛（或無量壽佛）信仰，以及淨土信仰。對淨土和三尊佛菩薩的描繪，成爲後來漢傳佛教藝術的主要題材，當今幾乎所有漢傳佛教寺廟都有西方三聖像。

淨土祖師

十三世紀兩位天台大師以追認的方式，建立淨土的祖師傳承法脈，其中有些祖師不僅沒有師徒關係，而且竟然相隔數百年之久，因此，與禪宗法脈截然不同。曇鸞雖未列入

淨土法脈，但他對淨土宗的重要性恐怕僅次於慧遠。曇鸞出生於五台山附近，一般認為那是文殊菩薩道場所在的聖地。他原本對道教很感興趣，530 年前後因為著名的譯師菩提流支（Bodhiruci）而改變信仰。菩提流支表示，佛教有解脫生死的長生之法，因此更勝於道教，從此曇鸞終生弘揚淨土教法。曇鸞和慧遠一樣，也提倡禪觀念佛。他在著作中談到觀想阿彌陀佛的名號、相好、功德、智慧、神力，但特別強調稱名念佛。他也組織念佛會，當他臨終時，僧俗弟子三百餘人隨侍在側，齊聲念誦「阿彌陀佛」。自宋代以後，念佛會極為盛行；在臨終者身邊集體念誦阿彌陀佛名號以幫助臨終者一心念佛的作法，也一直很普遍。今天在臺灣，由「蓮友」組成的團體稱為「助念團」，他們經常到醫院、安寧療護機構和私人住宅中關懷臨終者。

　　道綽也和曇鸞一樣，未入淨土祖師之列，但他對淨土也有同樣的重要性。道綽著有《安樂集》，說明末法時代的無明凡夫如何往生淨土。如前所述，根據佛教末世論，釋迦牟尼涅槃之後，佛法將經歷三個時期：持續五百年的正法時期，歷時一千年的像法時期，以及持續一萬年的末法時期。正法時期佛教興盛，人們很容易證悟；像法時期的佛教雖保有外在形式，卻喪失內在精神，人們不僅難以開悟，而且對佛教的信仰也比較不堅定。最後到了末法時期，完全不可能證悟，甚至連寺院、僧尼、經典和佛塔，最終也會從地球上

消失。道綽和六世紀以後的所有佛教徒一樣，認為自己生逢末法時期。在他看來，淨土是最適合末法時期的法門。他勸導信徒專修持名念佛，還教導他們用小豆計數念佛，其中不乏馬拉松式念佛的實例，例如有一位比丘在七日內念佛百萬聲。據說有一位比丘尼計數念佛累積的小豆數量高達八十石（一石相當於一個人可以擔在肩上的重量單位）。後來道綽將木欒樹的種子串在一起，以撥動木欒子來計數念佛，這就是念珠的由來。

善導被尊為淨宗第二祖，他在道綽講《觀經》時前往拜會，確信淨土之道是最好的佛教修行法門。他教導兩種可以得生淨土的行業：稱名念佛為正業，讀誦、禪觀、禮拜、讚歎為四助業。他在居室內供奉一尊阿彌陀佛像，入室即長跪，全心全力稱念阿彌陀佛名號，直到力竭才停止，即使多日嚴寒，也如此用功而至出汗。善導弘揚淨土法門三十餘年，未曾稍歇。信眾的供養金，他用以書寫《阿彌陀經》十萬卷，以及畫淨土變相三百壁。由於他的積極勸化，京師皈依淨土法門的僧俗二眾不計其數，有些信眾誦《阿彌陀經》十萬至五十萬遍，有些持名念佛，日誦佛號高達十萬聲，還有人得入念佛三昧。曾經有人問善導：持名念佛能否得生淨土？善導回答：「如汝所念，遂汝所願。」他曾作如下偈誦，勸導世人持名念佛：

漸漸雞皮鶴髮，看看行步龍鍾。

假饒金玉滿堂，豈免衰殘老病？

任是千般快樂，無常終是到來。

唯有徑路修行，但念阿彌陀佛。

　　另一位淨宗祖師法照（卒於 822 年）遵循善導和道綽的教法，有生之年曾數次於定中親見淨土。769 年，他創制以五種聲調稱念阿彌陀佛名號的修行方法，稱為「五會念佛」，據他自述，這個方法源自阿彌陀佛的啓發。五會念佛，意指以五番高低不同音調連續稱念佛名的方法。從第一會到第五會稱念的速度由慢到快，音調由低到高，而且全程屏除雜念，攝心於佛、法、僧三寶。第一會以平聲緩念南無阿彌陀佛，第二會依然緩念六字佛號，但音調轉為平上聲，第三會以非緩非急的速度念六字佛號，第四會漸急念南無阿彌陀佛，最後於第五會極快的只念阿彌陀佛四字佛號。五會念佛一開始是低聲，漸次增強至最高音，以念佛音聲為方便，以期達到定心一處的境界。有一次，當法照領眾念佛共修時，有五色祥雲彌覆其寺，他親眼目睹阿彌陀佛與兩位脅侍菩薩。他前往五台山朝聖時，獲得文殊菩薩親自傳授。當時他進入大聖竹林寺的講堂，見到文殊菩薩在東，普賢菩薩在西，兩位菩薩正在為眾人說法。他禮敬二菩薩，然後請問末法時期的最佳修行法門，文殊菩薩回答說，念佛為最上法

門，又說正是因為他過去修念佛法門，所以證得一切種智。經過這次親身經歷之後，法照繼續在中國北方倡導五會念佛。據說唐德宗（779－805 年在位）經常聽到東北方傳來念佛聲，於是派遣使者找到了法照，延請他入宮，教導皇室成員修持五會念佛。

　　如第三章所述，天台大師遵式和知禮信奉淨土。遵式編撰兩本淨土懺儀軌，在僧俗中廣為流傳。根據丹尼爾·史蒂文生的描述，第一本《往生淨土懺願儀》是「一套懺悔和禪觀的行儀，歷時一週至七週或更長時間，在獨立靜室一心精進修行。每日晝夜六時，修行者依照儀軌，在阿彌陀佛前禮懺、發願往生，然後讀誦淨土經典，旋繞法座。每一時完成以上行儀之後，剩下的時間行者退至個別的禪坐地點，用心觀想阿彌陀佛與淨土之相；如果不慣習禪觀，則稱念佛名」❺。遵式依天台四種三昧的傳統，規畫這套儀式，目的是為了消除業障，藉由一心禪觀親見阿彌陀佛，並且「奠定往生淨土的基礎」。第二本儀軌名為《晨朝十念法》，規定早課的儀式。這套儀軌的基本原理是根據《無量壽經》中關於臨終「十念」的說法，對遵式而言，所謂「十念」，不是指觀想佛，而是稱念佛名。行者念誦彌陀名號，接著發願迴向，便完成整個儀式的要求。遵式創制這個簡單的儀式，「既是淨土法門最低額度的日課，也是一種臨終預演。」❻

　　遵式殷切期望改變人們對血祀「邪教」的信仰，改信

佛教，因此除了宗教修持的利益之外，他還向人們保證會得到世俗利益：「信奉淨土者將得到佛教護法神和大菩薩的守護，永遠不會遭受任何惡鬼的折磨或其他各種災難。阿彌陀佛會常放光明，攝受淨土信徒，讓他們過去所造之罪悉皆消除，夜裡還能夢見阿彌陀佛及其國土。他們也能享有心常歡喜、容光煥發、活力充沛等福報，所作所為皆可招致吉祥，而且無論遇到任何人都會得到敬重。」❼

　　遵式和知禮皆提倡居士結社念佛。為了復興天台，兩位大師的勸化事蹟包括讓地方神靈皈依佛教、施食、放生、燃指、發願燃身，而結社念佛也是他們勸化的一部分。有關知禮的信徒馬拉松式念佛壯舉的記載，流傳至今。十三世紀時，人們使用念珠計數念佛，還有一種用來計數的新方法稱為「念佛圖」。淨土信徒包括文人學士與平民百姓。有一位咎姓學官成立淨土會社，地點相當於今天的寧波，他勸人念佛，又印施念佛圖以積功德。當地有一鐵匠計公，年將七十，雙目失明，得到咎姓學官分送的一張念佛圖後，念滿三十六萬聲，就在完成四張念佛圖時，雙眼復明。❽

　　在天台宗師的推動下，淨土在宋代之後成為一種大眾運動。從十二世紀開始，一些具有魅力的領導者結社念佛、茹素，並且從事慈善工作，這些正是遵式和知禮所提倡的虔誠信仰活動。然而，有別於早期僧人領導的會社，這些新式團體和僧侶或寺院沒有直接關係，遭到朝廷與佛教教團的懷

疑和譴責。高澤民指出，建立淨土宗歷代祖師的地位，是為
了因應這種情況。這樣的見解不無道理。淨宗祖師世系的建
構，目的在於區分出家人領導的正統淨土傳統，以及在家人
主導的這些新興民間教派。❾

禪淨雙修

　　禪與淨土開宗立派始於唐代，並且爭取信徒，此時，
僧人一旦表明忠於其中一宗，便難得稱許另一宗的信徒。事
實上，自從唐初以來，禪淨二宗一向彼此相諍。例如，法照
雖然從未質疑禪修本身的價值，卻嚴詞批評禪僧傲慢且不守
戒律；禪僧則往往認為淨土信仰是頭腦簡單的宗教祈禱和禮
拜，僅適於愚夫愚婦。為了反駁禪宗的批評，淨土信徒長期
以來一向主張念佛實為一種公案，這是因為禪觀念佛證得的
三昧，類似一心參公案禪所達到的悟境。以觀阿彌陀佛為方
法，可以達到無心無念的不二境界。禪淨雙修的運動一般可
追溯至永明延壽，他提出有力的論述，說明念佛與禪修有基
本的兼容性。

　　延壽曾經擔任吳越王的稅務官，任內使用公款購買魚
蝦放生。事情曝光後，護持佛教的吳越王沒有將他處死（這
種行為理應被判死刑），而是派部屬測試延壽，他吩咐手
下：如果延壽臨刑驚懼變色則處斬，如果面不改色則免刑。
結果延壽神色淡然，面無懼色，於是獲得赦免。經過此事之

後，延壽出家為僧，修習天台禪觀。他轉修淨土的關鍵是發生在某夜所見的異象。當天晚上，他修持智顗制訂的懺儀，正當行道旋繞時，眼前忽現普賢菩薩像手持蓮花。由於不知此事深意，他做了兩支籤，其中一支寫道：「一生禪定」，另一支則是「誦經、萬善、莊嚴淨土」，靜心祝禱許久之後才開始抽籤，一連七次都抽中第二支籤。自此之後，延壽專心致志修淨土。961 年他遷往浙江永明寺，帶領禪淨雙修，據說他日誦佛號十萬聲，每晚念佛聲自山頂迴盪而下，不絕於耳。他對眾人說，佛教以心為宗，以悟為則。他以心為本，力圖調和天台、華嚴與唯識諸宗的教理。相對於禪宗貶損淨土的慣例，延壽雖不致讓淨土凌駕於禪之上，至少將禪、淨等量齊觀，展現這個態度的最佳寫照，也許是他聞名於世的「禪淨四料簡」：

　　有禪無淨土，十人九錯路，陰境若現前，瞥爾隨他去。
　　無禪有淨土，萬修萬人去，但得見彌陀，何愁不開悟。
　　有禪有淨土，猶如戴角虎，現世為人師，當來作佛祖。
　　無禪無淨土，鐵牀并銅柱，萬劫與千生，沒個人依怙。❿

　　禪淨雙修以「禪淨本無二致」的信念為基礎，亦即認定此二法門本質相同，皆可導致斷妄念、出輪迴的共同目標。在延壽之後，有些禪僧也提倡這種修行方法，但對他們

來說，禪淨雙修並不表示禪修與念佛同時進行，而是認爲念
佛不過是另一種禪修方式而已；既然念佛最終達到妄念止息
的結果，就具有和看話禪同樣的效果。因此，念誦彌陀名
號稱爲「念佛公案」，修行者提起一句話頭：「念佛的是
誰？」以此方式修行，念佛變成一種手段，目的在於產生
「疑情」，那是一種內在的逼拶，是驅使行者開悟的關鍵。

　　淨宗八祖雲棲袾宏提出一套理論基礎，將禪淨雙修系
統化。他仿效受到禪宗尊崇的華嚴五祖宗密，將念佛分爲四
類，依序列舉如下：一、依照《阿彌陀經》囑咐的方式稱念
阿彌陀佛名號；二、攝念專注於一泥塑、木雕、金鑄或銅製
的阿彌陀佛像；三、遵照《觀經》所述的方法，以自己的心
目觀想阿彌陀佛種種妙相；四、觀阿彌陀佛與自己的自性無
二無別，因爲阿彌陀佛與自性皆超越生滅、空有、能所；而
且，此觀離言說相，離名字相，離心緣相，所以是依實相觀
佛。第四種念佛可歸結爲袾宏推崇的一句名言：「自性彌
陀，惟心淨土。」根據這四重分類，持名念佛相當於第一
種，而觀佛可以指其他三種念佛的任何一種。因此，慧遠、
法照以觀佛爲主要修行法門，善導則以持名念佛爲主，一向
努力調和佛教諸宗的延壽同時提倡持名與禪觀。袾宏效法延
壽，透過對於天台「一心」思想和華嚴「理、事」概念的獨
創詮釋，建立種種念佛形式背後的究竟一如。

　　袾宏的教法以《阿彌陀經》爲依據，經中教導人們

「執持名號，一心不亂」。袾宏在《阿彌陀經疏鈔》中，詳細解釋「一心」與「執持名號」。這兩個思想構成他念佛理論的核心，而這套理論可用以證明禪淨雙修是合理的。為什麼一定要以一心稱念佛名呢？根據袾宏的看法，心本來清淨無念，但是眾生無始以來由於無明而習於妄念，要讓人們停止妄想雜念極為不易。然而，若人稱念佛名，只此一念即可排除其他千千萬萬妄念，正如「以毒攻毒，用兵止兵」。如是以念佛之一念止息無數妄念時，無異於開悟。

　　袾宏是一位善巧的老師，對不同類型的修行者觀察入微。他列舉三種持名念佛的方式：出聲稱念、無聲密念，以及微動唇舌念而不出聲。持名念佛時，記數或不記數皆可。有別於一些提倡馬拉松式念佛的淨土宗師，袾宏批評以量化方式持名念佛。此外，他運用華嚴的義理架構，區分深淺不同的兩種「執持」，分別對應於深淺不同的「一心」：事執持則淺，理執持則深；藉由事執持而證得理執持。以相續不斷的憶念來執持名號，可得「事一心」：

　　　聞佛名號，常憶常念。以心緣歷，字字分明，前句後
　　句，相續不斷。行住坐臥，唯此一念，無第二念。不為貪
　　瞋煩惱諸念之所雜亂。……空閒寂寞，而一其心；在眾煩
　　惱，而一其心；乃至毀訕利失，善惡等處，皆一其心。❶

　　事一心可「伏妄」，但無法「破妄」，因為證得事一心憑藉的是信力，僅涉及定，而無慧。

　　更高深的「理一心」是透過相續不斷的體究念佛而證得：「聞佛名號，不惟憶念，即念反觀，體察究審，鞫其根源。體究之極，於自本心，忽然契合。」❷兩相比較，理一心層次高於事一心。袾宏說理一心可破妄，因為不僅可因此得定，也能得慧。袾宏以事、理兩個層次詮釋念佛，藉此調和傳統的四種念佛，因為由持名念佛而證得的一心，與三昧無異。而且，由於此一心即是究竟實相，因此等同於最高層次的念佛，也就是觀阿彌陀佛與一己自性毫無差別。

　　人們以為念佛只適合鈍根之人，唯有參禪才能悟道，但袾宏認為這種看法是錯誤的。他指出，高深的念佛方式本質上與參禪相同，「體究念佛」產生的效果，與前代禪宗尊宿教人參公案、起疑情的效果相同。

　　袾宏也同樣認為詆毀淨土的禪修者不了解念佛的真諦：「禪宗淨土，殊途同歸。以不離自心，即是佛故，即是禪故。彼執禪而謗淨土，是謗自本心也，是謗佛也，是自謗其禪也。亦弗思而已矣。」❸袾宏主張淨土和念佛不異參禪，又說阿彌陀佛即是一禪宗公案，這不僅延續禪淨雙修的傳統，而且將它推至巔峰。所謂禪淨雙修，不是同時修持禪與淨土，而是代表以下幾種涵義：一、念佛不亞於參禪；二、念佛與參禪殊途同歸，皆可達成體悟自性或本心的目

的；三、念佛比參禪更有效，不僅因爲佛號的效力，更因爲
它適合末法時代。

　　由於袾宏的推廣，佛教界普遍接受禪淨雙修。現今佛
教寺院不只辦禪七，也舉辦佛七，參加者在禪七期間參話
頭，而在佛七期間持誦阿彌陀佛名號，或以名號爲公案，靜
觀「念佛的是誰？」從而將持名念佛變爲參公案。

人間佛教與人間淨土

　　禪淨雙修代表一種自力信仰。一個人藉由了悟自己的
眞實本性與阿彌陀佛無異，而在當下證得覺悟，淨土即是我
們的眞如一心。然而，這種見解並未取代比較傳統的觀點，
大多數淨土信徒仍希望往生淨土。歷代以來，有許多信徒得
生淨土的故事被彙集成書。這些往生者往往由於虔誠信仰和
稱念佛名，在臨終前親眼見到淨土的景象或面見彌陀。親身
見聞光明或異香等瑞相的旁觀者，證實這些感應事蹟的眞
實性。

　　淨土宗在二十世紀又經歷了一次轉變，這是源於清末
民初整個國家和佛教僧團面臨的危機。如稍後在第九章的論
述所示，當時中國領導者急於實現國家現代化，以解決西方
帝國主義者的威脅，傳統文化和包括佛教在內的宗教皆被視
爲落後。批評者指責僧侶只會趕經懺，爲亡者超度，對社會
毫無貢獻。佛教大師和在家信眾紛紛挺身而出，捍衛佛教。

太虛強調佛教以改善社會和世界為目的，佛教關注的是人，不是鬼神。他在〈人生佛教之目的〉一文中列出四大目的，第一項即是人間改善，其他三項是後世勝進、生死解脫、法界圓明。為了改善人生，佛教徒必須透過慈善事業、教育和文化來淨化社會。他創造「人生佛教」一詞，以反駁「佛教只關心死亡」的普遍看法。

「人間佛教」一詞曾被臺灣三位佛教領袖使用：星雲、聖嚴和證嚴（1937－）。這個詞最初由印順（1906－2005）所創，由於他著作等身，弟子眾多，被大家公認是現代漢傳佛教中最有影響力的思想家。印順提倡人間佛教，認為「佛在人間」，不在其他五道。他曾經解釋自己如何領悟這一點：「我……讀到了《增壹阿含經》所說：『諸佛皆出人間，終不在天上成佛也』。……而深信佛法是『佛在人間』，『以人類為本』的佛法。」❶

「人間佛教」與「人生佛教」只有一字之差。臺灣當代佛教領袖和太虛大師一樣，將弘化的熱忱和精力投注於改善社會。如同美國佛教徒提倡的入世佛教，人間佛教的特點是積極的社會關懷。聖嚴是禪師，卻用淨土宗的用語宣揚人間佛教。他在著作和演講中強調，淨土不在娑婆世界以西的遙遠國度，而是此時此刻在此世間即可建設淨土。他喜歡引用《維摩詰經》中的一句話：「若菩薩欲得淨土，當淨其心；隨其心淨，則佛土淨。」❶我們的心本來清淨，卻被妄

念所染；由於我們都具有佛性，所以能回復原本的清淨。透過禪修或觀佛，可以恢復清淨心。一旦心清淨，我們自然會慈悲對待其他有情眾生，關愛地球——那是我們共同的家園。聖嚴認為，透過社會倫理道德和環境保護，我們才能建設人間淨土。

■ 問題討論

1. 阿彌陀佛是誰？淨土爲何如此吸引人？
2. 念佛的兩個涵義是什麼？
3. 禪與淨土的主要區別是什麼？
4. 如果禪與淨土不同，如何證明禪淨雙修是合理的？
5. 人間佛教所謂的淨土是什麼？

■ 延伸閱讀

Getz, Daniel A., Jr. 高澤民 "T'ien-t'ai Pure Land Societies and the Creation of the Pure Land Patriarchate." In *Buddhism in the Sung*, edited by Peter N. Gregory and Daniel A. Getz Jr., 477–523. Honolulu: University of Hawai'i Press, 1999.

Gomez, Luis O., trans. *The Land of Bliss: The Paradise of the Buddha of Measureless Light: Sanskrit and Chinese Versions of the Sukhīvyūha Sutras*. Honolulu: University of Hawai'i Press, 1996.

Yü, Chün-fang. 于君方 *The Renewal of Buddhism in China: Chu-hung and the Late Ming Synthesis*. New York: Columbia University Press, 1981. （方怡蓉譯，《漢傳

佛教復興 —— 雲棲袾宏及明末融合》，臺北：法鼓文
化，2021 年）

■ 註釋

❶ Getz, "T'ien-t'ai Pure Land Societies," 477.

❷ Gomez, *The Land of Bliss*, 147–148。參見《佛說阿彌陀經》，
CBETA, T12, no. 366, p. 347a25-29。

❸ Gomez, *The Land of Bliss*, 167–168。參見《佛說無量壽經》，
CBETA, T12, no. 360, p. 268a26-b5。

❹ Gomez, *The Land of Bliss*, 148。參見《佛說阿彌陀經》，CBETA,
T12, no. 366, p. 347b10-15。

❺ Daniel B. Stevenson, "Protocols of Power: Tz'u-yun Tsun-shih
(964–1032) and T'ian-t'ai Lay Buddhist Rituals in the Sung," in
Buddhism in the Sung, edited by Peter N. Gregory and Daniel A. Getz
Jr. (Honolulu: University of Hawai'i Press, 1999), 360.

❻ Stevenson, "Protocols of Power," 362.

❼ Stevenson, "Protocols of Power," 363.

❽ Getz, "T'ien-t'ai Pure Land Societies," 500–501。參見《佛祖統
紀》，CBETA, T49, no. 2035, p. 284c5-8, 285c24-27。

❾ Getz, "T'ien-t'ai Pure Land Societies," 505–506.

❿ Yü, *The Renewal of Buddhism in China*, 52。參見于君方，《漢傳佛
教復興》，頁 84。

⓫ Yü, *The Renewal of Buddhism in China*, 59-60。參見于君方，《漢傳
佛教復興》，頁 92。

⓬ Yü, *The Renewal of Bddhism in China*, 60。參見于君方，《漢傳佛教
復興》，頁 93。

❸ Yü, *The Renewal of Buddhism in China*, 61。參見于君方,《漢傳佛教復興》,頁 94。

❹ 印順,《契理契機之人間佛教》,臺北:正聞,1989,頁 3。

❺ Burton Watson, trans., *The Vimalakirti Sutra* (New York: Columbia University Press, 1997), 28。參見《維摩詰經》,CBETA, T14, no. 475, p. 538c4-5。

第八章
佛教與性別

　　人人皆能成佛，或即使不成佛也能往生淨土的福音，兩千年來一直讓漢傳佛教徒感到鼓勵和寬慰，這種樂觀主義呼應儒家「人皆可成聖」的信念。然而，這些觀念是否男女皆適用呢？我們並未發現女性成聖的記載，也沒有女性成佛的紀錄，平等的口號並未反映在社會現實中。此外，即使就教義層面而言，佛教關於女性的觀點也相互牴觸，對女性的態度可說是眾聲喧嘩，相當複雜。漢傳佛教是具有中國特色的佛教，但其性別觀念源於印度佛教，因此，有必要簡要回顧女性在整個佛教傳統中如何被看待。

印度與初期佛教的女性觀

　　如第四章的論述，佛陀起初不願意建立比丘尼僧團，直到阿難再三懇求，提到摩訶波闍波提對佛陀的哺育之恩，最後佛陀才點頭同意。佛陀當時制定八敬法，讓比丘尼僧團從屬於比丘僧團。從現代的角度來看，這個作法往往被視為

反對女性的一種歧視，但是我們看待此事，應該考量公元前六世紀佛陀時代的歷史背景。根據明定社會倫理道德規範的《摩奴法典》，女性沒有獨立自主的行動力，也不能一直單身不婚，年輕時要聽從父命，結婚後遵從丈夫，年老時聽命於兒子。因此，比丘尼從屬於比丘是這種社會秩序在僧團的翻版。另一方面，佛陀建立尼僧教團，讓女性有修行的機會，也因此承認女性和男性一樣，具有修行證悟的能力。從歷史社會背景來看，這些相互矛盾的態度反映出佛教僧團內彼此衝突的關注點。

如同耶穌，佛陀從未寫下隻字片語，他的教義透過口授而世代相傳，直到公元前一世紀才編纂成巴利聖典。儘管初期佛教典籍聲稱是「佛陀聖言」，真正代表佛陀的觀點，但這些文獻也包含佛入滅後大約四百年間出現的攸關僧團的重要思想和信仰。亞倫・史龐柏（Alan Sponberg）從中發現佛教對女性和女性特質有四種不同的態度：解脫論的包容性（soteriological inclusiveness）、教團男性中心主義（institutional androcentrism）、苦行厭女症（ascetic misogyny），以及解脫論的兩性同體（soteriological androgyny）。❶

初期佛教的尼眾也和僧眾一樣精進用功，以求覺悟。《長老尼偈》（Therīgāthā）收錄自公元前六世紀末起三百年間的尼眾所作的七十三首偈頌，從這些偈頌可以看出她們

傑出的靈性慧觀和智力，其中有許多比丘尼證悟之後，成為其他尼眾的老師和領導者。

　　例如，波羅遮那（Patacara）是一位具有獨立精神和堅強性格的傑出女性，出家為尼之前，她痛失所愛的種種遭遇令人難以想像，但她後來證悟成就，教導其他尼眾。波羅遮那年少時，父母作主，安排她嫁給出身名門的青年，但她愛上家中的僕役，於是兩人私奔，遠走他鄉。懷第二胎時，她想回娘家待產，丈夫卻不願意讓她走，但她終究還是帶著大兒子離家。丈夫隨後追了上去，與她母子同行。他們在途中遇到暴風雨，必須臨時搭建遮風蔽雨的處所，當她丈夫到林中採集草木等建材時，遭毒蛇咬死。波羅遮那不知道丈夫身亡，還以為自己被拋棄，她在當天晚上分娩，用身體護住兩個孩子，以免他們受風吹雨淋。次日她發現丈夫的遺體，悲痛不已。然而，她決心繼續往娘家的方向走。接下來發生令人難以置信的慘劇：「她來到暴漲的河邊，因為身體太虛弱，無法同時帶著兩個孩子渡河，所以先帶小兒子到對岸，把孩子安放在一堆樹葉上，回頭去接大兒子，但由於捨不得離開新生兒，頻頻回顧。在渡河途中，她看到一隻老鷹攫走新生幼子，立刻放聲尖叫，但老鷹不為所動，抓著嬰兒振翅飛去。而她的大兒子以為媽媽在叫他，於是走到河邊，不慎落水溺斃。波羅遮那哀痛欲絕，卻只能繼續踏上歸鄉之路。」❷

　　但是，還有更多的不幸在等著波羅遮那。當她終於走到故鄉城郊時，向人打聽娘家狀況，結果得知娘家的房子在一場暴雨中倒塌，家人全部罹難。聽到這個消息讓她精神崩潰，她漫無目的地遊蕩，衣衫襤褸，幾近半裸。有一天，她來到佛陀講經的地方，向佛陀求助，佛陀以佛法開導，而後她請求出家，得以進入比丘尼僧團。後來她作了一首偈頌描述自己的覺悟經驗：

> 以鍬耕田，地上種植，養育妻子，青年得財。
> 我嚴持戒法，力行佛教者，無怠無調戲，何未證涅槃？
> 洗腳水映姿，水落低處流，依此調心定，如調善良馬。
> 爾後攜燈火，我入精舍內，舉燈見臥具，坐於臥牀上。
> 我復取針，撥下燈心，燈火熄滅，我心解脫。❸

　　前兩行敘述波羅遮那的努力與挫折，而接下來三行則刻畫她開悟的剎那。燈火熄滅是涅槃的貼切象徵，同時也是她經過精進修定之後，最終得以突破的觸發點。

　　波羅遮那成為聲譽卓著的老師，據說有弟子三十位。旃陀尼（Canda）和烏達摩尼（Uttama）的詩偈自述如何在波羅遮那的指導下開悟。首先是旃陀的偈頌：

> 我先貧無夫，無兒亦無女，無友亦無親，亦不得衣食。

我攜鉢與杖，沿家為乞食，徘徊七年間，為寒熱所惱。

我見比丘尼，乞食得飲食，近前為禮曰，願度我出家。

波羅遮那尼，彼垂大慈悲，教我使得度，勵行最上道。

我聞彼之語，隨誠力修成，大姊教不空，無漏得三明。❹

　　烏達摩的偈頌描述她修行時遇到的困難，以及藉由遵循波羅遮那的教導而最終破迷開悟的過程：

四次又五次，我脫精舍出，

心不得安息，心不得統御。

我是信仰比丘尼，我赴彼前受教益，

彼為我說五蘊法，十二處與十八界。

我如受尼教，聞法我喜樂，

浸潤七日間，一度盤足坐，

打碎癡闇塊，八日我起坐。❺

　　顯然不僅是波羅遮那，她有些弟子也證悟了。其他尼眾的偈頌也描述類似的卓越修行成就。據載，有些比丘尼證得三明，也就是佛陀在菩提樹下，於初、中、後夜所證之智：憶起一切宿世之事的宿命明、徹見一切眾生依各自造業而生死流轉的天眼明，以及滅盡欲漏、有漏、無明漏等煩惱、解脫生死輪迴繫縛的漏盡明；另有一些比丘尼已得「清

涼」、「息滅」——這些用語是「涅槃」的代詞。上述特質
皆用以界定佛教最高果位的阿羅漢,然而,證得此一果位的
比丘稱爲阿羅漢,達到相同修行成就的比丘尼儘管獲得「長
老尼」的尊號,其中卻無一人被稱爲阿羅漢。❻

　　「阿羅漢」一詞意指值得接受供養之人。艾利森・芬
德利(Ellison Findly)認爲,尼眾無法獲得「阿羅漢」的敬
稱,是因爲施主認爲她們不是百分之百值得接受供養,她們
由於女性本質而有所不足:「《長老尼偈》的內容顯示有許
多女性完全達到阿羅漢果位的解脫條件,但是在可能供養僧
眾的在家信徒眼中,或許這些長老尼仍然繫縛於不潔的色
身,因此依據當時盛行的社會標準,她們無法獲得阿羅漢的
地位。雖然在後來的文獻中,有幾位女性被尊爲阿羅漢,但
早期聖典一直受到吠陀對於月經和汙染等觀點的影響,讓女
性當之無愧的修行成就得不到認可。」❼

　　印度對女性出家者的態度也出現在佛教僧團中。解脫
論的包容性可以和教團男性中心主義並存,如史龐柏所述:
「這種觀點認爲女性確實可以專職投入宗教志業,但她們只
能進入一個維護、鞏固男尊女卑的傳統既定社會標準,而且
嚴密規範的教團體系中。」❽最常被引用的例子,如第四章
所述,即是佛陀爲比丘尼僧團制定的八敬法。

　　如果在家居士認爲有成就的比丘尼不夠資格接受供
養,尼眾在僧團中的從屬地位只會加劇這種歧視。僧團獲得

許多女性捐助者的資助，但是尼眾的聲望、經濟支援和教育機會，皆不如比丘。尼眾的次等地位讓她們被邊緣化，雖然七世紀中國西行印度的求法者記述當時有尼僧院的存在，但印度的比丘尼僧團最終完全消失乃是意料中事。

史龐柏描述的第三種態度──苦行厭女症──與前兩種截然不同，其關注重點不在女性的修行潛力或教團中的角色，而在女性性徵。對於努力持守不淫戒的苦行僧來說，性欲無疑是棘手的障礙。由於女性是性欲的對象，貶低女性，以及將女性妖魔化，或許會是一種對治之道。比丘偏好的苦行之一是在火葬場觀死屍，這樣的禪觀可讓人證悟無常、苦、無我的佛教真理。麗茲・威爾遜（Liz Wilson）在阿育王時期之後的佛教文獻中，發現不少比丘運用殘缺不全、令人毛骨悚然的女體的例子。根據描述，比丘證得智慧的方法是諦觀「迷人的死屍」❾，也就是年正芳華卻暴斃的絕色美女遺體。

優波笈多（Upagupta）和名妓婆娑婆達多（Vasavadattā）的故事就是著名的例子。優波笈多出家為僧，而後成為僧團領袖，阿育王經常向他請教佛法。他出家前是年輕的香水商人，婆娑婆達多是花名遠播的青樓女子，兩度派遣婢女邀請優波笈多前來，免費接受她的款待，但是皆遭到拒絕。過了一段時間，她為了結交更富有的恩客，殺害原先交往的情人。後來她的罪行敗露，國王處以殺人、通

姦之罪，下令將她斬斷手腳，削去耳鼻，然後將她和割截下來的耳鼻手足棄置於火葬場。此時，優波笈多才前來與她相見。婆娑婆達多問他爲何而來，他回答：「姊妹，我來見你不是出於色欲，而是來見貪欲與不淨的本性。昔日你衣著豔麗，身披瓔珞寶飾，外現千嬌百媚之姿，撩人心神，人們面對你，再怎麼努力也看不到你的眞實面貌。但是現在，脫去種種外在虛飾之後，或許可以顯現你色身的本性。」⑩優婆笈多由於目睹面目全非、肢體殘缺的名妓，得以證入不還果，也就是阿羅漢果的前一階位。

理論上，大乘佛教比初期佛教更強調解脫論的包容性，因爲初期佛教唯有僧尼才能完全開悟解脫，而在家信徒則只能主要藉由供養僧眾積功累德，寄望來世出家爲僧尼，但是大乘佛教主張僧俗四眾皆可證悟。然而，這種教義的平等主義並沒有在現實中轉化爲對女性的尊重，相較於初期佛典，出現在大乘經典中的厭女論述有過之而無不及。

《大寶積經》的〈優陀延王會〉將女性描寫爲男性在修行道上的汙染源、禍害和毀滅者：

猶如廁中，不淨盈溢，
亦如死狗，若死野干，
及屍陀林，穢污充遍；
欲染之患，可厭亦然。

諸愚癡輩，愛戀女人，

如犬生子，未嘗捨離；

亦如蠅見，所吐飲食；

又若群猪，貪求糞穢。

女人能壞，清淨禁戒，

亦復退失，功德名聞。……

譬如綵畫瓶，內盛以惡毒，

是中實可畏，外相現端嚴。……

又如以繒綵，纏裹於利刀，

莊嚴彼女人，其義亦如是。……

死蛇糞狗等，雖甚可厭惡，

如是諸女人，可厭復過彼。……

奈何彼愚夫，於此而耽著。

骸骨相撐柱，皮肉以覆之，

臭穢甚可惡，如棄殘宿食。……

女若捕魚人，諂誑猶如網，

男子同於魚，被網亦如是。

殺者之利刀，雖復甚可畏，

女人刀可畏，傷害復過彼。

如蛾投燈炬，及火燒屋時，

蟲等被焚燒，無依無救者。

迷醉於女人，貪火所燒害，

由斯墮惡趣，無依怙亦然。⑪

　　理論上，大乘的空性教義，正如初期佛教的無我教義一樣，應該讓佛教徒擺脫這些歧視女性的觀點。但是由於僧眾仍是印度社會的一員，必然會有同樣的觀點。此外，大乘佛教一向極為重視苦行主義。有趣的是，雖然現實生活中女性遭到貶抑，但女性特質卻被頌揚。在般若諸經中，「般若波羅蜜多」被女性化為「諸佛之母」，並且早在一世紀即被尊為女神。般若經系中年代最早的《八千頌般若》有如下的讚頌：

　　　　十方如來憶般若，護念般若以為母。
　　　　過去救度世間者，及今現在十方佛，
　　　　盡未來際諸世尊，悉自佛母般若生。
　　　　般若真實照世間，勝者〔即諸佛〕因是成正覺。⑫

　　如果無我教義沒有賦予女性證阿羅漢果的自主權，那麼大乘空性與不二的教義也沒有導致女性成佛。史龐柏描述的第四種態度是解脫論的兩性同體，出現於七世紀末興起的金剛乘，以藏傳佛教為代表，修行目標不是以男身或女身證悟，而是在同一位修行者身上陰陽合一，以雙身佛相擁為象徵，其中的女性代表智慧，男性代表方法或善巧方便。當修

行者達到自體陰陽合一時，即超越性別差異。此一陰陽同體的聖者可以稱爲亦男亦女，或非男非女，因此，女性能否成佛不是關鍵問題。

　　但是對大乘佛教而言，這個問題非常重要，而傳統如何處理此問題是漢傳佛教徒的關注點，這是因爲金剛乘對漢傳佛教的影響不如大乘佛教。儘管《法華經》宣揚眾生皆可成佛，但龍女卻必須先轉爲男身，才能成佛。這並非孤例，其他許多大乘經典中也有類似的故事，「轉變女身」是大乘文獻中經常出現的主題。《維摩詰經》中的天女戲弄舍利弗比丘，她運用神通力，讓兩人身體互換，藉此展現她更勝一籌的慧觀，也教示性別不二之理。天女說了一句名言：「佛說一切諸法非男、非女。」但天女不是佛。無論這個故事或龍女的故事，既允諾女性可以成道，同時又拒絕女身成道的可能性。

　　對當今漢傳佛教徒而言，淨土對女性的態度問題最大。根據《無量壽經》，彌陀淨土沒有畜生、餓鬼、地獄等三惡道眾生，這是法藏比丘所發的第一大願。此外，淨土也沒有女人。因此，女性與畜生、餓鬼和地獄眾生歸爲一類，被視爲同樣的汙穢。法藏比丘的第三十五願說：「設我得佛，十方無量不可思議諸佛世界，其有女人聞我名字，歡喜信樂，發菩提心，厭惡女身，壽終之後復爲女像者，不取正覺。」❸

女性解脫的希望並未被剝奪，然而，她們往生淨土後，不受女身，轉爲男身。這一點很類似女性唯有轉變女身才能成道的觀念，我們可以從兩方面來理解。第一種解釋與業力理論有關，一般認爲惡業導致來世生爲女人。法藏比丘顯然認定沒有一個女人希望來世投生爲女，因此發願：若有女人以歡喜信樂之心，稱念他的名號，將來往生淨土，不受女身。從這個角度來看，女性往生淨土轉爲男身，或許不是厭女思想，而是讓她內心最深切的期盼得以實現。其次，根據佛教對人生的看法，貪欲是造成苦的原因。在人的所有欲望之中，色欲的力量最強大，因此會造成最大的痛苦。既然淨土沒有女人，則無色欲，也就沒有隨之而來的苦。

這種將女性完全拒於淨土門外的論述，讓現今臺灣的佛教徒感到不自在。當代的護教者可能會說淨土沒有男人，也沒有女人，因爲淨土眾生皆超越性別。更常見的是，女性佛教徒選擇一心專念淨土的殊勝莊嚴，而忽視這個有關女人往生的誓願。

漢傳佛教的女性觀

如同印度佛教的情況，漢傳佛教也受到社會整體女性觀的影響。在傳統中國社會中，比丘尼和比丘一樣，皆因爲不結婚生子，遭受士大夫譴責，被整個社會視爲自私和不孝。佛教僧尼也被指責不事農耕和紡織，對經濟生產沒有貢

獻。尼眾由於違抗三從（遵從父親、丈夫和兒子）的規範，選擇獨立自主，而遭到更多責難。

中國原本沒有女性出家的傳統，因此相較於印度，中國的尼眾承受更多負面觀感，這種敵視態度反映在通俗文學中。自南宋開始，尼眾又遭控一項新罪行：在男女私情中穿針引線。由於尼眾能夠自由出入一般婦女家中探訪，因此被懷疑一手安排婦女與仰慕者私會，讓他們在寺中爲此目的所設的祕密廂房偷情。批評者還說，當尼眾鼓勵女性在家居士前來寺廟燒香拜佛，或去進香做功德時，實際上是在哄騙名門閨秀捐款。佛教女尼通常被列入所謂的「三姑六婆」，亦即聒噪不休、好管閒事、聲名狼藉、惹事生非、品行可疑的一群女人。這樣的觀點非常普遍，以致不僅小說和戲曲作者，連文人著述評論時也以此爲標準說法。例如，元末明初文學家陶宗儀（活躍於 1300 － 1360 年）有如下的評論：「三姑者：尼姑、道姑、卦姑也；六婆者：牙婆、媒婆、師婆、虔婆、藥婆、穩婆也，蓋與三刑六害同也。人家有一於此，而不致姦盜者，幾希矣。若能謹而遠之，如避蛇蝎，庶乎淨宅之法。」❹

類似陳述出現於《初刻拍案驚奇》、《二刻拍案驚奇》、《金瓶梅》、《紅樓夢》等小說中，地方官的治理指南和戶主的治家便覽中，也有類似說法。傳達的信息千篇一律，不外乎指示地方官員將尼眾視爲茶樓酒肆女掌櫃、妓院

老鴇等女性的同類，皆是品德有疑慮的人物。清白正派的人
家也同樣務必對尼眾敬而遠之，以保護自家婦女免於受到不
良影響。明代小說家凌濛初在《初刻拍案驚奇》中說：「其
間一種最狠的，又是尼姑。他藉著佛天爲由，庵院爲囤，可
以引得內眷來燒香，可以引得子弟來遊耍。見男人問訊稱
呼，禮數毫不異僧家，接對無妨。到內室念佛看經，體格終
須是婦女，交搭更便。從來馬泊六、撮合山，十樁事倒有九
樁是尼姑做成、尼庵私會的。」❺

　　曼素恩（Susan Mann）引用清朝官員黃六鴻對比丘尼
的負面看法，以代表當時人們的普遍觀感。黃六鴻以「奸
邪」等字眼指稱尼眾，並且要求官員明令禁止她們走訪清白
正派的人家：「其三姑六婆，乃誨淫之媒使，風月之牽頭。
逞其邪說，縱令貞婦也情搖，落彼奸圈……亦宜張榜示：優
尼道姑應靜修庵院，不許擅入人家抄化。」❻

　　更具殺傷力的是比丘尼在大眾心目中的高級妓女形
象。由於有些尼庵招待男性香客而聲名狼藉，導致所有尼眾
都被人指指點點。根據一份報告指出，杭州明因尼寺是南宋
時期長江下游地區規模最大、最著名的尼寺之一，直到明清
時期依然興盛。此寺在南宋有「尼站」之盛名，「僧侶、文
人和官吏經常在此召喚寺中最年輕貌美的女尼來接待。」❼

　　這種對尼眾的偏見在清代繼續存在。著名詩人、學者
朱彝尊（1629－1709）將所有尼眾混爲一談，嚴詞譴責她

們放蕩、懶惰、爲非作歹。他曾在一首詩中抨擊尼眾如下：

> 宣淫青豆房，飽食香積飯。
>
> 因之壞風俗，詎可偕息偃？
>
> 婦人有婦功，蠶織乃其本。
>
> 如何水田衣，娑拖出祇苑。❸

　　小說《紅樓夢》反映當時的社會觀點，此書中出現的女尼大多數被描繪爲貪戀世俗，生活淫亂，而且通常和女伶有相同的出身背景，也同樣被「租用」，在特殊場合「獻藝」。

　　除了品行不端、惹事生非的負面形象之外，尼眾另一個普遍形象是悲劇人物。學者陳榮捷在《現代中國的宗教趨勢》一書中論及二十世紀初的尼僧，指出女性出家爲尼的三個主要原因：貧窮、久病纏身和失戀；他斷定沒有女性會自願「遁入空門」。❹

　　這種偏見在二十世紀並未明顯消退。1989 年，國立臺灣藝術學院舞蹈系學生籌畫演出相當流行的一齣中國戲曲《思凡》。這齣戲是元代流行的南方戲曲，稱爲「崑曲」，作者不可考，演出時間只有二十分鐘左右，通常做爲一套大戲開頭的一折，自 1700 年以來在中國廣受歡迎。電影《霸王別姬》間接提到這齣戲，因爲在梨園的基本訓練中，這是

扮演旦角的年輕男演員必須學唱的戲曲之一，電影中扮演女尼的主角要證明自己完全掌握這個角色，才能獲得師傅的認可。但他受到嚴厲的處罰，因爲沒有按照劇本唱出「小尼姑年方二八，……我本是女嬌娥，又不是男兒郎」，而改唱「……我本是男兒郎，又不是女嬌娥」。

林語堂在其著作《吾國與吾民》一書中，讚揚這一齣崑曲，稱之爲「一個文學上美麗的例子，它描寫僧尼的性的煩悶」。他引述此劇的開場獨白如下：

> 小尼姑年方二八正青春，
>
> 被師父削去了頭髮，……
>
> 只因俺父好看經，
>
> 俺娘親愛念佛。
>
> 暮禮朝參，
>
> 每日裡在佛殿上燒香供佛。
>
> 生下我來疾病多，
>
> 因此上，把奴家捨入在空門爲尼過活。
>
> 與人家追薦亡靈，
>
> 不住口的念著彌陀。
>
> 只聽得鐘聲法鼓，
>
> 不住手的擊磬搖鈴；
>
> 擊磬搖鈴，擂鼓吹螺。

平白地與地府陰司做功課！

《多心經》，多念過；

《孔雀經》，參不破；

惟有那《蓮經》七卷是最難學，……

念幾聲彌陀，恨一聲媒婆！

念幾聲娑婆訶，叫一聲沒奈何！……

不免到迴廊下閒步一回，少遣悶懷則個。……

繞迴廊，散悶則個；

繞迴廊，散悶則個。

戲中的年輕女尼接著抒發對出家生活的憎恨，以及對情人的渴望：

不由人心熱如火，不由人心熱如火。……

奴把袈裟扯破，

埋了藏經，

棄了木魚，

丟了鐃鈸。……

哪裡有天下園林樹木佛！

哪裡有枝枝葉葉光明佛！

哪裡有江河兩岸流沙佛！

哪裡有八萬四千彌陀佛！

從今後，把鐘樓佛殿遠離卻，

下山去尋一個年少哥哥。

憑他打我，罵我，說我，笑我。

一心不願成佛，

不念彌陀般若波羅！❷⓿

　　這齣戲不僅將年輕女尼刻劃成凡胎俗骨，爲情欲所苦，而且
將佛教教團妖魔化，讓人以爲出家制度不人道，壓抑一般觀
眾視爲本性的情欲。就佛教觀點而言，這兩者皆是嚴重的扭
曲，因爲根據佛教一向的作法，如果僧尼無法堅守不淫戒，
大可選擇還俗。但是數百年來，佛教徒只能忍受這種詆毀，
卻束手無策。

　　這齣戲是傳統劇目中的主要作品，在臺灣不時上演，
直到 1979 年都沒有引起任何事端。然而十年後，情況
有所轉變。有一位積極採取社會行動的年輕比丘尼昭慧
（1957－）在中國佛教會成立一個組織，稱爲「護教組」，
1989 年在她的帶領下，佛教的地位有所改善。自該年一月
十四日起，當昭慧得知此劇即將於一月二十七日至二十九日
公演時，即向藝文表演活動的主管機關教育部投書抗議，同
時也將抗議信寄給藝術學院的行政單位和報章媒體，得到佛
教徒和一般民眾的大力支持。當抗議活動白熱化之際，一名
自稱是佛教信徒的男子揚言，如果這齣戲如期上演，他將在

公演地點前自焚。最後，雙方達成妥協，雖然佛教界不是完全滿意，但那是當時最好的解決之道。這齣戲上演有兩個條件：第一、演出單位不再把女主角定位為尼師。有人建議可以讓女主角手持拂塵，變成女道士，但這樣的安排相當牽強，因為劇本中提及的內容皆與佛教有關。因此，第二個條件是教育部承諾修改此劇的唱詞。自此以後，這齣戲再也沒有上演過。

　　本章至此討論的尼眾負面描述出現於世俗文學中，反映出這些作品的創作者與消費者共有的反僧尼和反女權主義情緒。宋明理學興起於南宋，是一套哲學、政治思想流派、父權思想與實踐體系，以及過去千年以來中國的統治意識型態。由於宋明理學諸儒批評佛教，態度強硬，他們的負面看法無疑影響了大眾對佛教徒，尤其是佛教女性的觀感。

　　由於初期佛教和大乘佛教經典皆譯為中文，印度佛教對於女性和女性特質的看法也傳入中國，衍生兩種強調女性罪惡和汙染的文學體裁：本土經典和寶卷。雖然這兩類著作內含源於漢譯佛典的思想，卻更為淺顯易懂。由於用語通俗，在女性的團體聚會中宣唱，因此廣為流傳，社會各階層婦女盡皆知曉。

　　對女性持負面看法的本土經典中，最有名的可能是《血盆經》，道教也有內容極為相似的經典。《血盆經》在宋代之後出現，導致一般大眾普遍認為女性天生罪孽。根據

此經的陳述，由於女性在月經和生產時排出的血造成汙染，因此死後墮入專爲婦女設置的血盆池地獄。臺灣過去經常在婦女喪禮中舉行「打血盆」的儀式，亡者的兒子會在儀式中喝下一碗以紅色食用色素調色的酒——象徵他出生時母親排出的血水——讓亡母解脫血盆池地獄。1970 至 1976 年間，人類學家沈雅禮（Gary Seaman）在臺灣中部多次觀察此儀式，並且記錄儀式文本《慈悲血盆懺》，其中有根據《血盆經》所作的七言偈頌。這本懺儀對於女性身體解剖構造，有生動逼眞的描寫，同時非常強調女性的汙穢。

> 父母所生之身，有三百六十骨節，九萬毛孔，九千筋脈。惟婦人身，有五百蟲蛭其骨節，諸蟲動時，身體懈倦。
>
> 復有八萬陰蟲，攢其尿道。其蟲有十二頭，有十二口者，至飲食時，各受腥血，晝夜流動，倦人筋骨。至於半月，流不淨水，是諸蟲等，各吐膿血，從蟲口中，各出血膿，有紅赤色。彼之疽蟲，口如針鋒，常來惱人，食噉腥血，互相動作，動已復動，惱其婦人，令彼女人，身不自安。此業果報，無有罷期。㉑

以下是另一段懺文：

生處不淨者：女人之體是不淨聚，蟲膿穢惡，合集成立。經十月日，生熟二臟，間夾迮隘如獄。一者當知此身亦非淨土，蓮華不見，亦無栴檀熏沐，唯有糞穢之所長養，但從女人尿道出入。❷

由於女性天生汙穢，所作所為皆造成汙染，因此，死後必須在血盆池中受苦。這種不知不覺滋生的信仰在民間造成普遍影響。

諸女人等，遇生產時，汲於井水，或臨河、或向池，洗浣衣服，或洗身體，血水漫流，散陰在地，脈流泉井。取水煮茗，供諸佛聖，中有不淨，成乎褻瀆，神人嫌穢，善惡部官，箚記姓字，待人命終，獄卒惡鬼，捏大鐵叉，刺烈心腹，鐵鉤擊口，澆灌臭膿惡血。❸

這種信仰也出現在許多寶卷中，自清代以來廣為流傳的知名作品《黃氏女寶卷》主題即與汙染有關。管佩達（Beata Grant）詳盡研究女主角的故事系列。黃氏女的故事有許多版本，出現在不同的文學體裁中，包括地方戲曲、民謠和寶卷。雖然有些細節不盡相同，但管佩達總結故事的情節梗概如下：

　　黃桂香的父母原本已上了年紀，膝下猶虛，幾乎已經斷
了生兒育女的希望，所幸老來得女。她是一個善良、虔誠
的孩子，七歲時就開始茹素，葷腥不沾。她剛進入青春期
時母親去世，後來父親續絃，對象是已有一子的寡婦。桂
香飽受繼母和繼兄虐待，尤其在父親外出經商時。有一次
她打算自盡，幸賴眾神出手相救才得以活命。後來，繼兄
企圖謀殺父親，卻失手誤殺了自己的母親。桂香的父親被
誣陷為殺人兇手，孝順的她自願為父頂罪。然而，最終神
明救了桂香，也懲罰繼兄的罪行。

　　桂香──以下通稱「黃氏女」，後來嫁給地方上一名
屠夫，這是佛教認為罪垢最深重的職業。她費盡心思，想
讓丈夫改業，但他反脣相譏，說她為他生了幾個孩子，同
樣汙穢不淨。想到自己和丈夫將來面臨的報應，黃氏女感
到膽顫心驚，於是立志滌除不淨。為此，她將家務交給丈
夫，自己在經堂誦《金剛經》度日。她虔誠修行的宗教熱
忱引起地府之主閻羅王的注意，因此閻王派遣幽冥使者接
引黃氏女到地府，以考校她對《金剛經》的理解程度。黃
氏女得知自己要被召至地府時，感覺遭到背棄，一時不免
升起枉費一生虔誠之憾，同時也發現難以割捨丈夫和孩
子，感到非常痛苦。然而，她最終還是認命就死，隨幽冥
使者前往地府。在遊歷諸獄之後，她來到閻王面前，流利
地背誦《金剛經》，一字不差，而後要求返回陽間。閻羅

王雖願意應允所求，卻為時已晚，此時已經來不及讓她回到原來的身體，因此閻王決定讓她轉入另一男身還陽。就這樣，她投生為一對夫婦的獨生子，接受教育，最終入仕為官，而後在夢中得知自己前世，便去尋訪黃氏女的丈夫和兒女，最後感化丈夫皈依佛教，也讓兒女不愁吃穿。在完成對家庭應盡的義務之後，他辭去官職，全心投入宗教生活。黃氏女就這樣終於達到清淨，救度了自己和家人。

不難看出這個故事何以如此受歡迎。首先，它反映出一般民眾對女性汙穢的普遍看法。其次，故事中黃氏女還陽，女轉男身——這是許多女性的共同願望。最後，有別於傳說中觀世音菩薩的化身妙善公主，黃氏女不僅結婚生子，而且救度丈夫和子女，因此，她的宗教修持並不妨礙她善盡儒家規範的職責。

為何女性會被認為是汙染者？她們會因此受到何種懲罰？在黃氏女的故事中都可以找到解釋。當她因為屠宰罪垢深重而要求丈夫改業時，他反唇相譏，指出生產的儀式褻瀆（ritual pollution）也同樣罪惡難當：

生男育女也有罪，幾盆血水幾盆漿。
一個孩兒三盆水，三個孩兒九盆漿。
血水潑在溝池內，穢污屋簷童子郎。

三朝已過廚房去，污穢司命灶君王。

一旬未滿堂前去，污穢家神祖先堂。

一月未滿外面去，污穢日月並三光。

你將血衣河塘洗，水流污穢海龍王。

將水潑在地下去，地府神明無處藏。

水內洗來岸上晒，污穢太陰並太陽。

靠你空把經來念，一身罪惡也難當。❷④

　　婦女因生育而褻瀆神明，所受的懲罰是墮入專為她們設置的血盆池地獄受苦，黃氏女的故事有此地獄的生動描述。在她還陽之前，有一童子帶她遊歷十八地獄，首先即是血盆池地獄。

　　有一首民間歌曲《黃氏女遊陰》，繪聲繪色地描摹血盆池地獄。在這個版本的故事中，黃氏女如同孝順的目連比丘，想在此獄中尋找已過世的親生母親，代替亡母接受喝血水的懲罰，類似上述的臺灣打血盆儀式。

　　中國通俗文學與本土佛經對尼眾和女性的負面心態，是否和佛教藏經有關？我們找不到直接關聯，但本章至此討論的各種佛教女性觀中，厭女症即是一種負面心態。如同所有具教團組織的宗教，佛教也反映其興起和發展的歷史社會背景。在傳統印度和中國，女性無法和男性平起平坐，因此，女性社會地位低下與佛教對女性的負面態度有相關性。

出於同樣原因，佛教中對女性的負面心態可能不只爲女性的次等社會地位辯解，而且還強化這種社會現象。

　　不過，隨著有些婦女得到更多受教育的機會，她們的地位得以提昇。過去幾十年來，女性主義學術研究讓明清時期女性作家的作品重見天日，管佩達、羅梅如（Miriam Levering）等女性學者的研究，也讓我們認識了一些女禪師的個人生平與著作。尼眾在當代臺灣佛教中扮演非常重要的角色，下一章探討的主題之一即是說明這個現象的個案研究。

■ 問題討論

1. 佛教對女性的看法是什麼？
2. 為什麼女性必須女轉男身才能成佛？
3. 對比龍女與天女，兩者顯現的大乘佛教女性觀是什麼？
4. 為什麼中國文學以負面觀點描述尼眾？
5. 血盆池地獄是什麼？有關女性汙穢的普遍信仰如何與佛教的業力觀念相互影響？

■ 延伸閱讀

Grant, Beata. 管佩達 *Eminent Nuns: Women Chan Masters of Seventeenth-Century Chan Buddhism*. Honolulu: University of Hawai'i Press, 2009.

Murcott, Susan. *The First Buddhist Women: Translations and Commentaries on the Therigatha*. Berkeley, CA: Parallax Press, 1991.

Paul, Diana Y. *Women in Buddhism: Images of the Feminine in the Mahāyāna Tradition*. Berkeley: University of California Press, 1985.

Sponberg, Alan. "Attitudes toward Women and the Feminine

in Early Buddhism." In *Buddhism, Sexuality, and Gender*, edited by José Ignacio Cabezón, 3–36. Albany: State University of New York Press, 1992.

Wilson, Liz. *Charming Cadavers: Horrific Figurations of the Feminine in Indian Buddhist Hagiographic Literature.* Chicago: University of Chicago Press, 1996.

■ 註釋

❶ Sponberg, "Attitudes toward Women and the Feminine in Early Buddhism."

❷ Murcott, *The First Buddhist Women*, 32.

❸ Murcott, *The First Buddhist Women*, 33–34。參見《長老尼偈經》，CBETA, N28, no. 16, p. 256a5-10。

❹ Murcott, *The First Buddhist Women*, 37。參見《長老尼偈經》，CBETA, N28, no. 16, p. 257a4-9。

❺ Murcott, *The First Buddhist Women*, 38。參見《長老尼偈經》，CBETA, N28, no. 16, p. 247a8-12。

❻ Ellison Banks Findly, "Women and the Arahant Issue in Early Pali Literature," *Journal of Feminist Studies in Religion* 15, no. 1 (1999): 57–76.

❼ Findly, "Women and the Arahant Issue in Early Pali Literature," 76.

❽ Sponberg, "Attitudes toward Women and the Feminine in Early Buddhism," 13.

❾ Wilson, *Charming Cadavers*.

❿ Elizabeth Wilson, "The Female Body as a Source of Horror and

Insight in Post-Ashokan Indian Buddhism," in *Religious Reflections on the Human Body*, edited by Jane Marie Law (Bloomington: Indiana University Press, 1995), 81。中譯參考《阿育王經》，CBETA, T50, no. 2043, p. 158b17-24。

⓫ Paul, *Women in Buddhism*, 31, 41–44。參見《大寶積經》，CBETA, T11, no. 310, pp. 544a5-12, 545b28-29, c3-4, 9-10, 20-22, 546a12-19。

⓬ Edward Conze, trans., *The Perfection of Wisdom in Eight Thousand Lines and Its Verse Summary* (Bolinas, CA: Four Seasons Foundation, 1973), 31。中譯參考《佛說佛母出生三法藏般若波羅蜜多經》，CBETA, T08, no. 228, p. 628b24-c9；《佛說佛母寶德藏般若波羅蜜經》，CBETA, T08, no. 229, p. 679c11-13。

⓭ 參見《佛說無量壽經》，CBETA, T12, no. 360, p. 268c21-24。

⓮ 陶宗儀，〈南村輟耕錄〉卷 10，《元明史料筆記叢刊》，北京：中華書局，1959，頁 126。

⓯ 凌濛初，《拍案驚奇》，濟南：齊魯書社，1995，頁 58。

⓰ Susan Mann, *Precious Records: Women in China's Long Eighteenth Century* (Stanford, CA: Stanford University Press, 1997), 191。參見黃六鴻，《福惠全書》卷 31。

⓱ Grant, *Eminent Nuns*, 2。關於「尼站」一詞，參見周密，《癸辛雜識·別集上》。

⓲ Grant, *Eminent Nuns*, 2. 參見《曝書亭集》卷 20。

⓳ Wing-tsit Chan, *Religious Trends in Modern China* (New York: Columbia University Press, 1953), 80-82。

⓴ Lin Yutang, *My Country and My People* (New York: John Day, 1935), 130–131。參見林語堂，《吾國與吾民》，臺北：遠景，2005 年，頁 140-142；《孽海記·思凡》，收錄於《綴白裘》第六集，（清）玩花主人輯，（清）錢德蒼續輯，王協如校，臺北：臺灣中華書局，1967，頁 72-75。

㉑ Gary Seaman, "The Sexual Politics of Karmic Retribution," in *The*

Anthropology of Taiwanese Society, edited by F. M. Ahern and Hill Gates (Stanford, CA: Stanford University Press, 1981), 387.

㉒ Seaman, "The Sexual Politics of Karmic Retribution," 389.

㉓ Seaman, "The Sexual Politics of Karmic Retribution," 391.

㉔ Beata Grant, "From Pollution to Purification: The Spiritual Saga of Laywoman Huang," in *Ritual Opera, Operatic Ritual: "Mulian Rescues His Mother" in Chinese Popular Culture*, edited by David Johnson (Berkeley: Publications of the Chinese Popular Culture Project, University of California, 1985), 270。參見《改良黃氏女遊地府對金剛全本》，收錄於《俗文學叢刊》第六輯，第 573 冊，中央研究院歷史語言研究所俗文學叢刊編輯小組編輯，臺北市：新文豐，2016，頁 342。

第九章

現代漢傳佛教

　　百年來，中國發生了許多重大變化。1912 年國民革命黨人推翻清政府，建立中華民國，歷史悠久的王朝制度就此結束。八年抗日戰爭（1937－1945）後不久，隨著共產黨在國共內戰取得勝利，1949 年中華人民共和國成立，中華民國國民政府遷至臺灣，從此這兩個皆稱為「中國」的政治實體各自保持獨立存在。一如國家局勢的演變，漢傳佛教也隨著歷史情況的變化而持續發展。

　　本章主要探討這一時期與佛教有關的三個主題：佛教與現代化的交接、中國在毛澤東統治之後的佛教復興，以及臺灣比丘尼僧團史無前例的活力。

佛教與現代化

　　十九世紀，清廷苦於內憂外患，一方面飽受帝國主義壓迫，另一方面又發生嚴重內亂。大清在鴉片戰爭（1839－1842 和 1856－1860）戰敗，簽訂不平等條約，給予英、法

貿易特權，以及派遣基督教傳教士來華的權利。不僅國家蒙
受羞辱，歷時十四年的太平天國之亂（1851－1865）造成
更大的浩劫。佛教在東南各省遭受的打擊最爲嚴重，許多寺
廟被夷爲平地，叛亂分子還摧毀佛像和經書。雖然太平天國
之亂最後得以平定，卻讓清廷國力大傷。與此同時，歐洲列
強虎視眈眈，隨時準備瓜分中國領土。於是無論清廷或知識
分子，關注的焦點皆是富國強兵，使國家免於西方帝國主
義列強的宰割，自強運動即是力圖因應這場危機而採取的
措施，湖廣總督張之洞（1837－1909）向光緒帝（1875－
1908 在位）建言的名作《勸學篇》中，貼切地表述這場運
動的中心思想。他提出「中學爲體，西學爲用」的主張，也
就是中國應該以西學應世事，以中學治身心。由於科舉制度
無法造就領導人才，打敗船堅炮利的西方帝國主義國家，所
以必須採取普及教育，以培養有教養、有能力迎接新時代挑
戰的公民。因此，他提議每座寺廟取十分之七改建學堂，並
將寺廟田產的十分之七用於籌措教育經費。雖然這個提議沒
有實施，但在民國時期，運用寺廟的豐富資源以達成世俗目
標的措施仍持續出現。

　　1912 年清朝滅亡，中華民國國民政府成立，廢除科舉
制度，實行西方教育制度。爲了讓教育普及，必須興建更多
學校。當時大多數政府官員和知識分子皆批評宗教，佛教也
不例外。佛教寺廟開始改爲政府辦公室、兵營，有時也做爲

學校之用，僧侶被強徵重稅，寺廟田產的佃戶有時也受人慫恿而抗租。

　　為防止政府為了興學而沒收寺產，佛教界的領袖人物創辦佛學院，當時的想法是，如果佛教徒已經將寺廟用於辦學，政府就沒有理由強徵寺產。楊文會居士（1837－1911）於 1908 年在南京購入的一處土地建立祇洹精舍，授課教師和學生由僧侶和在家居士組成。這是在家居士首次打破傳統，對僧侶講授佛教法義。雖然這所佛教學校僅維持一學年，學生只有二十四人（僧、俗各十二人），但其中有些人在民國時期的佛教界持續發揮重大影響力。

　　佛教改革者太虛是楊文會的學生之一。1922 年，一群居士在湖北武漢創辦武昌佛學院，禮請太虛擔任院長。這是第一所影響現代佛教甚鉅的佛學院，無論任課教師或畢業生，凡是跟武昌佛學院有關的人士皆認同太虛的改革和現代化理念。隨後幾年，太虛陸續在不同城市主持四所佛學院，課程規畫仿效祇洹精舍，佛學與世學並重，包括外語科目。根據尉遲酣的研究，1912 至 1950 年期間開辦了七十一所佛學院，他估計約有七千五百名僧眾接受教育，約占僧侶總數的百分之二。雖然人數不多，並非微不足道，因為其中大多數後來成為寺院的住持，或在其他崗位擔任領導者。❶

　　佛教徒也投入中國現代化運動，而刺激中國現代化的是五四運動。此運動名為「五四」，是因為 1919 年五月四

太虛大師像（出處：法鼓文化資料照片）

日，北京的學生遊行示威，抗議政府默許凡爾賽條約，允許日本接收第一次世界大戰戰敗國德國在中國山東的領土。示威活動激起全國抗議風潮，標示中國民族主義的崛起。如同數十年前發生的自強運動，五四運動的出發點也是反帝國主義的情緒，但其結果造成整個國家的覺醒和復興，普遍影響文化、社會和政治。為了不受西方宰制，中國知識分子開始師法西方。西方等同於現代化，以科學為代表。然而，新運動的領導者並未沿用「中學為體，西學為用」，而是主張徹底西化與現代化，由「科學與民主」這個口號可見一斑。對於現代化主義者而言，唯有揚棄陳舊的傳統信仰和價值觀，以科學為依歸，中國才能迎接現代的挑戰。在這些積極支持改革的人士眼中，儒家是封建主義，佛教是迷信。

1920 年代，政府實行反宗教政策，整肅被認定為迷信的宗教，沒收其寺廟與田產。因此，對佛教徒來說，他們的信仰千萬不能被視為迷信。許多佛教居士和僧人撰文論述佛

教與科學，力圖證明佛教不僅不迷信，而且符合科學，在某些方面甚至更勝一籌。科學被有效運用，以建構佛教的現代風格。

在各個科學領域中，五四運動的知識分子對於天文學、進化論、邏輯推理和心理學特別感興趣，這些也是佛教作者關注的科目。佛教以三種形式與科學交接，第一是在佛經中尋找科學理論的前身。例如有些佛教作者主張，現代天文學的思想早就出現在佛教的宇宙論中，其中最知名的佛教女作家呂碧城（1883－1943）曾在著作中指出，佛教徒深信地球繞日運行，也相信宇宙中有無數的世界，這是現代天文學的兩大思想。第二種形式是找出佛教與科學的相似之處。舉例來說，這些作家認為佛教的唯識宗相當於西方心理學。不過，由於唯識宗將心精細地分析為八識，並且著重第七識和第八識，因此楊文會和太虛等佛教領袖認為唯識宗的學說比西方心理學更先進。最後，第三種形式是論證佛教優於科學，因為有別於科學唯物主義，佛教倫理道德和禪修讓人們具有慈悲的世界觀和精神生活。佛教徒運用業力來解釋生物進化，但是由於深信佛教因果律和大乘空性教義，所以不接受原子是物質世界的基本構成要素的理論。❷

民國時期最初幾十年印刷文化蓬勃發展，促進佛教和科學的相關討論。期刊、雜誌和書籍如雨後春筍般發行，做為交流的媒介。參與創辦期刊與發表文章的佛教居士多於僧

尼。居士的角色突出，是二十世紀漢傳佛教的一大特色。

近代傑出的佛教居士積極參與佛教教育、出版、社會福利和慈善事業，其中最重要的居士無疑是楊文會，前文關於佛學院的創立已提及。他還發起刊刻佛教藏經的計畫。傳統上，卷帙浩繁的歷代佛教藏經版本保存於寺院中，但有許多毀於太平天國之亂，即使僥倖留存下來，普通人也難以取得閱覽。因此，楊文會早年即發心致力於刊印佛經，讓雕版印刷的藏經得以普及一般讀者。他自行出資，在南京創立金陵刻經處。1878 年，他因緣際會前往英國，遇見時任《東方聖典叢書》（*Sacred Books of the East*）五十冊譯著的總編輯馬克斯‧穆勒（Max Müller）——這套叢書中有幾本與佛教有關，並且結識穆勒的學生，日本佛教學者與傳教師南條文雄（1849－1927）。後來，南條文雄幫助楊文會從日本運回中國失傳已久的佛教經論。數世紀以來衰頹的唯識學，因為這些典籍的重印而得以振興。如第五章所述，以往由於唯識宗不贊同人人皆有佛性的思想，所以並不普及，但此時的知識分子認為唯識教義合乎理性與科學，因此特別熱衷此學派，太虛和曾就學於楊文會祇洹精舍的佛教居士學者歐陽竟無（1871－1943），皆提倡唯識學。

二十世紀初，佛教居士成立一種新型社會組織，稱為「居士林」。第一個居士林於 1922 年在上海成立，民國時期在其他城市陸續出現許多居士林，1949 年中華人民共和

國建立時，「幾乎全國各省皆已湧現多達一百八十個獨立運作的居士林。」❸

　　在漢傳佛教的悠久歷史中，中國一直都有居士及其團體組織，稱為「社」、「邑」或「義邑」，是集資鑄像或立碑以造功德的基層在家信徒組織。這種虔誠會社的遺跡最早出現在雲岡、龍門的石窟寺中。會社成員提供物資給寺廟，也彼此資助，他們通常和鄰近寺廟的僧人維持密切的關係，以寺僧為宗教修持的導師。在後來的朝代中，尤其是自宋代以後，居士會社的成立是為了集體誦經、鑄鐘造像、放生、念佛等宗教共修活動，僧侶也繼續居於領導之位，做為帶領與指導在家信眾的老師。

　　現代居士林與過去的居士會社不同，不是由僧侶領導，成員皆是佛教居士，聚在一起讀經、研究佛教、念佛共修，或放生。他們可能會禮請高僧大德開示，但更常見的作法是由團體內部或其他居士林的在家佛教學者授課，以及帶領讀書會。從這個歷史角度來看，現代的佛教居士扮演的角色與過去大不相同。

　　有了蓬勃發展的印刷文化，各地佛教居士得以形成全國性的網絡。❹十九世紀下半葉，機械化活字印刷和平版印刷術傳入中國，比傳統的雕版印刷更簡易、更省錢。受益於這場技術革命的是一種新體裁：期刊。報紙、期刊和會訊是公眾溝通論述不可或缺的媒體。人們可以透過閱讀

了解佛教，無須親自參加佛教的法會。佛教僧俗二眾皆出版期刊，這些期刊的發行讓思想得以迅速而廣泛地傳播。在眾多佛教期刊中，以太虛創辦的《海潮音》最爲著名，直到今天仍持續出刊。

《海潮音》創刊號書影（出處：法鼓文化資料照片）

毛澤東統治後的佛教

1949 年中國成爲共產主義國家，更名爲中華人民共和國，此時佛教受到懷疑。在毛澤東（1893－1976）統治下的十年文化大革命期間（1966－1976），包括佛教在內的所有宗教皆被宣告爲「封建迷信」而遭到痛斥，教徒飽受迫害。許多寺院被摧毀或關閉，僧尼被迫還俗，參與勞動。例如，浙江寧波曾經是宋代天台大師知禮、遵式施行教化之地，在文革期間，該地的僧人被調集以組建煤廠，製造煤磚；天台智者大師創建的祖庭浙江天台山國清寺，寺僧組成生產隊，隸屬當地人民公社，從事農林工作。他們不得穿僧服、公開表明宗教信仰或茹素。相較於歷史上前三次法難，這場迫害歷時更久，佛教徒認爲那幾年是末法時期的一種表現。

　　毛主席過世後，鄧小平（1904－1997）於1978年啟動經濟改革，放寬對宗教的控制。1982年，共產黨發布第十九號文件〈關於我國社會主義時期宗教問題的基本觀點和基本政策〉，聲明某些宗教活動和習俗是合法的，並且允許恢復文革期間被毀的宗教場所。學者普遍認為佛教的復興始於1980年代，展現於寺院大規模重新開放和重建，以及僧尼與在家信徒人數的持續增加。被毀寺院的修復，在某些情況下甚至是新寺院的建造，皆由海外華人與日本佛教團體資助。如前所述，漢傳佛教一向與日本佛教息息相關。唐宋時期許多日本求法僧來到中國學習，因此他們看待曾經參學的寺院，如同現代大學生對待母校一樣。早在二十世紀之前，日本天台宗或禪宗的僧侶就經常前往他們立宗祖師數世紀前求學的寺院朝聖，這就是為什麼一旦政治條件許可，日本佛教團體就紛紛慷慨解囊，資助祖庭的修復。

　　河北柏林寺是一個成功的範例。九世紀唐代趙州大師曾在此寺教授禪法，但在文革之前，除了供奉趙州舍利的佛塔外，這座寺院早已年久失修，破敗不堪。不過，自1988至2003年，經過短短十五年間，柏林寺一躍而為中國最著名的佛寺之一，這是幾個因素湊集而造成的結果：具有個人魅力的住持、國家的支持、來自國外的資金，以及當地政府的推動。淨慧（1933－2013）是上個世紀最著名的禪師虛雲（1840－1959）的弟子，北京中國佛學院第一屆畢業

生，學習成績優異。文化大革命造成僧眾的世代斷層，由於很多僧人被迫還俗，無法培育新一代的僧才，雖然其中有些人在 1976 年後再度出家，但那時大多數人已經上了年紀。北京法源寺的中國佛學院是第一所培養年輕僧人的學院，隨後各大寺院也陸續成立佛學院，師資包括僧俗二眾。

由於日本朝聖者開始前往柏林寺遺址參拜趙州塔，1988 年中國佛教協會會長趙樸初（1907－2000）邀請淨慧主持柏林寺的重建工作。趙樸初是佛教居士，也是知名的書法家，深受國家倚重。由於官方支持，以及日本和海外佛教徒的捐助，寺中各殿堂的建設迅速展開。

加入僧團的大批生力軍，對於柏林寺的實體重建工程提供極大的助力。起初，年輕人接觸佛教的管道是閱讀。新的佛學著作自 1980 年起開始問世，過去被長期查禁的佛教刊物也重新印刷出版，佛教被認可為學術研究的主題。淨慧擔任《法音》雜誌的編輯，刊印提倡佛教與共產主義和諧一致的文章。1989 年天安門事件後，許多大學生面臨心靈危機而求助於佛教，其中有些人到柏林寺出家。柏林寺三分之一的僧人是大學畢業生，這群受過高等教育的年輕僧人協助淨慧將柏林寺發展成為禪的修學中心。

淨慧仰仗趙州的盛名，開始弘揚趙州禪。1989 年他創辦新雜誌《禪》刊，1995 年開始為大學生和受過教育的年輕人舉辦為期一周的禪修夏令營。在柏林寺傳授與實踐的禪

法，淨慧稱之爲「生活禪」，他在 1993 年第一期（總第十七期）《禪》刊〈生活禪開題〉闡述如下：「提倡生活禪的目的在於將佛教文化與中國文化相互鎔鑄以後產生的具有中國文化特色禪宗精神，還其靈動活潑的天機，在人間的現實生活中運用禪的方法，解除現代人生活中存在的各種困惑、煩惱和心理障礙。」❺

柏林寺的生活禪夏令營第一年吸引一百五十人參加，近年來參加人數高達五百人。❻每天的活動包括早晚課、禪坐和經行，以及柏林寺住眾法師和特邀客座講師的講座。如本章最後一節所述，柏林寺的夏令營在某些方面類似臺灣李炳南居士創辦的大專青年佛學夏令營。有些參加過柏林禪寺夏令營的畢業生出家爲僧，就像臺灣的情況一樣。柏林寺不僅是一處禪宗道場，也是繁榮的商業中心和旅遊勝地。2001年，在寺院對面開發建設了一個大型商業購物區，是全國最大的佛教建材、法器、服裝和其他物品的批發中心，也是旅遊商品和手工藝品的採購中心。❼這種宗教和商業活動的結合讓人想起過去杭州名刹附近湧現的「香市」。

佛教復興與地方經濟和旅遊業利益有密不可分的關聯，柏林寺即是一個很好的例子。地方政府官員與寺院的主事法師合作，促進佛教旅遊業的發展，1987 年我在杭州從事田野調查，親眼目睹這樣的情況。杭州上天竺寺自十二世紀以來一直是觀音朝聖中心，朝山香客來自江蘇南部與浙江

北部，類似過去文人的記述。香客乘船或搭客運來到杭州，
盤桓數日。旅店與船運公司、客運公司共同合作，滿足香客
的交通與住宿需求，並且將自己定位爲「宗教旅遊事業」工
作者。蘇州船運公司在常熟設置一個營業處，另於崑山設立
一個規模較小的營業站，兩地皆位於江蘇省。常熟營業處保
存的紀錄顯示，自 1979 年以來朝聖業務迅速成長。每逢朝
山進香旺季，來自同一地區的朝山香客一如以往地投宿同一
家旅店。自 1980 年起，崑山營業站派遣兩名人員至西湖附
近的玉泉飯店，在每年爲期兩個月的朝山季節（從二月到四
月）留駐飯店，專門照應從崑山來的香客。飯店的登記表顯
示，自 1980 至 1987 年間，共有二十七個進香團總計五千五
百零四人入住，其中約百分之八十是女性，百分之五十介於
五十歲至六十五歲之間，百分之二十超過六十六歲。專門承
辦來自常熟香客住宿業務的天目山飯店提供的資料，也相去
不遠。由於香客大多是農民與桑蠶養殖者，女性退休年齡爲
五十歲，男性六十歲，因此絕大多數香客超過五十歲。

　　我也於 1987 年三月在觀音聖地普陀山度過一週，觀察
二月十九日觀音誕辰的慶典。1979 年普陀山在文化大革命
後首度重新開放一般大眾進入，朝山香客開始回到普陀山朝
聖。就到訪的香客及遊客數量而言，普陀山無疑是當今中國
最熱門的地點之一。各地香客中，來自新加坡、香港、菲律
賓、日本與美國的海外華僑占了很大的比例。他們與親朋好

友結伴同行，或是獨自前往朝聖，通常會出資贊助水陸法會，為已故的家親眷屬祈福。宗教觀光專業人士也規畫從上海出發的套裝行程，服務來自江蘇、浙江、福建及內陸省分的國內朝山香客。如同柏林寺，普陀山在此後三十年間也迅速發展，被國家指定為旅遊特區。島上已建有一所佛學院，現有兩本期刊，收錄普陀歷史與佛教文化的相關文章。香客和遊客一到普陀山，迎面而來的是矗立在港灣的一座巨大雕像，名為南海觀音。他們可以購買帶有觀音像的旅遊指南、念珠、別針和項鍊做為紀念品，也可以購買觀音糕、觀音茶做為禮物，帶回家分贈家人和親友。普陀山成為香火鼎盛的朝聖中心，同時也發展為旅遊勝地，因而加速了飯店與餐館的建設，以及交通運輸和服務業的發展。

　　流行文化稱揚佛教歷史上著名的人物和古蹟，這也是促成佛教復興的一項因素。例如，有關少林寺的武俠電影於 1982 年在中國首次上映，少林寺是當年菩提達摩禪修之地，2010 年聯合國教科文組織列為世界遺產。有一部關於玄奘的電視連續劇自 1982 至 1988 年製播。拜網際網路、DVD、卡式錄音帶等現代科技之所賜，佛教信息的傳播變得輕而易舉。許多寺院皆有官方網站，人們不需要前往寺院，即可上網了解佛教、進行宗教儀式或禮拜，信眾也可以透過網路供養布施，以鍵盤輸入代替書寫鈔經，或參加網路課誦。現代發明的新事物中，最精巧的是從臺灣傳入中國的

念佛機,這是相當於 iPod 或電晶體收音機大小的塑膠匣,可按鍵選擇不同曲調的佛號唱誦,也可以調節音量,配有交流配接器和耳機的插孔。人們可以打開念佛機聆聽佛號,而不是用念珠計數念佛。❽

文革之後,由於佛教僧團與國家有共同的利益,佛教才得以復甦。如第四章所述,朝廷監管僧團,但也依賴僧團的福佑,僧團則為了存續而尋求朝廷的護持。佛教的蓬勃發展在國際間留下的印象是中華人民共和國尊重宗教自由,也與臺灣佛教界促進良好關係,從而緩解兩岸的緊張局勢,對於政府宣傳「一個中國」有所貢獻。自 2006 年開始,國家先後召開四次世界佛教論壇,中華人民共和國以愛護漢傳佛教傳統與促進世界和平的國家自居。

除了佛教機構和國家的宣傳活動外,佛教復興之所以成功,是因為它滿足了人們的精神需求。後毛澤東時代的社會中,無論男女皆試圖透過佛教尋找生命的意義。自 1980 年代以來,居士林重新崛起於城市中,一如民國時期的情況,在家佛教徒繼續發揮重要作用。例如,費樂祖(Gareth Fisher)在最近一項研究中,採訪北京廣濟寺外院的男女民眾,他們通常在法會日來到廣濟寺,偶爾也會利用週日前往,但他們不像虔誠的佛教信徒那樣進入寺院參加法會,聽法師開示,而是留在外院,也就是與寺院本身有所分隔的外圍區域,聆聽在家居士講道,加入其他像他們一樣的在家修

行人的討論會。這些在家修行人有很多都是遭到解雇的勞工，有些講道的在家居士也有相同的遭遇，他們在經濟、文化快速變化造成的新社會中，自覺是無所適從的異鄉人，努力工作、為公眾服務的舊價值觀，被崇尚財富與經濟繁榮的唯物主義取代。他們深受認同失落與道德崩潰之苦，迫切需要重建新的人格，尋回道德價值觀。經常出入廣濟寺外院的這些志同道合的修行者，形成了提供這種自我轉化的群體。佛教由於本身固有的教義，以及與人們早已熟悉的毛澤東主義理想的相似性，因此具有吸引力。眾生平等、自他相互依存，以及務必救度其他眾生離苦得樂等佛教教義，讓這些人對佛教產生興趣。這個研究最有趣的一項發現是，這些後毛澤東時代的在家修行者，結合佛教與毛澤東主義的主題思想，努力重新塑造一個可以改革道德敗壞社會的新自我。❾這讓人想起民國時期最初幾十年間佛教與科學的交接。

　　以上探討具有現代漢傳佛教特色的活動，其中主要參與者是比丘僧和男性在家居士。接下來將介紹臺灣的尼眾僧團，以結束這一章的討論。

當代臺灣的尼僧

　　近年來，對臺灣佛教的興趣普遍高漲，比丘尼僧團的素質和規模更引起學者的關注與重視。當今臺灣的尼眾受過高等教育，而且人數遠超過比丘，這兩個特點在漢傳佛教史

上都是前所未有的。爲了理解這種現象，我在數年前研究一個尼眾團體「香光尼僧團」，並將研究成果撰述成書。❿這本書不是關於具有個人魅力的領導者或複雜的教團組織，而是一個尼眾團體的個案研究，做爲反映當代臺灣尼眾現實的寫照。我很想知道一個年輕女子以什麼方式，出於什麼原因，而受到佛教吸引，進而決定出家爲尼。她加入僧團後，接受何種訓練？她就讀的佛學院提供什麼課程？畢業後從事什麼工作？教導成人佛法時，使用什麼教材？課程如何進行？最後一點，她遭遇過什麼問題和阻礙？藉由檢視這些平平無奇的細節，我們可以大致了解情況。

自 1970 年代起，尤其是 1987 年解除戒嚴之後，佛教的新發展引起臺灣與海外媒體和學術界的關注。新建的廟、佛寺和佛教大學與日俱增，也有愈來愈多年輕人選擇出家。臺灣佛教有兩個顯著的特點：一是強調佛教徒以人間佛教的名義積極參與社會，二是比丘尼的人數比例大幅超越比丘——兩者皆是漢傳佛教史上絕無前例的現象。

臺灣佛教領袖繼承太虛的遺緒，其中，星雲和聖嚴是比丘，分別是佛光山和法鼓山的創辦人，證嚴無疑是臺灣最知名的尼師，三人皆深受印順的影響。被譽爲「臺灣德蕾莎修女」的證嚴，創辦慈濟功德會，這是一個草根性的在家信徒組織，卻在海外華人界激起一股全球的運動。證嚴強調社會救濟與服務，讓佛教面目一新，挑戰「佛教是出世、利己

與逃避現實的宗教」的普遍觀念。但是傳達此信息的佛教法師不止她一人，星雲和聖嚴也強調佛教不僅是爲了一己的解脫，也是爲了增進社會利益與人類福祉。由星雲和聖嚴領導的僧團包含比丘與比丘尼，但尼眾占多數，而且發揮領導作用。以佛光山爲例，出家眾有一千人左右，其中九百多人是尼師。事實上，臺灣佛教的整體情況也是如此。自 1953 年在臺南白河大仙寺第一次傳授比丘尼戒，直到 1998 年的四十五年間，有超過一萬二千名尼眾受具足戒，占受戒僧尼總數的百分之七十五，據估計，比丘尼和比丘的比例爲四比一。

　　香光尼僧團發展最迅速的時期是 1980 年代，這反映出臺灣宗教界的普遍變化。學者們一向談到臺灣的「宗教復興」始於 1980 年代，其特點是出現了佛光山、法鼓山、慈濟等新型佛教組織。愈來愈富有的中產階級信徒資助新寺院的建設，這些備受矚目的佛教機構又吸引更多信徒的護持。臺灣的尼眾之所以引人注目，不僅因爲人數多，也因爲教育程度高，其中有許多人受過大學教育，有些甚至前往日本、美國、英國或其他國家攻讀更高的學位。如同臺灣的職業婦女，尼眾也從事教學、社會工作、研究與寫作、編輯雜誌、製作廣播和電視節目，以及運用現代技術管理寺院，就像公司的行政主管一樣。在 1978 至 1983 年期間，受過大學教育的尼眾人數開始大幅增加，其中一批出生於 1956 至

1961 年間，她們出家的年代正是政府於 1968 年全面實施九年國民義務教育之後的十至十五年。

在傳統中國，寺院有時是唯一提供貧困兒童教育機會的地方，但現在臺灣的情況正好相反。1980 年代出家為尼的女性已受過教育，也為寺院的管理方式和功能帶來改變。對這些尼眾而言，佛寺顯然不是逃避現實生活之處，而是讓她們一展長才、實現抱負的天地。

佛教能吸引受過高等教育的女性，有幾項原因。由於社會、經濟的變遷，更多女性有機會接受大學教育，成為專業人士。高等教育使婦女能夠獲得高薪工作，得以經濟獨立，並且提高社會地位。有些受過教育的女性選擇不結婚，因此保持單身不再是奇恥大辱——這是女性新獨立感的一項指標。成為出家人不僅比較不會遭到反對，甚至可能被視為一種更可取的天職。

香光尼僧團中大多數尼眾並非來自佛教家庭，因此在成長過程中對佛教幾乎一無所知，她們主要是透過大學時期參加的佛學社團舉辦的講座和其他活動，才開始認識佛教，進而被佛教吸引。佛學社團將佛教教義和修行方法介紹給沒有其他管道了解佛教的大專青年，因此，1980 年代這些社團發揮了重要作用，勸導許多大專生進入僧團，從而復興臺灣當代佛教。男性大專生當然同樣以此方式接觸佛教，其中有些人也因此加入僧團或皈依，但是有更多男性沒有出家，

主要由於社會因素。在一個家庭裡，兒子比女兒更難出家，因為延續香火是身為兒子的責任。此外，由於所有男性大專生畢業後都必須服兵役兩年，如果他們在畢業之前出家為僧，通常在當兵時還俗，因為這段期間很難遵守素食和不殺生等出家戒律。另一方面，男性服完兵役也很難出家，因為那時已經二十四、五歲，1970和1980年代的人通常在這年齡結婚。因此，若要割愛辭親，兒子往往比女兒承受更多來自父母的壓力。

　　臺灣國民政府於1948年實施戒嚴，直到1987年才解嚴。在這四十年中，包括學生社團在內的非政府組織受到官方限制，政府對所有本土宗教全面實行嚴格控制，佛教也不例外。1970年代，基督教和天主教大學獲准設立，也可以在校園內自由進行宗教活動，但是佛教徒卻未享有同樣的待遇。舉例來說，僧尼不准進入臺大校園，臺大醫院甚至不讓出家為尼的醫學院學生在院內實習，僧尼也不得進入任何大學校園講授佛法。回顧1950年代的情況，聖嚴法師說：「回憶三十年前，青年胸前懸掛十字架型的飾物，乃為時尚，如果聽說某人信佛，不被笑作迷信，便被指為消極，尤其是年輕的知識分子，又沒有受到人世的滄桑，好端端地怎麼可能學佛？」❶

　　不僅社會上普遍存在對佛教的負面觀感，大專青年學生要成立社團來認識佛法也是困難重重。除了具有鮮明愛

國色彩或純粹學術與非政治性的學生協會之外，很難在大學成立任何社團。1970年代之前，佛學社團如何破例獲准在多數大專院校設立？周宣德（1899－1989）、李炳南（1889－1986）兩位居士，連同與他們志同道合的共事者，是這場居士運動的主要參與者，對大專青年學生影響甚鉅。一如二十世紀初的佛教居士，周宣德和李炳南爲了佛教教育，傾盡時間、心力與資源。

　　佛學社團成立的目的主要是研究佛教，不過也舉辦寺院參訪之旅，以便觀察和參加佛教儀式。這些社團的精神領袖是上述兩名居士，而非僧尼，而且社團本身是由大專學生領導。周宣德致力於弘揚佛法，自行創立出版社，發行《慧炬》雜誌和其他書籍，這兩種出版品皆用於宣揚佛教。他也資助佛教徵文比賽，提供獎學金給在佛教學識方面表現優秀的大專學生。相較之下，李炳南的作法顯然不同，他在大專青年夏令營講授佛法，同時開設特別爲此設計的定期課程。主要由於他們的遠見和積極推動，從1961年開始終於可以在大專院校內成立佛學社團，這樣的學會成爲招募大專青年進入僧團的主要人才儲備庫。

　　香光尼眾佛學院是一個小型教育機構。從1982年第一屆畢業班到2009年這一屆，學生人數一直處於個位數。佛學院的畢業生，除了來自其他寺廟的尼僧之外，其餘皆是香光尼僧團的成員，雖然人數不多，但從事許多活動，有些留

在本山，有些則被分派至位於臺灣本島不同城市的五個分院。有幾項志業由佛學院的校友負責，例如編輯期刊、管理出版社、經營管理現代化圖書館與多方面的佛教刊物數位資訊服務，以及設計、監督新工程計畫。校友可以根據個人才能，專門從事其中任何一項職務領域。不過，在選擇專門負責的職務之前，所有畢業生必須在免學費的成人佛學班，至少授課兩年，自行規畫課程，並且使用香光尼僧團的比丘尼編寫的教科書。

香光尼僧團的尼僧將自己定位為宗教師。向在家人傳授佛法（也就是「弘法」），一直是所有佛教高僧大德的目標。傳統的弘法形式是在寺院講經說法，但現代已經有許多新的方式可以接觸一般大眾，有些佛教團體經營每天播出的廣播電視節目，人們也可以取得為數眾多的法師開示錄音帶，或參加知名法師的大型公開講座，這類演講往往吸引數百甚至數千聽眾。在過去幾十年來，這些弘化活動當然引起臺灣民眾對佛教的普遍興趣，但主要缺點是觀眾沒有回應的管道。由於都是單向溝通，聽眾或觀眾只能被動聽講。他們是否真的理解？不得而知。如果有問題，也不可能當場向主講者提問。

香光尼僧團開設的佛學班正好相反，授課採取雙向溝通方式，即使一個班的學生超過四十人，每次上課總會有一段時間專門用於分組討論，每一組學生不超過十人。同樣的

小組討論模式，在尼僧就讀的佛學院已是行之有年的慣例，因此，佛學班的講師皆已受過這種教學方式的紮實訓練。佛學院使用的許多方法也同樣運用於成人佛學研讀班的教學。

成人佛學研讀班仿效公立中學課程，每期十八週，上課期間自十二月至次年五月，每週上課兩小時，學員寫作業，參加期末考，課程分為初、中、高三級。如同臺灣中等學校的班級，每班有一位班長和幾名幹部，協助授課法師輔導同學學習，籌辦各種課外活動，例如校外教學、運動會、歌唱或戲劇表演、烹飪比賽等。這些活動凝聚同學的情誼，加強課堂中所學的價值觀，也讓以前曾就讀的學員有機會回來參與，與香光尼僧團的法師保持聯絡。學員畢業後通常成為香光的信眾與護法，每當僧團舉辦活動時，他們就擔任志工，平時也捐款資助香光的擴展。因此，佛學班不僅為香光尼僧團提供經濟基礎，也提昇香光在社會的知名度。

上課教材和作業的設計反映出僧團對於佛教成人教育的態度。教科書的內容取決於三項指導原則。第一條原則是介紹符合現代性的世界觀與人生觀。因此，學員不需要學習保存於佛教中的古印度思想，例如須彌山、三界、四大洲，以及構成一大劫的成、住、壞、空等四個時期，反而應該學習如何以佛教的觀點看待自己在世間的生活。第二個原則是強調人際關係。如果教導學員善盡家庭職責，將可促進社會祥和與安定。由於佛學班學員皆是在家人，平日需工作或操

持家務，引導他們信奉三寶，並且運用四聖諦、八正道、十二因緣等佛教的根本義理做爲生活指南，即可使人人安於自己的家庭、本分和工作，進而讓家庭和睦，社會安定。如此一來，佛法成爲帶動人文關懷的力量。最後，第三項原則是不宣揚自殘，不讚歎神奇感應，也不相信讖語。教科書的課文介紹佛法的基本教義，以及佛、菩薩和高僧的故事，但是不談《法華經》的藥王菩薩燃身供佛，也不提歷代僧尼自焚捨身的故事。這種理性、積極、重視現世與社會參與的態度，是臺灣人間佛教的共同立場。

　　這些理想在招生簡章中有更進一步的闡述，以吸引學員就讀。簡章中列出三大宗旨：推廣佛陀教育、踐行正信佛教生活、以佛法美化人生。這與佛學院的教育宗旨相似，也就是解行並重，旨在將佛法融入日常生活。而且學員接受與領略的明確信息，是要時時反思課堂上學到的佛法觀念，並且應用在日常生活中遇到的實際情況，這比知識性的理解佛教更重要。學員能將佛法應用於自己的生活中，這時佛法才是眞實的；同時，藉由反省日常生活體驗，他們才開始眞正了解佛法。如果人間佛教的目標是淨化人心，建立人間淨土，那麼成人佛學研讀班就發揮了重要功能，讓這個目標落實於臺灣的家庭中。「諸惡莫作，眾善奉行，自淨其意」，這是戒律的核心教義，也是所有佛教傳統甚至儒家傳統所堅持的原則。佛學班的教科書和課堂講授首要強調的是道德和

個人修養，這不足爲奇，因爲編寫教材和授課的尼師所受的僧才養成訓練也是如此，在香光尼眾佛學院的課程中，戒律與行門的重要性不亞於有關佛教知識的解門。

然而，有人可能會問，學習佛法是否只是爲了改善個人在家庭和工作中的表現？在佛教悠久的歷史中，自始至終皆是由於其博大精深的義理和禪觀行法而吸引在家居士。天台、華嚴二宗向來都有知名的居士註解經論，也有居士是道行高深的禪修者，或是虔誠的淨土信徒。佛學研讀班能否培養出這樣的在家居士？——我們甚至可以問佛學研讀班是否以此爲課程的目標。

佛學班的教科書顯示出編寫準則的一個顯著特徵：不分宗派、著重諸宗共通性的處理方式。初期佛教和大乘佛教的教義一併介紹，雖然或多或少涉及唯識、禪宗與淨土，卻沒有提到天台、華嚴等其他漢傳佛教諸宗，甚至連律宗也隻字未提，似乎有意選擇不以漢傳佛教爲關注焦點。這從兩件事可以看出：一是創辦人悟因（1940－）決定不講授禪門清規，而是教導《四分律》；二是悟因無論授課或指導教科書的編寫，皆刻意避免提及開悟。不分宗派的具體表現是回到源頭，因此，成人佛學班教授的佛法，就兩種意義而言，可以視爲佛教的基要主義（fundamentalism）：首先，這種課程有意讓學生認識「原始佛教」，以及一些最根本或基礎的佛教觀念；其次，既然佛學研讀班招收的對象是各行各業人

士，就讀的學員自然是具有各種不同背景、經驗的普羅大眾，因此，佛學班教導的是適合每個人的「基本」佛法。或許出於這個原因，教科書的編輯決定以非專業化且淺顯易懂的方式呈現佛教。

佛教在中國的漫長歷史中，僧尼自始至終都得反駁「只顧個人解脫，對改善社會幾無貢獻」的指控。由於傳統社會重男輕女的本質，尼眾遭到邊緣化的程度比僧眾更嚴重。直到二十世紀最後二十五年，臺灣的情況才發生巨變。人間佛教一貫的主要信息是以淨化人類、改善群體為基礎，進行社會重建，而受過高等教育的尼眾是實現此願景的主力部隊。但矛盾的是，除了像昭慧那樣的極少數例外，這些獨立自主的尼眾並不以女權主義者自居，也不認同臺灣的女權主義。悟因以及我訪談的尼眾雖然充滿自信，認為女性和男性一樣具有辦事能力，尼眾應該由比丘尼帶領，而不是比丘，但她們卻都嚮往成為「大丈夫」。新戒尼眾接受教導，改變走路和說話的方式，以擺脫女性特質。悟因仿效韓國傳統服飾，為尼眾設計高腰寬鬆的僧服，以便隱藏身體曲線。但被問及為何臺灣比丘尼人數超過比丘時，悟因解釋說，由於女性天生較能容忍、溫柔、善良、有耐力、肯犧牲，這些特質與佛教的理想極為相似，因此女性更容易親近佛教；出於同樣的原因，尼眾更能在寺院中和樂共住，而且往往還俗的機率比僧眾低。這種否定女性氣質，卻同時歸納陳述女性

本質的矛盾態度，不止存在於香光尼僧團，其他僧團的尼眾也表露同樣的心態。

臺灣深受全球化的影響。慈濟、佛光山、法鼓山等大型佛教團體，在世界各地皆設有分支機構，致力於全球弘化。相較於這些組織，香光由於規模小，雖然同樣受到全球化趨勢的影響，卻一直無法設立海外分院。因應全球化的影響，香光在佛學院和成人佛學研讀班的課程著重積極踐行，而非理論，這一點和其他佛教團體提供的講座與電視節目一樣。人間佛教雖然是解決臺灣佛教所面臨的特定問題之地區性產物，卻放眼世界，普世關懷。漢傳佛教的歷史或特點並不是香光尼眾特別關注的對象，她們更感興趣的是佛陀的「原始教義」，以及所有佛教傳統共通的根本教義。

香光尼眾目前對於非漢傳的禪修法門有濃厚的興趣，從這個現象可以明顯看出她們樂於學習其他佛教傳統的態度。儘管悟因跟隨她的師父學習禪修，1980、1990 年代她也在每年的密集共修中親自教導禪宗與淨土宗的修行方法，但現在香光尼僧團已經接受南傳或上座部佛教的禪法。在 1990 年代後期的數年中，香光尼眾修習葛印卡（S. N. Goenka，1924－2013）傳授的內觀禪（vipaśyanā），但是 2002 年僧團開始在每年一度的冬季密集禪修中使用緬甸比丘帕奧禪師（Pa-Auk Sayādaw，1934－）教授的禪法。帕奧的教學依據巴利經典與相關注疏，尤其是五世紀覺音

（Buddhaghoṣa）所著的《清淨道論》。帕奧相信一個人此生即可達到涅槃，而禪修是達到這個目標的唯一途徑。雖然他教授的禪法包含止（jhāna）、觀（vipaśyanā），但他建議一開始先修習止，最後再修觀。他的教導給予學生非常詳細且有次第的禪修地圖，他告訴學生當定力達到某個程度時會出現的明確禪相和身體覺受，因此尼眾覺得他的教導非常清楚。最常使用的禪修對象是呼吸、遍處（kasina，有顏色的圓盤）、白骨與身體的不淨。有別於反對刻意期待的漢傳禪法，這個法門要求修行者努力求取這些禪相和身體覺受，以確認修行成功。香光尼僧團允許個別尼師自修時使用禪與淨土等傳統禪修方法，但整體而言，僧團致力於帕奧禪法。由於上座部佛教是初期佛教唯一留存至今的傳統，推廣當代南傳禪師教導的方法，是香光尼僧團樂於回歸「原始佛教」的另一例證。這當然不限於香光尼僧團，臺灣其他佛教團體也表現出對南傳禪法的興趣。

　　如果「比丘尼奇蹟」是四十年前臺灣「經濟奇蹟」造成的結果，那麼當全球經濟衰退導致臺灣佛教僧團的經濟基礎產生變化時，會發生什麼情況呢？香光尼僧團在 1980 年代到 1990 年代初期的快速成長，幾十年來已大幅減緩。隨著臺灣愈來愈多夫婦選擇少生孩子，甚至只生一個孩子，會不會因此讓女兒更難以出家呢？更不用說兒子面臨的阻力了。此外，現在有更多其他事物吸引大專青年的興趣，佛學

社團要招收新社員比過去困難得多。自周宣德、李炳南去世後，再也沒有出現其他竭盡心力的居士和具有個人魅力的宗教師專心致力於大專青年的佛法教導。儘管香光的成人佛學研讀班繼續開辦，但由於其他佛教組織競相提供類似課程，這些年來就讀人數持續下降。雖然香光首開先河，為一般大眾創立次第井然的佛學課程，但現在不再是唯一特例。因此，如何延續其教育使命，吸引學生，是當前和未來的挑戰。

漢傳尼眾屬於世界上最古老的比丘尼法脈。臺灣的比丘尼是佛法之光的繼承者，她們能否將此光明傳遞下去，只有歷史才能證明。漢傳佛教在兩千年的歷史中，經歷多次轉變，臺灣比丘尼僧團的突出地位，以及佛教在中國重新煥發的活力，只是最近的兩個例子，顯示佛教如何因應中國社會而加以調適。

■ 問題討論

1. 佛教在十九世紀末二十世紀初面臨哪些挑戰？佛教徒採取哪些措施來迎接這些挑戰？
2. 在現代佛教中，居士扮演重要角色。他們與傳統中國的居士有哪些不同？
3. 佛教如何從文革的破壞中復甦？國家、僧團領導者、地方政府和旅遊業各別發揮了哪些作用？
4. 什麼是人間佛教？
5. 臺灣比丘尼僧團在哪些方面可稱爲「奇蹟」？

■ 延伸閱讀

Fisher, Gareth. 費樂祖 *From Comrades to Bodhisattvas: Moral Dimensions of Lay Buddhist Practice in Contemporary China*. Honolulu: University of Hawai‘i Press, 2014.

Hammerstrom, Erik J. 韓光 *The Science of Chinese Buddhism: Early Twentieth-Century Engagement*. New York: Columbia University Press, 2015.

Kiely, Jan, 楊凱里 and J. Brooks Jessup, 江建民 eds. *Recovering Buddhism in Modern China*. New York: Columbia University

Press, 2016.

Scott, Gregory Adam. 史瑞戈 "A Revolution of Ink: Chinese Buddhist Periodicals in the Early Republic." In *Recovering Buddhism in Modern China*, edited by Jan Kiely and J. Brooks Jessup, 111–140. New York: Columbia University Press, 2016.

Yang, Fenggang, 楊鳳崗 and Dedong Wei. 魏德東 "The Bailin Buddhist Temple: Thriving under Communism." In *State, Market, and Religions in Chinese Societies*, edited by F. Yang and J. B. Tamney, 63–86. Leiden: Brill, 2005.

Young, Glenn. "Reading and Praying Online: The Continuity of Religion Online and Online Religion in Internet Christianity." In *Religion Online: Finding Faith on the Internet*, edited by Lorne L. Dawson and Douglas E. Cowan, 93–105. London: Routledge, 2013.

Yü, Chün-fang. 于君方 *Passing the Light: The Incense Light Community and Buddhist Nuns in Contemporary Taiwan*. Honolulu: University of Hawai'i Press, 2013.

Zhe, Ji. 汲喆 "Buddhism in the Reform-Era China: A Secularised Revival?" In *Religion in Contemporary China: Revitalization and Innovation*, edited by Adam Yuet Chau, 周越 32–52. London: Routledge, 2011.

■ 註釋

❶　Holmes Welch, *The Buddhist Revival in China: 1900–1950* (Cambridge, MA: Harvard University Press, 1968), 285.

❷　Hammerstrom, *The Science of Chinese Buddhism.*

❸　J. Brooks Jessup, "Buddhist Activism, Urban Space, and Ambivalent Modernity in 1920s Shanghai," in *Recovering Buddhism in Modern China*, ed. Jan Kiely and J. Brooks Jessup (New York: Columbia University Press, 2016), 68–69.

❹　Scott, "A Revolution of Ink," 111–140.

❺　Yang and Wei, "The Bailin Buddhist Temple," 67.

❻　Yang and Wei, "The Bailin Buddhist Temple," 76.

❼　Yang and Wei, "The Bailin Buddhist Temple," 77.

❽　Natasha Heller, "Buddha in a Box: The Materiality of Recitation in Contemporary Chinese Buddhism," *Material Religion* 10, no. 3 (2014): 5.

❾　Fisher, *From Comrades to Bodhisattvas.*

❿　Yü, *Passing the Light.*

⓫　聖嚴，〈追念周子慎長者〉，收錄於《周子慎居士优儷追思錄》，臺北：慧炬，1990 年，頁 108。

詞彙表

二部受戒：意指女性出家受具足戒，規定必須先在比丘尼十人僧中受戒，再於比丘十人僧中受戒，方能成為比丘尼。男性出家則不然，只需要在比丘僧中受戒即可。

人間佛教：為了反駁「佛教出世遁世，唯一的貢獻只有度亡超薦法會」的批評，二十世紀初的改革者強調佛教積極入世的層面。受到一般當代臺灣佛教大師的推崇。

八正道：佛陀初轉法輪宣說四聖諦，第四聖諦即是八正道，由戒、定、慧三學組成。若人依循八正道，可證悟入涅槃。這種兼具道德與心性的修行不偏向縱欲，也不偏向苦行，所以稱為「中道」。

八敬法：令比丘尼從屬於比丘的八項規定。一般認為這些規定是佛陀授予他的姨母兼養母摩訶波闍波提，她是比丘尼僧團的創始者。

三皈依：成為佛教徒必須經歷的一個簡單儀式，作法是在一位比丘或比丘尼面前宣說以下誓詞三次：「我皈依佛，我皈依法，我皈依僧。」並且受五戒。佛

陀（佛）、佛陀的教導（法），以及佛教僧俗團體（僧），合稱「三寶」。當一個人宣說信仰三寶，皈依三寶時，就成爲佛教徒。

《大乘起信論》：漢傳佛教最重要的論書之一。此書主張人人具有本覺，由於本覺與無明並存，所以需要修行。覺悟，即是喚醒我們本來的眞如本性。這條教義是禪宗的根本。

大慧宗杲（1089-1163）：禪師，以強調專用公案著稱。相較於默照禪，大慧的禪法稱爲「看話禪」。

子孫廟：出家爲僧的第一步是禮請一位比丘或比丘尼執行剃髮，此即求度者的剃度師。同一位剃度師的所有弟子組成一個子孫廟。

中元節：佛教最重要的節日之一，農曆七月舉行，餓鬼和地獄道眾生只能在這個月回到世間。信徒前往寺院舉辦法會，利益這些眾生，也爲已故親人和自己積累功德。

中觀學派：印度兩大哲學派別之一，以龍樹《中論頌》爲依據。中觀是從般若經宣說的空性慧有系統的發展而來。由於諸法皆空，也就是無自性，我們不能說諸法存在，也不能說諸法不存在；中道既非肯定，亦非否定。龍樹運用辯證法將任何提出的論點都歸結爲荒謬。

五戒：決心成爲佛教徒之人，需皈依佛、法、僧三寶，並且受五戒，即戒殺生、偷盜、邪淫、妄語、飲酒。

太虛（1890－1947）：促進漢傳佛教現代化最著名的改革者之一。他創立佛學院，訓練僧侶學習外語和世學。他被視爲人間佛教最初的倡導者。

《四十二章經》：一般認爲這是第一部漢譯佛經，內容是佛與弟子的對話，形式類似《論語》。主題大多與道德有關，這是中國讀者熟悉的主題。此經納入佛學院課程中。

四聖諦：佛陀證悟之後初次開示，即說四聖諦，也就是有關苦、貪愛、涅槃、八正道的眞理。生命是苦，肇因於我們的貪欲，但是藉由斷除貪欲，遵循八正道，我們可以讓苦止息，證入涅槃。

本生故事：描述佛陀在過去世做種種利他行以救人的故事，在其中有些故事中，他現身爲動物。本生故事廣泛運用於說法開示，也刻劃在佛教洞窟和寺院的壁畫上。

正法時期：意指佛入滅後的五百年，此時佛教興盛。此期結束後，繼之而起的是像法時期，延續一千年，佛教開始衰微。最後進入歷時一萬年的末法時期，佛法將在此期結束時全然消失於世間。

玄奘（大約在 596－664）：由於學識廣博，世稱「三藏大師」，曾西行印度求法，是最著名的中國佛教朝聖

者。他創立漢傳佛教的瑜伽行派（唯識宗），也是《西遊記》的主角——這部小說透過京劇、電影和電視劇的傳播而家喻戶曉。

目連：下地獄解救惡母的虔誠僧人。這則故事最早源於一部佛經，後來在民間故事和戲曲中傳頌，也是中元節的由來。

因陀羅網：《華嚴經》以此意象說明一切事物相互關聯，相互依存，相互滲入。

《老子化胡經》：自從儒家思想在公元初期成為國家意識型態以來，向來是中國哲學和宗教傳統的主流。縱觀中國歷史，佛教和道教一直為了贏得朝廷和民間的護持互爭長短，兩者都是儒家批評的對象。《老子化胡經》聲稱，老子前往印度弘傳道教，但因為教義太深奧，胡人（印度人）無法理解，所以加以簡化，變成了佛法。雖然這部經一出現就被封禁，但持續流傳多年，直到十三世紀此書的刻板才終於被篤信佛教的蒙古統治者下令銷毀。

《血盆經》：中土文獻，為專收婦女的血盆池地獄辯解，說明婦女因為生產時流出汙血，所以墮此地獄受罰。

西王母：佛教傳入前中國最重要的女神，人們崇拜祂以求長生不老。

佛七：當代淨土信徒盛行的修行方式，他們以七日為期，在

寺院中專心用功念佛。

佛性：漢傳佛教核心教義之一，亦稱如來藏思想，宣說人人（以及其他眾生）皆有成佛的潛能。

判教（教相判釋）：漢傳佛教思想家採用的分類系統，以創制一個包羅大、小乘經典義理的層級體系，各宗創始者贊同的經典往往位列諸經之頂。

妙善公主：觀音的化身。妙善公主的傳說出現於十二世紀左右，過去透過戲曲、寶卷，現代則透過電視電影，廣為流傳。她是女性不婚而從事宗教天職的典範。

居士林：意指在家佛教徒共聚修學佛法的團體，是盛行於現代大都市的現象。其中成員往往是居住於城市的男性知識分子。這種團體在中國促成了佛教的現代化。

念佛：「念佛」有兩義——觀佛與持名念佛。由於對這個用詞理解不同，淨土教有兩種傳統，一者觀阿彌陀佛，二者稱念阿彌陀佛名號，而後者已成為標準修行法門。

性具：天台宗的獨特教義，主張一切眾生兼具善惡，佛亦不例外。我們眾生善隱惡顯，然而佛是善顯惡隱，正因如此，眾生能夠覺悟，佛陀也能對眾生感同身受。

性起：華嚴宗的獨特教義，主張一切眾生皆源於佛性。

放生：淨土宗強調的漢傳佛教修行方式，人們將預定被屠宰的生物買來放生。放生如同戒殺和茹素，展現對眾生

的慈悲。

東漢明帝（58-75 在位）：佛教傳統認爲是他邀請梵僧入
中土，安頓於白馬寺，因此將佛教傳入中國。

法：意指佛陀的教說，有時亦指構成萬事萬物的最基本的
元素。

法界：華嚴宗認定的究竟實相。

阿育王（大約在公元前 268-239）：信奉佛教的印度君
主，他透過傳教活動，促進佛教在其他亞洲國家的傳
播。在他的護持下，佛教成爲世界宗教。

阿賴耶識：瑜伽行派特有的八識學說中，阿賴耶識是第八
識，其他七識投射主、客體，阿賴耶識是七識的根
源，也是藏識，因爲染、淨的業力種子皆含藏其中。

阿彌陀佛：無量光佛，亦稱無量壽佛，西方極樂淨土之佛，
是淨土宗的信仰中心。

阿羅漢：小乘佛教證得最高覺悟境界尊者的稱謂，不再落入
生死輪迴中。這個理想不被大乘佛教接受。

度牒：官方頒發給預備出家之人的證書，允許剃度，得到僧
尼身分，讓他們有行旅的自由，可以在寺院掛單，並
且免除賦稅、傜役。

律（毘奈耶）：佛教僧團的戒律。不同的印度佛教部派形
成若干戒律傳統，這些律藏全被譯爲中文。律是佛教
學問的一支，連同經、論，合稱「三藏」。研究律藏

的學問僧屬於律宗，但是中國寺院的日常運作取決於清規。

施食：中國最常舉行的宗教儀式。餓鬼常受飢渴之苦，唯有僧侶透過法會儀式施食，他們才能享用。人們布施護持施食法會，希望藉此獲得功德，也幫助已故的親人。

格義：早期佛教徒用以解釋佛教概念的方法，例如，以儒家五常比附佛教的五戒，或將道家的無為思想與涅槃相提並論。由於格義經常隱蔽佛教專門用語的本義，鳩摩羅什來華之後遂被捨棄。

般若經：大乘佛教最早期的一類經典，篇幅長短不一，以《金剛經》、《心經》最為知名。菩薩必須具備的六波羅蜜中，最後一項是般若波羅蜜，也就是智慧的圓滿，其他五波羅蜜是布施、持戒、忍辱、精進和禪定。般若的定義是空性慧，亦即了知一切皆空無自性。初期佛教所說的無我，大乘佛教稱之為「空性」，主張不僅人缺乏獨立、恆常和實有的本性，一切事物也是如此。

做功德：行善可做功德，進而造善業。鑄造佛像、建寺、捐贈土地財物給寺院，以及齋僧等積累功德的方式，效益尤大。由於出家人所生的功德造福布施者，猶如良田，所以僧人稱為「功德福田」。

曹洞禪：中國禪宗兩大派別之一，提倡禪坐，但不強調專用公案。又稱「默照禪」。

梁武帝（502-549 在位）：常被喻爲阿育王，是中國最著名的佛教君主。

清規：中國禪師首開先例，制定規則以規範禪寺日常生活和各項職務。除了適用於所有禪寺的幾部清規大彙編之外，各禪寺住持也爲寺眾額外制定規約。

惠能（638-713）：禪宗六祖，受到此宗所有派別的尊崇。《壇經》是他的語錄，此書名稱帶有「經」字，是禪宗唯一尊爲佛陀聖言的漢傳佛教文獻。

敦煌：對來自西域的旅客而言，此爲絲路的終點，是商賈與佛教傳教僧的聚集地。歷經眾多世紀，由信徒建造的五百多處洞穴，是含藏豐富佛教藝術與文物的寶庫。

智顗（538-597）：在中國備受尊崇的天台大師，結合經教與玄妙義理，他的《法華經》注疏與佛教禪修相關著作已成爲東亞佛教徒心目中的經典之作。

無我：根據佛教，沒有所謂「我」這樣的實體，這與印度教的梵我（ātman）思想截然不同。佛教認爲，我們由所謂「五蘊」的五種身、心要素構成，「我」只不過是附加在這些要素的一個假名。這種反直覺的學說旨在讓我們解脫利己主義，也就是貪欲與苦的根源。

菩提達摩（424-535）：將禪法從印度傳入中國，被尊爲禪

宗初祖。有許多關於他的傳奇故事，包括在少林寺面壁禪修之事。

菩薩：大乘佛教最崇高的理想。這個詞意指「覺有情」，也就是發心成佛的眾生。為了幫助每個人證悟，菩薩發願：眾生皆入涅槃，自身方成正覺。菩薩事業歷時久遠，實踐慈悲利他諸行。大乘佛教有許多菩薩，但漢傳佛教最常見的有四位，即觀音、文殊、普賢、地藏四大菩薩。

盧雲（1840-1959）：現代中國最著名的禪師，以苦行僧的生活方式和長壽聞名於世。

楊文會（1837-1911）：清朝末年促進佛教復興的幾位居士之一，最著名的事蹟是自行出資創辦刊行佛典的機構「金陵刻經處」，使得佛經廣為流通。

業：字面上意指行為，但是業不僅源於一個人的行為，也源於其言語和思想。良善的行為、言語和思想造成善業，致使今生享福，死後往生善趣；惡行、惡言與惡意造作惡業，導致今生受苦，來生墮惡道。

瑜伽行派：印度兩大哲學派別之一，以四世紀無著、世親兩兄弟的論書為依據。根據此學派教義，主觀的我和客觀的環境都是心識創造出來的，因此也稱為唯識學派。玄奘弘揚唯識，但此派與中觀不同，直到十九世紀才被廣泛研究，受到重視。這是因為它不贊同一切

眾生皆有佛性、都能證悟的普遍觀點，然而，佛教現
代化推行者卻對於其心識理論大感興趣。

道：儒教與道教秉持的究竟實相，是萬事萬物的根源。悟
道與順道而為是人生在世的目標。道是活躍的，有化
育之力，透過陰、陽這兩種相生相成氣的力量而運行
（氣，意指生命力或生物能）。

道教：中國的哲學與宗教傳統，理論依據是相傳為老子所著
的《道德經》，以及莊子的著作。

鳩摩羅什（344-413）：漢傳佛教最著名的譯經師，在中國
和東亞地區，他翻譯的《法華經》和《維摩經》是權
威譯本。

緣起法：佛陀在成道之夜發現的佛教因果律，由十二個環
節組成，從老、病、死追溯其原由為執取和貪愛，乃
至無明。每個環節皆依賴前一個環節而生起，斷除了
前一環節，其次的環節也隨之斷除。這條法則的涵義
是，人的苦難不是由於命運，也不是來自上天的懲
罰。四聖諦即展現出緣起法則如何運作。

輪迴：人死後，依據個人所造之業而受生。受生處稱為六
道：天道、阿修羅道、人道、畜生道、餓鬼道、地獄
道。前三處是三善道，其餘為三惡道。善業是往生三
善道之因，惡業則導致往生三惡道。「輪迴」字面意
思是「流轉」，從一世流轉到另一世，只有證悟才得

解脫；涅槃，即是輪迴止息。

儒教：佛教傳入漢地之前，和道教並列為中國兩大思想與宗教傳統。儒教以孔子、孟子的學說為基礎。

燃身：虔誠的佛教徒自焚，做為對佛陀的虔誠供養，或是藉此表達宗教熱情。這種作法仿效《法華經》中的藥王菩薩。燃指和刺血寫經也是出於類似動機。

燈錄：連同語錄，記錄禪師的行誼和言教，形成一種新的禪宗文學體裁。由於禪強調以心印心，「燈」象徵禪師開悟的心。

閻羅王：地獄為亡者受罰之處，閻羅為地獄十王之主，審判亡靈，判定他們來世在六道輪迴的投生處。閻羅王和地獄十王的故事和畫像，使得佛教的業力和輪迴等觀念深植於大眾意識中。

彌勒：未來佛，現在住於欲界六天的第四天兜率天，將於末法時期結束後降生世間，復興佛教。

禪七：在寺院中禪修七日，是二十世紀以來禪師提倡的修行方式。

臨濟禪：禪宗兩大派別之一，以公案鍛鍊禪修者。

索引

國家圖書館出版品預行編目資料

漢傳佛教專題史 / 于君方著；方怡蓉譯. -- 初
版. -- 臺北市：法鼓文化, 2022. 09
　　面；　公分
　　譯自：Chinese Buddhism : A Thematic History
　　ISBN 978-957-598-966-8 (平裝)

1. CST: 佛教

220　　　　　　　　　　　111011162

大視野 6

漢傳佛教專題史
Chinese Buddhism: A Thematic History

著者	于君方（Chün-Fang Yü）
譯者	方怡蓉
出版	法鼓文化
總監	釋果賢
總編輯	陳重光
編輯	李金瑛
封面設計	化外設計
內頁美編	小工
地址	臺北市北投區公館路186號5樓
電話	(02)2893-4646
傳真	(02)2896-0731
網址	http://www.ddc.com.tw
E-mail	market@ddc.com.tw
讀者服務專線	(02)2896-1600
初版一刷	2022年9月
建議售價	新臺幣700元
郵撥帳號	50013371
戶名	財團法人法鼓山文教基金會—法鼓文化
北美經銷處	紐約東初禪寺
	Chan Meditation Center (New York, USA)
	Tel: (718)592-6593　E-mail: chancenter@gmail.com

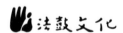